Reihe Doppelstunde Sport

Doppelstunde Leichtathletik

Band 3

Michael Belz • Günter Frey

Klasse 10–12 (16- bis 19-Jährige)
Unterrichtseinheiten und Stundenbeispiele für Schule und Verein

2. Auflage

12

hofmann.

Bibliografische Information der Deutschen Nationalbibliothek
Die Deutsche Nationalbibliothek verzeichnet diese Publikation in der Deutschen Nationalbibliografie; detaillierte bibliografische Daten sind im Internet über http://dnb.d-nb.de abrufbar.

Kostenlose **Videos**

finden Sie unter

www.sportfachbuch.de/m/E7DCoF

Bestellnummer 0622

2. Auflage 2022

www.hofmann-verlag.de

Erschienen als Band 12 der „Reihe Doppelstunde Sport“

Druck: Druck- und Kalender-Marketing Sosset GmbH, Kißlegg

Printed in Germany · ISBN 978-3-7780-0622-1

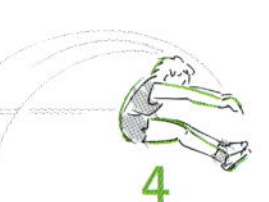

Reihe
Doppelstunde
Sport

Herausgegeben von
Stefan König

Inhaltsverzeichnis

IV Vier Doppelstunden zum Werfen für die Klassen 10 bis 12 (16- bis 19-Jährige)

Anhang (online verfügbar, s. S. 177)

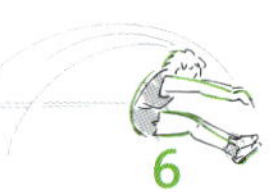

Vorwort des Herausgebers

Vorworte für die einzelnen Bände der **Doppelstunde Sport** zu schreiben gehört zu den Aufgaben des Herausgebers. Dies bietet die Möglichkeit grundsätzliche, aber auch persönliche Erlebnisse, Erfahrungen und Einstellungen mit und über die jeweilige Sportart loszuwerden, was nicht immer einfach ist.

Besonders schwierig ist es bei diesem Band: Dr. Günter Frey darf das Erscheinen des Bandes 3 nicht mehr erleben. Mein Lehrer, Kollege und Mitstreiter in Sachen Sportpraxis lebt nicht mehr. Günter Frey ist nach langer, mit viel Mut und Tapferkeit ertragener Krankheit am 2. Weihnachtsfeiertag 2014 gestorben, sodass dieses Vorwort ein Nachruf wird.

Wer wie ich in Tübingen studiert hat, der weiß, was es bedeutet, bei Günter Frey Leichtathletikkurse belegen zu dürfen: Seine Stunden waren inhaltlich vielseitig, methodisch durchdacht, anspruchsvoll und vor allem mit großem Engagement durchgeführt. Als Kollege hat er stets für eine Leichtathletik gekämpft, die möglichst vielen in Schule und Verein eine sportliche Heimat sein sollte – die olympische Leichtathletik war ihm in pädagogischen Kontexten immer zu eng. Und schließlich war er vielen Lehrerinnen und Lehrern ein kompetenter Ansprechpartner auf Fortbildungen. All diese Erfahrungen hat er in die Bücher seiner Lieblingssportart einfließen lassen, was sich nicht zuletzt an der großen Nachfrage der Bände **Doppelstunde Leichtathletik** 1 und 2 zeigt und auch dazu beigetragen hat, einen eindrucksvollen Band 3 zur Theorie-Praxis-Verknüpfung für die Oberstufen-Leichtathletik fertigzustellen.

Günter Frey hat trotz schwerer Krankheit mit unglaublichem Engagement an allen drei Bänden zur **Doppelstunde Leichtathletik** gearbeitet. Dafür verneige ich mich vor ihm, danke aber vor allem auch seiner Frau und Michael Belz, die ihn hierbei tatkräftig unterstützt haben. Trotz großer Trauer über den frühen Tod von Günter Frey freue ich mich als Herausgeber sehr darüber, dass die Leichtathletik in der Reihe **Doppelstunde Sport** jetzt komplett ist. Ich wünsche allen, die mit diesem Buch arbeiten, zukünftig viel Erfolg bei ihren Leichtathletik-Aktivitäten, und bitte Sie gleichzeitig, die Schulleichtathletik im Sinne von Günter Frey weiterleben zu lassen.

Prof. Dr. Stefan König

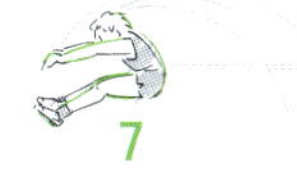

Vorwort des Deutschen Council-mitgliedes der IAAF

Bei den Olympischen Sommerspielen ist die Leichtathletik alle vier Jahre das besondere Faszinosum, das weltweit die meisten Zuschauer an sich binden kann. Das Leichtathletikstadion ist das Zentrum des Olympismus, für die Antike gilt dies gleichermaßen, wie für die modernen Olympischen Spiele. Die Basismuster der Leichtathletik haben eine sehr viel längere Geschichte aufzuweisen, denn Laufen, Werfen und Springen sind aus anthropologischer Sicht konstitutiv für das Menschsein und wo immer Menschen zusammengelebt haben, finden sich deshalb auch Dokumente, die die Bedeutung des Laufens, Werfens und Springens belegen. Immer zeigen sich dabei auch kultivierte Formen dieser Basismuster. Das Stoßen von Geräten, die Sprünge in die Höhe, in die Weite und auch in die Tiefe, der schnelle Lauf und der Dauerlauf. All diese Muster zeigen, wie aus den anthropologischen Grundmustern spielerische Formen werden, wie man sie ihrer selbst Willen betreiben kann und wie die menschliche Kultur Nutzloses aufweist, dass dennoch einen bedeutsamen Nutzen hat. Die pädagogische Bedeutung dieser Muster ist offensichtlich und deshalb ist es für die Erziehung und Bildung von Menschen so bedeutsam, dass die kultivierten Formen des Laufens, Werfens und Springens als Bildungsinhalte gepflegt und weiterentwickelt werden. Angesichts des gesellschaftlichen Wandels mit Blick auf einen umfassenden Wertewandel und nicht zuletzt angesichts einer Vervielfältigung des Sports und seiner Sportarten, bedarf die Leichtathletik als Schulsportart einer besonderen Würdigung und einer besonderen Pflege. Das vorliegende Buch und dessen Autoren, stellen sich dieser besonderen Aufgabe. Mit ihrem didaktischen und methodischen Angebot sind sie dabei auf jene Schulstufe und Lernalter ausgerichtet, in der sich die Leichtathletik den vielfältigsten und schwierigsten Herausforderungen als Unterrichtsinhalt zu stellen hat. Die Autoren dieses Buches sind im wahrsten Sinne des Wortes Kuratoren der Leichtathletik. Die Leichtathletik ist ihre Heimat, ihr Erfahrungsschatz ist unersetzlich und ihre kreative Methodenvielfalt kann sicherstellen, dass für jeden Unterricht der Klassen 10–12 Hilfen bereitgestellt werden, die das Erreichen anspruchsvoller

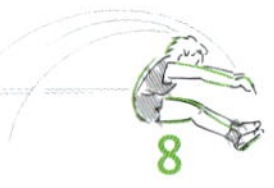

didaktischer Ziele möglich machen. Die Autoren wissen um die besondere Bedeutung der leichtathletischen Leistung, sie präsentieren die Idee des Wetteifers auf eine äußerst nachhaltige Weise. Sie wissen aber auch über das Spielerische bescheid, das jedes leichtathletische Trainieren und Üben prägen sollte. Das Buch stellt deshalb auch eine besondere Brücke zwischen der Schule und der Wettkampfsportart Leichtathletik in den LGs, Vereinen und Verbänden dar. Für das Lehrwesen der deutschen Leichtathletik wird sich dieses Buch als unverzichtbares Lehrbuch erweisen. Es wird aber auch seine Bedeutung in den internationalen Ausbildungsgängen der Leichtathletik erlangen – die internationale Anerkennung wird den Autoren sicher sein.

Prof. Dr. Helmut Digel
Concilmitglied der **I**nternational **A**ssociation of
Athletics **F**ederations IAAF
und Ehrenpräsident des Deutschen Leichtathletikverbandes

Vorwort zur zweiten Auflage

Das Thema „Theorie-Praxis-Verknüpfung“ ist aktueller denn je. Mit dem 2016er Bildungsplan wurde z. B. in Baden-Württemberg (MKJS 2016) der Anteil der Theorie im Fach Sport massiv ausgeweitet. Nunmehr sind die Sportlehrerinnen und Sportlehrer bereits ab Klassenstufe fünf verpflichtet, theoretische Anteile in den Unterricht einzubinden. Eine deutliche und explizite Ausweitung der Theorie erfolgt dann nochmals in den Klassenstufen 10, 11 und 12. Hier hat der Anteil – nimmt man den Bildungsplan tatsächlich ernst – inzwischen einen Umfang erreicht, dass der praktische Anteil des Oberstufenunterrichts hinter dem theoretischen zurückstehen muss. Dass dies bei den betroffenen Sportkolleginnen und Sportkollegen nicht auf uneingeschränkte Zustimmung stößt liegt auf der Hand.
Gerade auch unter diesem Aspekt ist ein Buch wie die vorliegende **Doppelstunde Leichtathletik** für die Oberstufe enorm wichtig. Gibt sie doch wichtige Hinweise, wie eine solche Theorie-Praxis-Verknüpfung an konkreten Inhalten aus der Leichtathletik aussehen könnte – ohne dabei den „praktischen Anteil“ der Stunde zu vernachlässigen.

In diesem Sinne wünschen wir Ihnen ertragreiche und bewegungsintensive Unterrichtsstunden in der Leichtathletik.

Michael Belz

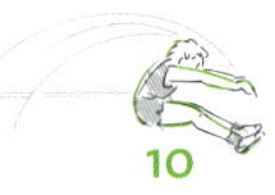

I

Leichtathletik in Theorie und Praxis unterrichten

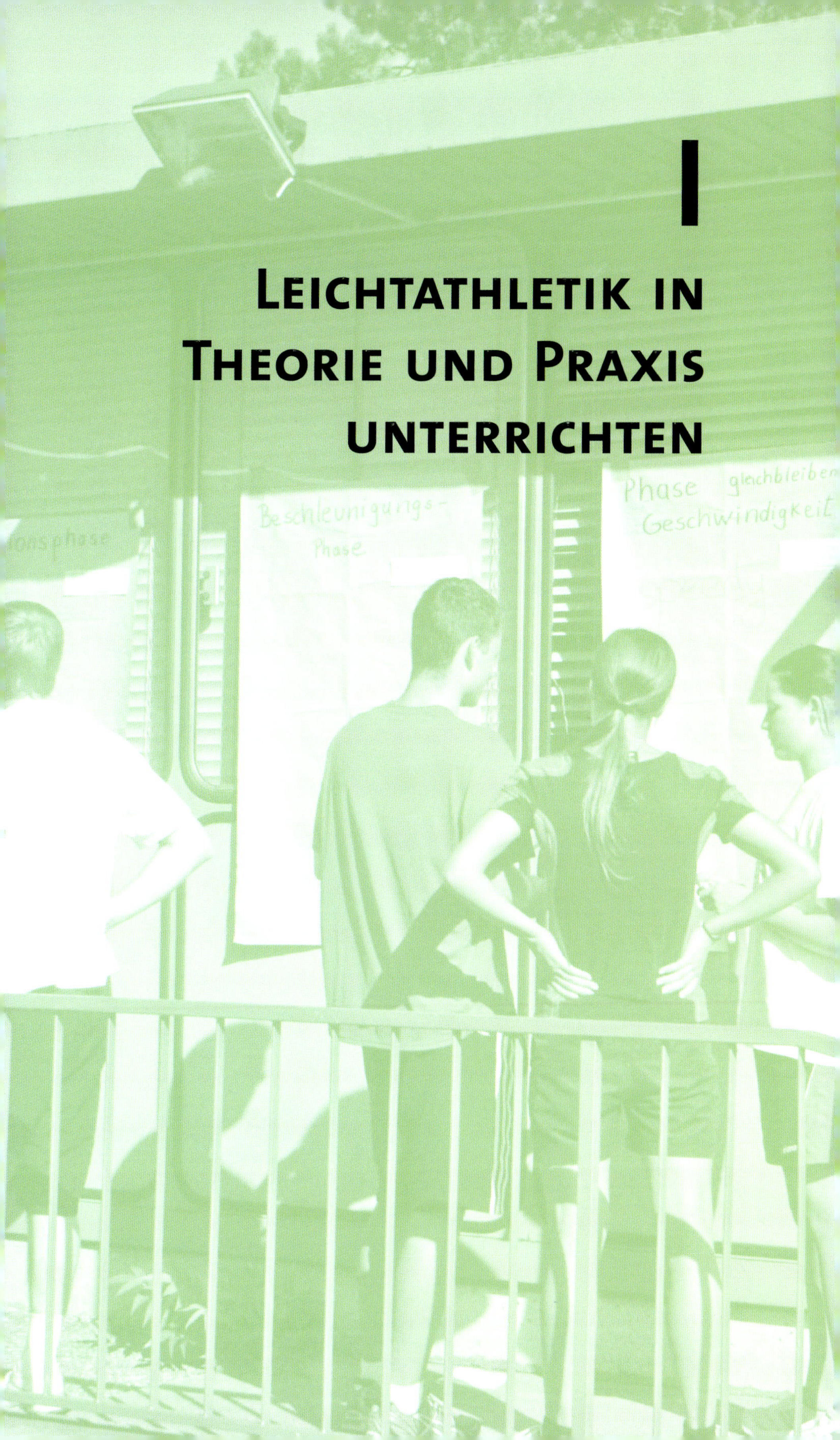

1 Vorbemerkungen

Die **Doppelstunde Leichtathletik** ist bislang das einzige Buch in der Reihe, das in drei Bände aufgeteilt wurde. Neben der Vielfalt an leichtathletischen Disziplinen, die in nur einem Doppelstundenband kaum unterzubringen gewesen wäre, waren dafür vor allem inhaltliche Gründe maßgeblich. Die vom Deutschen Leichtathletikverband als Kinderleichtathletik[1] angepriesene Variante für die 7- bis 11-Jährigen deckt inhaltlich sowohl den Bereich der Grundschule, die ersten beiden Klassenstufen der weiterführenden Schulen als auch den Bereich der Vereinsleichtathletik in diesem Altersbereich ab. Hier existiert zwischen der Schul- und Vereinsleichtathletik noch eine weitgehende Übereinstimmung. Dieser Auffassung folgt auch der erste Band der **Doppelstunde Leichtathletik** für die 10- bis 12-Jährigen. Die dort beschriebenen Doppelstunden lassen sich gewinnbringend sowohl im Verein als auch in der Schule durchführen.

Für die daran anschließende Altersstufe der 13- bis 18-Jährigen gilt diese Übereinstimmung nur noch bedingt. Mit fortschreitendem Alter entwickeln sich hier immer weiter auseinander liegende Zielstellungen zwischen dem „Pflichtsport Leichtathletik" in der Schule auf der einen und der „freiwilligen Wettkampfleichtathletik" für Jugendliche im Verein auf der anderen Seite. Während für den Schulsport auch in diesem Altersbereich ein breites, umfassendes Leichtathletikangebot zwingend notwendig ist, das nur auf wenigen Voraussetzungen aufbauen darf, um für alle Talentierte und Untalentierte Zugangsmöglichkeiten zu schaffen, hat hier die Vereinsleichtathletik gänzlich andere Voraussetzungen und Rahmenbedingungen. In den Nachwuchsgruppen des Vereins hat man es als Übungsleiter in der Regel mit einer hoch motivierten Auslese an talentierten Jugendlichen zu tun, die sich aus eigenem Antrieb für die Sportart Leichtathletik entschieden haben. Mit einer solchen besonderen Gruppenkonstellation lassen sich natürlich ganz andere Leistungsbereiche erschließen als in der Schule. Das bedeutet, dass mit zunehmenden Trainingsjahren in der Leichtathletik die im Ver-

[1] (Z. B. Bader, Chounard, Eberle, Kromer & Mayer, 1998; Bader, Chounard, Eberle, Kromer & Mayer, 2001; Katzenbogner, 2002).

ein organisierten Jugendlichen ihre Alterskohorte in der Schule, bezogen auf das leichtathletische Können bzw. Leistungsniveau immer weiter hinter sich lassen.

Ein Leichtathletik-Lehrbuch wie die **Doppelstunde Leichtathletik** Band 3 muss dem Rechnung tragen. Wir haben uns daher entschlossen, ein Buch für die *Schule* zu schreiben. Der vorliegende Band orientiert sich speziell an den Voraussetzungen und Interessenslagen von Schülerinnen und Schülern[2] einer allgemein bildenden weiterführenden Schule. Die beschriebenen Doppelstunden sind vor dem Hintergrund der in der Regel kompetenzorientierten Bildungspläne vor allem auf die dortigen Bedürfnisse zugeschnitten. Dies bedeutet vor allem eine stärkere Schülerzentrierung in der methodischen Vorgehensweise verbunden mit einer im Vergleich zu den Standardwerken der leichtathletischen Literatur veränderten fachspezifischen Aufgabenkultur. Dies macht Sinn, da sich der Kompetenzerwerb der Schüler vor allem in Auseinandersetzung mit konkreten problemorientierten Aufgaben vollzieht.[3]

Trotzdem bietet das Buch auch für die Vereinsleichtathletik wichtige Impulse. Durch die konsequente Theorie-Praxis-Verknüpfung innerhalb der einzelnen Doppelstunden wird beispielsweise eine vertiefte Reflexion über Trainingsinhalte und deren Wirkung, über individuelle technische Lösungen für leichtathletische Bewegungsprobleme, oder über Bewegungsspielräume und/oder Fehler im Bewegungsablauf angestoßen. Der jugendliche Athlet erhält damit zumindest partiell eine Antwort auf die Frage nach dem „*Warum*" bezüglich verschiedener Trainingsinhalte und wird so in die Lage versetzt, diese kritisch zu hinterfragen. Ein so gestalteter Trainingsprozess kann die Entwicklung zu einem „mündigen Athleten" maßgeblich unterstützen.

---

[2] Aus Gründen der besseren Lesbarkeit wird ab sofort ausschließlich die männliche Form verwendet.

[3] Vgl. Balz, Frohn, Neumann & Roth, 2013, S. 262.

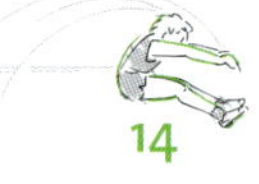

2 Leichtathletik in verschiedenen Schulstufen

Leichtathletik ist nicht gleich Leichtathletik. Im Rahmen eines der jeweiligen Situation angepassten Unterrichts wird sich die Leichtathletik in Klasse 5 von der in Klasse 9 unterscheiden, und beide von der in Klasse 12. Geht es zunächst in der Unterstufe um das spielerische Vermitteln von Erlebnissen und um attraktive Angebote aus der Leichtathletik, so tendiert diese dafür geeignete Sportart bei einem Teil der Schüler während der Mittelstufe zu einem leistungsorientierten Inhalt, wobei man aber die richtigen, d. h. den körperlichen Voraussetzungen entsprechenden Techniken wählen sollte. In der Oberstufe wird dann in einer Theorie-Praxis-Verflechtung „angewandtes Handlungswissen" vermittelt.

Den drei Schulstufen entsprechen drei Bände der **Doppelstunde Leichtathletik**, die sich quasi von der Bananenkiste aus der Kinderleichtathletik bis zum Kräfteparallelogramm des Absprungs eines Abiturienten erstreckt. Vorweg soll in Kürze dargestellt werden, was Inhalt der beiden bereits erschienenen Bände ist, damit das Gesamtbild „Leichtathletik als Schulsport" deutlich wird. Umfangreichere didaktisch-methodische Ausführungen finden sich in den Einführungen der beiden bereits erschienenen Bände, die diesem dritten Band vorausgehen.

Unterstufe: Erlebnis, Bewegungsfreude und Mannschaftsgefühl – Schüler begeistern

Leichtathletik soll möglichst viele Schülerinnen und Schüler ansprechen. Das gilt natürlich grundsätzlich, vor allem aber für die Klassen 5–7 der Unterstufe. Aufforderungscharakter besitzen eher variantenreichere Situationen als einseitige. Leichtathletik muss zunächst einen niederschwelligen und spielerischen Zugang haben und ein motivierendes Erlebnis sein:

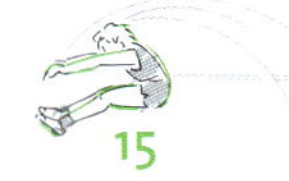

- Erleben kann man den **Körper**, das „Feeling“ kinästhetischer Empfindungen z. B. des (auch instrumentell unterstützten) „kleinen Fliegens“ bei Stabsprüngen hinunter oder Hoch-Weitsprüngen von der Kastentreppe.
- Erleben kann man die „Freude am **Effekt**“, beim Erkunden der Flugeigenschaften verschiedener Wurfgeräte oder beim Treffen verschiedener Ziele, wie Leitkegel, Reifen oder Schachteln bei der „Golfpartie“.
- Erleben kann man z. B. bei kleineren Gelände- oder Orientierungsläufen aller Art die **Natur**, denn Leichtathletik ist keine Hallensportart aus der Retorte.
- Erleben kann man z. B. bei Hochsprüngen nach Gewichtheberregeln, bei Blitzmehrkämpfen oder Zeitungstransportstaffeln das die Spannung erhöhende **Risiko**.
- Erleben kann man das „Wir-Gefühl“ und Miteinander-Gegeneinander der **Gruppe** bei Kleinen Spielen, beim Parallel- oder Reißverschluss-Hochsprung, beim Additions-Stoßen oder Summenspringen über Kisten und bei den vielfältigen Staffeln wie Würfel- oder Puzzlesprint.
- Erleben kann man das **Wetteifern**, denn es ist nicht unpädagogisch. Aber Wettbewerbe müssen in der Schule nicht nur in Form der klassischen Disziplinen und der Notengebung sein. Das können unter anderem Rollbrettrennen, Zeitschätzläufe oder Wurfstafetten sein.
- Und Erleben kann man den **Erfolg**. Er ist die beste Motivationsverstärkung, und er kommt im Rahmen eines breiten attraktiven Leichtathletikangebotes bei mehr Schülern vor, als bei einem „einseitig-klassischen“.

Das war die didaktisch-methodische Grundlage der **Doppelstunde Leichtathletik** Band 1 für die Unterstufenschüler. Jeweils sechs Stunden aus den Erfahrungsfeldern Laufen, Springen und Werfen sind in diesem Buch bearbeitet.

Mittelstufe: Die Wahl der richtigen Technik und entwicklungsgemäß vereinfachte methodische Reihen

Insbesondere wenn es nun über das rein Spielerische hinausgehend auch um das Vermitteln bestimmter Bewegungstechniken, das Abrufen von Leistung in der Mittelstufe geht, spielt der Erfolg eine Rolle. Er stellt sich (a) dann eher ein, wenn in der Unterstufe beispielsweise die Bewegungsgrundmuster „Rhythmisch über Bananenkisten laufen“ (statt Hürdenlaufen), „Mit dem Fahrradmantel aus

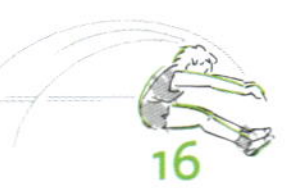

der Drehung werfen" (statt Diskuswerfen) oder „Rüberspringen mit dem Bambusstab" (statt Stabhochsprung) altersadäquat und schülergerecht gelegt wurden. Darauf lässt sich aufbauen.

Und (b) ist der Erfolg dann eher gewährleistet, wenn auch noch in der Mittelstufe vereinfachte methodische Reihen zur schülergemäßen Technik vom Lehrer eingesetzt werden. Ein Beispiel: Klassische Wettbewerbe mit zu schweren Geräten und den z. B. falschen Stoß- und Wurftechniken frustrieren. Welcher Schüler käme bei der Aufforderung möglichst weit zu stoßen auf die Idee, rückwärts und tief unten mit einem Prellkontakt anzugleiten? Er schafft diesen Bewegungsablauf koordinativ nicht, er kommt muskulär nicht schnell genug durch den Ring und mit einer verbandsnormierten Kugel auch nicht aus der Stoßauslage; denn diese biomechanisch sinnvolle Technik des langen Beschleunigungswegs passt nun mal nur für den überdurchschnittlich schweren Olympioniken.

Zumindest der jüngere Mittelstufenschüler aber ist in der Pubertät: beschleunigtes Wachstum, lange Extremitäten, (noch) keine ausgeprägte Muskulatur. Ihm fehlen die Voraussetzungen für die Technik der „Golden-League-Stars".

So wie die Unterstufenschüler statt rückwärts tief mit einem Kontakt anzugleiten mit „links-rechts-links" vorwärts anlaufen, so ist für den noch „schlaksigen" Mittelstufenschüler zwischen der Angleittechnik des Athleten und diesem Dreierkontakt vorwärts „links-rechts-links" des Unterstufenschülers ein zunächst auch eher aufrechtes „Seit-ran-seit" und ein „Rück-ran-rück" als Angehen angebracht. Eine am maximalen Beschleunigungsweg orientierte rationale Erwachsenentechnik mit schwierigem Einerkontakt ist dann der Oberstufe vorbehalten und kann möglicherweise mit einem Teil der Klasse tatsächlich in der Praxis ausprobiert werden.

Unter diesen Voraussetzungen ist auch der bei Mädchen im Vergleich zum geradlinigen Wurf beliebte Drehwurf kein Hexenwerk: Ein frontales „Links-dreh-links" in Wurfrichtung – und schon fliegt der Schleuderball.

Alle methodischen Reihen, auch die des Starts, des Hürdenlaufens, der Staffel oder des Springens können in ähnlicher Weise auf den Schüler zugeschnitten und vereinfacht werden. Diese Intention, adäquate Techniken und schülergerechte methodische Lehrwege anzubieten, zieht sich durch den gesamten zweiten Band der **Doppelstunde Leichtathletik** für die Mittelstufe. Für die höheren

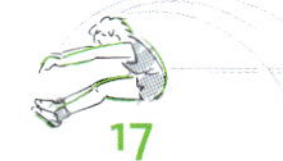

Klassenstufen mit ausgeprägtem Breiten- statt Längenwachstum und Muskelaufbau gelten dann eher die körperlichen Voraussetzungen der Oberstufe, weshalb sich in der **Doppelstunde Leichtathletik** Band 3 gerade auch exemplarische Stunden zur Einführung in das Sprint-, Sprung- und Wurfkrafttraining finden werden.

Mittelstufe: Divergierende Interessen

„Erlebnisse vermitteln“ und „vereinfachte schülergemäße methodische Reihen anbieten“! Diese beiden Prämissen sind der Zugang zur Motivation der Unterstufen- und der jüngeren Mittelstufenschüler.

Je jünger die Schüler sind, desto eher gelangt man damit zum Erfolg. Nicht jeden, insbesondere nicht die älteren Schüler der Klassen 8 und 9 kann man aber selbst mit dieser Vorgehensweise begeistern. Im Ansehen der Schüler rangiert die Leichtathletik heute eher auf einem abgeschlagenen Platz. Schüler identifizieren sich im Vergleich zu früher inzwischen seltener mit Wettkampfsportlern aus der Leichtathletik, deren Medienpräsenz immer weniger wahrnehmbar ist. Insofern beginnt sich zunehmend eine Diskrepanz zwischen Sport treibenden trainierten Schülern und dem Sport weniger zugeneigten Schülern abzuzeichnen.

Durch die Schule ist aber der Leistungsgedanke geprägt. Und dieser ist bei den heute eher angepassten Schülern zentraler als früher. Man akzeptiert das System, stellt das in den Mittelpunkt, was die beste Note oder am meisten Punkte bringt. Und hierfür eignet sich die klassische Leichtathletik – trotz der notwendigen vereinfachten methodischen Reihen – natürlich besonders.

Man mag dies als nur extrinsische Motivation der älteren Mittelstufenschüler, z. B. der Klassen 8 und 9 sehen, aber es liegt auch im Wesen dieser Entwicklungsstufe. Die körperliche Veränderung führt gegebenenfalls nicht nur zu einer Verunsicherung, die sich als Verlegenheit, Angst, Nervosität und als eine geringe Ich-Stärke äußert. Zu diesem Entwicklungsabschnitt gehört auch die Identitätsfindung. Und zu ihr sind nicht nur das Sich-Lösen von Autoritäten, rasche Stimmungsumschwünge, eine manchmal hohe Affektbereitschaft sowie vor allem die kindliche Konstanz verlierende, geänderte Motivations- und Werthaltungen eigen. Zur Identitätsfindung gehören auch: Sich-Vergleichen, Sich-Messen, Kämpfen „Mann gegen Mann“, bzw. „Frau gegen Frau“, Leistung erbringen und einen sozialen Status innerhalb der Klasse erwerben.

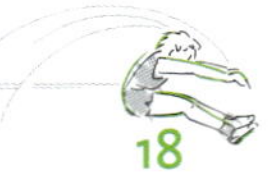

Alles Spielerische, das in der Unterstufe und noch in der ersten Klasse der Mittelstufe angeboten wurde, das mag sich teilweise wieder einleitend oder als „Abschluss-Schmankerl“ gar in der Oberstufe anbieten. Für die beiden älteren Klassen der Mittelstufe eignet sich das weniger. „Leistung“ rückt in ihrem Lebensfeld in den Vordergrund – und damit auch im Sport. Etwas lernen, etwas können, geprüft werden, möglichst gut sein ... und erwachsen!
Im Sport können Schüler mit Erwachsenen eher konkurrieren als in anderen Lebensbereichen. Und: Erwachsene messen dem Sport große Bedeutung zu.

Zumindest in der fortgeschrittenen Mittelstufe muss daher der Anteil der klassischen Leichtathletik zunehmen. Hier stehen vor allem in der Schule umsetzbare methodische Übungsreihen für die traditionellen Disziplinen im Vordergrund. Und der Unterricht darf für diese Altersstufe ab und zu auch wieder stärker lehrerzentriert sein.

Mit der im Folgenden beschriebenen Oberstufe der **Doppelstunde Leichtathletik** Band 3 kommt die Leichtathletik im Schulsport zu ihrem Abschluss. Zweierlei ist für sie kennzeichnend:

- Die Divergenzen zwischen motivierten und unmotivierten sowie zwischen trainierten und untrainierten Schülerinnen und Schülern setzen sich bis hierher verstärkt fort.
- Im Unterricht des Leistungs-/Neigungs-/Kernfachs sollen auch kognitive Inhalte (Wissen) neben den sportmotorischen Fertigkeiten und Fähigkeiten vermittelt werden.

3 Leichtathletik in der Oberstufe – Inhalte und Methoden

„Was muss inhaltlich in einer oberstufengerechten Leichtathletik-Unterrichtseinheit vermittelt werden und mit welchen Methoden lässt sich dies umsetzen?" Zur Beantwortung dieser beiden Fragen soll eingangs einerseits die Perspektive der Schüler und andererseits die Perspektive der Schulverwaltung beleuchtet werden.

Oberstufensport aus Schülersicht

Aus Schülersicht wird das Fach Sport in der Oberstufe sehr ambivalent beurteilt. Auf der einen Seite gibt es Schüler, die in ihrer Freizeit schon länger keinen Sport (mehr) treiben und somit fast ausschließlich nur über den Schulsport motorische Beanspruchung erfahren. Dass diese nicht ausreicht, um das körperliche Leistungsniveau zu halten, liegt auf der Hand. Einschlägige Untersuchungen[4] weisen seit ein paar Jahren eindrücklich auf die nachlassende durchschnittliche körperliche Leistungsfähigkeit von Schülern und Jugendlichen hin.

Speziell in der Schulleichtathletik ist darüber hinaus das Phänomen bekannt, dass vor allem Schülerinnen, die vor der Pubertät noch beachtliche Leistungen im Laufen und Springen erbracht haben, gegen Ende ihrer Schullaufbahn nun plötzlich nicht mehr an ihre zuvor erbrachten Leistungen anknüpfen können. Hieraus ergeben sich oftmals auch motivationale Probleme für den Oberstufenunterricht. Ähnliches gilt für sportabstinente männliche Schüler, deren schleichender Leistungsabbau sich zum Abitur hin zunehmend bemerkbar macht.

Auf der anderen Seite gibt es aber auch Schüler, die sich neben dem Schulsport freiwillig regelmäßigen Trainingsbelastungen unterwerfen. Vor dem Hintergrund leistungssportlicher Ambitionen

[4] Vgl. z. B. SANDMAYR (2004, S. 296 ff.); GASCHLER (2001, S. 16); KETELHUT & BITTMANN (2001, S. 342 ff.); DORDEL (2000, S. 342 f.).

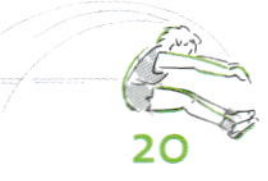

und strukturell auf die Bedürfnisse des Trainings sehr gut abgestimmter Rahmenbedingungen gibt es einzelne Schüler, die sich weit über das von ihren Mitschülern je erreichbare Maß hinaus motorisch entwickeln.

Die beiden beschriebenen Extreme innerhalb der Schülerschaft kommen natürlich mit sehr unterschiedlichen Motiven in den Pflichtsportunterricht der Oberstufe. Das Spektrum reicht von „Ich möchte am liebsten gar keinen Sport machen müssen" bis hin zu dem Wunsch, ein ambitioniertes Vereinstraining im Rahmen des Sportunterrichts durchzuführen.

Der Sportlehrer hat im ungünstigsten Fall beide Extreme in der gleichen Sportgruppe zu unterrichten. Er muss daher überlegen, wie er mit diesen sehr heterogenen Leistungsvoraussetzungen und einer über die Jahre zunehmenden Leistungsbreite (von ganz schwach bis sehr gut) in den Klassen umgehen möchte.

Oberstufensport aus Sicht der Schulverwaltung

Der Sportunterricht soll allen Schülern helfen, ein Gesundheitsbewusstsein zu entwickeln und auf ein lebenslanges Sporttreiben in eigener Verantwortung vorbereiten. Diese grundlegende Forderung findet sich in fast allen aktuellen Bildungsplänen für die Schule.[5] Der Kursstufe kommt dabei als dem letzten Bindeglied zum Schulsport eine besondere Bedeutung zu: ein breit angelegtes, mehrperspektivisches Angebot spricht mehr Schüler an, als ein eindimensionales, nur auf Leistung ausgerichtetes. Nur dann, wenn es dem Lehrer gelingt, auch Freude und Spaß an der sportlichen Bewegung zu vermitteln, wird dies zu einer nachhaltigen Einstellung dem Sport gegenüber führen.

Darüber hinaus soll der Sportunterricht diejenigen Schüler, die sich bewusst für das Fach Sport in der Abiturprüfung entschieden haben, auf die Anforderungen der Abiturprüfung vorbereiten.[6] Sport kann dabei als Leistungs-/Neigungs-/Kernfach[7] in der Regel

5 Vgl. z. B. für Baden-Württemberg, MKJS (2004) oder Nordrhein-Westfalen, MSWWF (1999).

6 „Andererseits geht es in der Jahrgangsstufe 11 in der Vorbereitung auf die fachspezifischen Anforderungen in der Qualifikationsphase um die oberstufenspezifische Akzentuierung der Ziele und Lerninhalte des schulischen Sportunterrichts" (MSWWF, 1999, S. 39).

7 In unterschiedlichen Bundesländern werden hier unterschiedliche Bezeichnungen verwendet.

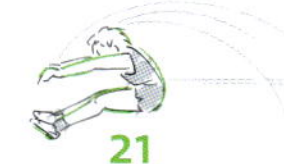

mit schriftlichem Prüfungsanteil oder aber als viertes bzw. fünftes Prüfungsfach mit in der Regel mündlichem Prüfungsanteil gewählt werden. Charakteristisch sind die von der KMK (2005) vorgegebenen Anteile für Praxis und Theorie von 50% zu 50% beim Leistungsfach Sport bzw. von mindestens 30% Theorieanteil bei Sport als mündlichem Prüfungsfach.

Der recht hohe Anteil der Fachpraxis an der Gesamtnote bedingt eine fundierte motorische Ausbildung in den Sportkursen vor allem unter der Perspektive Leistung. Dies verlangt im Kern einen sehr bewegungsintensiven Sportunterricht. Den Schülern sollte ein Weg aufgezeigt werden, durch systematisches Üben und Trainieren die in den Leistungstabellen vorgegebenen Leistungsanforderungen erreichen zu können. Auf diesen Aspekt bereiten in der Doppelstunde Leichtathletik vor allem die zwölf Stunden für den Technikerwerb in der Mittelstufe vor (vgl. **Doppelstunde Leichtathletik** Band 2).

Theorie in der Oberstufe

Ein wesentliches Charakteristikum des Sportunterrichts in der Oberstufe (vgl. z. B. MKJS Baden-Württemberg, 2004 oder MSWWF Nordrhein-Westfalen, 1999) ist die in vielen Bildungsplänen geforderte theoretische Durchdringung des sportpraktischen Handelns. Zu einem vertieften Verständnis des Sporttreibens trägt dabei auch die Vermittlung und Anwendung von Kenntnissen aus Trainings- und Bewegungslehre bei. Die Verknüpfung von praktischen und theoretischen Inhalten ermöglicht es Schülern, eigenverantwortlich zu handeln.

Beispielsweise wird in der Doppelstunde *„Kugelstoßen in Theorie und Praxis“* die leistungsbestimmende „optimale“ Länge des Beschleunigungsweges der Kugel thematisiert. Haben die Schüler einmal den **biomechanischen** Zusammenhang „Je länger der tatsächliche Beschleunigungsweg – desto größer die Stoßweite“ erkannt, sind sie dadurch in die Lage versetzt, eigenständig nach individuellen Wegen zur Verlängerung ihres Beschleunigungsweges zu suchen. Oder sie verstehen vor dem Hintergrund der **biologischen** Energiebereitstellung in der Doppelstunde *„Theorie und Praxis der Ausdauer“* das Training der beiden wesentlichen Ausdauerarten besser.

Diese, ausgehend vom sportpraktischen Handeln eher pragmatische Argumentation für theoretische Inhalte im Sportunterricht der Oberstufe wird durch eine zweite mehr schulorganisatorisch-

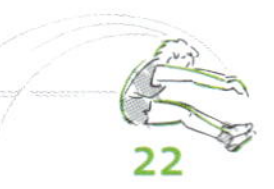

formale ergänzt: Um das Fach Sport langfristig „abiturabel" zu halten, muss es seine bisher weitgehend motorische Ausrichtung mit einer hinreichenden theoretischen Untermauerung erweitern. Lange Zeit war Sport nicht im Kanon der für ein wissenschaftliches Studium erforderlichen Kernkompetenzfächer enthalten. Ihm wurde vielmehr unterstellt, dass es als sogenanntes ergänzendes Fach keine bzw. nur wenig substanzielle Beiträge zur späteren Studierfähigkeit liefern könne. Heute sieht man das anders; auch dem Fach Sport wird nunmehr prinzipiell zugebilligt, dass es als Zugangsberechtigung „zu jedem Studium an einer Hochschule" (KMK, 1972, S. 4) Grundlagen bereitstellen kann. Dies bedeutet nach Schulz aber noch nicht, dass den ergänzenden Fächern also auch dem Fach Sport die Abiturfähigkeit bedingungslos geschenkt wird. „Auch sie müssen sich jene Elemente zu eigen machen, die zur Entwicklung geistiger Strukturen notwendig sind. Das heißt für die betroffenen Fächer, ein Stück weit das bisherige Selbstverständnis und Anliegen in Richtung wissenschaftlicher Fächer zu verändern oder zu erweitern" (2010, S. 27).

Der Sport hat in diesem Zusammenhang einiges zu bieten:

- Die Vernetzung mit anderen Fächern (z. B. Biologie, Medizin, Soziologie) durch fächerübergreifende Fragestellungen.
- Die Vernetzung mit anderen Fächern (z. B. Medizin, Pädagogik, Physik, Psychologie) über gemeinsame Methoden mit den jeweiligen Mutterwissenschaften.
- Ein eigenständiges, sportspezifisches Methodenrepertoire in Trainings- und Bewegungswissenschaft.
- Die Möglichkeit zu wissenschaftspropädeutischem Arbeiten in vielfältigen Fragestellungen vor allem aus dem Bereich des Übens und Trainierens.

Sportartspezifische Theorie darf in diesem Zusammenhang nicht isoliert als eigenständiger Inhalt vermittelt werden – dies würde der Charakteristik des Faches widersprechen. Vielmehr müssen sich die theoretischen Fragestellungen organisch aus dem Unterrichtsgang ergeben. Dazu eignet sich vor allem die Methode der *Theorie-Praxis-Verknüpfung*. Theoretische Aspekte werden genau dort angesprochen, wo sie auftreten bzw. den motorischen Lerngang unterstützen können. Am Beispiel der Leichtathletik heißt das, Theorie wird auch, oder besser vor allem im Stadion unterrichtet – sei es als improvisierte Freihandzeichnung in der Sandgrube beim Weit- oder Dreispringen oder als vorbereiteter Auftaktimpuls einer Stunde mit Plakaten und Schaubildern.

Auf den Aspekt der Theorie-Praxis-Verknüpfung gehen in der **Doppelstunde Leichtathletik** vor allem die Stunden im vorliegenden Oberstufenband ein.

Praxis in der Oberstufe

Leichtathletik in der Oberstufe zählt neben Gymnastik/Tanz, Schwimmen und Turnen zu den vier Individualsportarten, von denen je nach Bundesland im Rahmen der Kursstufe in der Regel ein bis zwei verbindlich unterrichtet werden müssen. Schüler haben hier meist Wahlfreiheit, sich für eine Individualsportart zu entscheiden. Erfreulicherweise wird die Sportart Leichtathletik überproportional häufig ausgewählt (vgl. z. B. KURZ & WAGNER, 2010, S. 157).

Inhaltlich orientieren sich viele Sportlehrer dabei an dem implizit über die Leistungstabellen vorgegebenen Disziplinenkatalog. Dieser schränkt das Spektrum dessen, was man unter Leichtathletik verstehen sollte, in unzulässiger Weise ein. Meist unter dem Gesichtspunkt der Ökonomie sind in den Katalogen oft gerade die für Schüler „interessanten" Disziplinen nicht enthalten. Was spricht aber dagegen, im Kurs die Ausdauerleistungsfähigkeit z. B. mit einem Orientierungslauf, einem Fahrtspiel oder einem Biathlon zu entwickeln? Die leistungsbestimmenden Grundlagen lassen sich mit diesen Mitteln genauso gut verbessern, wie mit einer an der Zieldisziplin im Abitur orientierten Dauerlaufmethode (z. B. 12-min-Lauf oder 3000-m-Lauf). Der gravierende Unterschied dürfte dabei in der Akzeptanz der Inhalte liegen: Während bei der Dauerlaufmethode wahrscheinlich nur hart gesottene Leichtathleten bis zum Schluss durchhalten, dürfte ein ansprechend aufgebauter Orientierungslauf für fast alle Kursstufenschüler motivierend sein.

Lehren nach Funktionsphasen

Bei der Vermittlung disziplinspezifischer Techniken aus den Bereichen des Laufens, Springens und Werfens orientieren wir uns an der von GÖHNER (1975) vorgestellten klassischen Funktionsanalyse und dem daraus abgeleiteten „Lehren nach Funktionsphasen".
Er geht davon aus, dass es bei sportlichen Bewegungen stets einen mehr oder weniger gut erkennbaren Zeitabschnitt gibt, in dem die eigentliche Bewegungsaufgabe gelöst wird. Dieser Zeitabschnitt wird Hauptfunktionsphase genannt und steht (zunächst) im Zentrum jeglicher Vermittlungsbemühungen beim Neulernen einer Bewegung. Die Aktionen der Hauptfunktionsphase werden dann im

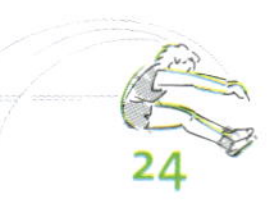

weiteren methodischen Vorgehen sukzessive um weitere Funktionsphasen ergänzt. Vor die Hauptfunktionsphase können „einleitende" bzw. „überleitende" Funktionsphasen gesetzt werden, deren Aufgabe es ist, für die nachfolgende Hauptfunktionsphase günstigere Ausgangsbedingungen zu schaffen. Im Anschluss an die Hauptfunktionsphase schließen sich „aussteuernde" Funktionsphasen an, die die Bewegung in einen (Ruhe-)Endzustand oder aber bei zyklischen Bewegungen in einen für den nachfolgenden Bewegungszustand brauchbaren Zustand überführen sollen (Göhner, 2012, S. 34).

Beispielsweise beginnen wir deshalb den methodischen Lehrweg zum Speerwerfen mit dem „frontalen Wurf aus dem Stand" (Hauptfunktionsphase). Vor diese werden nun im weiteren Verlauf des Lehrweges jeweils weitere vorbereitende Funktionsphasen (z. B. der frontale Anlauf, die Schulter- und Hüftrotation, etc.) gesetzt, die die energetischen Bedingungen des Abwurfes fortlaufend verbessern.

Zusammenfassung

Im Zentrum des Sportunterrichts muss auch in der Oberstufe nach wie vor die sportliche Bewegung stehen. Über weite Strecken sollte dies für die leichtathletische Ausbildung auch unter der Perspektive Leistung geschehen. Die Schüler müssen primär erfahren, dass sich eine Verbesserung in den leichtathletischen Grundtätigkeiten Laufen, Springen und Werfen in ihrem Alter nur noch über ein konsequentes Trainieren und Üben erzielen lässt.

Aber: Pädagogische Intentionen sind genauso wichtig, wie die bloße sportliche Leistung! Leichtathletik im schulischen Rahmen muss mehr bieten. Die zusätzliche Ansteuerung kognitiver Kompetenzen und Kompetenzen aus dem sozial-kommunikativen Bereich können den Unterricht in vielfältiger Weise bereichern.

Der Sportlehrer muss dazu seinen Unterricht in der Sportart Leichtathletik auf die Interessen und Fähigkeiten der Schüler abstellen. Dies erfordert an einigen Stellen auch eine Öffnung des Unterrichts. Der Lehrer sollte dabei auch eine Reihe von Kompetenzen an seine Schüler abgeben, deren teilweise andersartige Arbeitsweise akzeptieren und gegebenenfalls auch temporär „Irrwege" zulassen können.

Darüber hinaus muss eine stärkere Individualisierung und Differenzierung des Unterrichts erfolgen. In der **Doppelstunde Leichtathletik** sind dazu an einigen Stellen entsprechende Hinweise enthalten. Beispielsweise werden in den beiden Doppelstunden zum Kugelstoßen *„Vom frontalen Stoßen zur Kugelstoßtechnik“* (vgl. **Doppelstunde Leichtathletik** Band 2) bzw. *„Kugelstoßen in Theorie und Praxis“* mehrere Zieltechniken für Schüler angeboten. Die Schüler können nach einer Kennenlernphase selbst entscheiden, auf welchem Niveau sie aussteigen und mit welcher Technik sie letztendlich „auf Weite“ stoßen wollen. Hier wird der koordinativ Begabte höchstwahrscheinlich eine andere Zieltechnik wählen, wie der grobmotorisch Kräftige. Beide werden aber, um eine bestmögliche Note zu erzielen, die für sie jeweils individuell optimale Variante aussuchen.

4 Benotung in der Leichtathletik

Funktionen der Sportnote

Noten haben unterschiedliche Funktionen. Um als Fach im Fächerkanon der Schule „ernst genommen" zu werden bzw. langfristig zu bestehen, muss es auch eine Sportnote geben, die sich an den allgemeinen, für alle Fächer verbindlichen Standards, ausrichtet, wenngleich speziell für das Fach Sport auch Argumente für einen Verzicht auf die Sportnote existieren.

Noten haben vor allem eine *Berichtsfunktion*, d. h. sie melden den Eltern zurück, wie der Stand der Lernbemühungen ihrer Kinder aktuell einzuschätzen ist. Daraus lassen sich unter anderem auch Prognosen hinsichtlich des zu erwartenden Leistungsstandes am Ende der Klassenstufe bzw. des Halbjahres ableiten, die Rückschlüsse über das Erreichen des Klassenziels zulassen. Oftmals ist die „schlechte" Note in einem Schulfach leider einziger Anlass für Eltern, mit den Lehrern das Gespräch zu suchen. Für das Fach Sport stellt dies aber auch eine nicht zu unterschätzende Chance dar, die Erziehungsberechtigten über motorische Defizite ihrer Kinder und sich daraus möglicherweise ergebender längerfristiger Beeinträchtigungen zu informieren.

Für Schüler hat die Sportnote zunächst eine *Rückmeldefunktion*, d. h. sie informiert über den Erfolg ihrer Lernbemühungen. Dabei ist nun nicht unbedingt gesagt, dass die Ursachenzuschreibung für eine gute bzw. schlechte Sportnote primär die eigenen Lernbemühungen in den Fokus nimmt. Im Rahmen der theoretischen Anteile des Unterrichts – und hier sind in der **Doppelstunde Leichtathletik** Band 3 einige Beispiele vorhanden – kann aber über die Identifizierung leistungsbestimmender Fähigkeiten und die für deren Verbesserung notwendige Trainingsmittel die Grundaussage der Trainingslehre für die Schüler unmittelbar erfahrbar gemacht werden: *„Nur durch systematisches Training lässt sich eine Leistungssteigerung (z. B. in Richtung verbesserter Sprung- oder Wurfkraft) erzielen".*

Noten haben zudem eine *Berechtigungs-*, *Zuteilungs-* und *Selektionsfunktion*. Jahres- und Abschlusszeugnisse sind maßgeblich für die

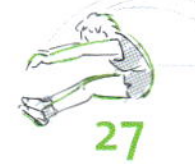

Versetzung in die nächst höhere Klasse, für den Übergang zu weiterführenden Schulen, für den Hochschulzugang und/oder für den Eintritt in eine qualifizierende Berufsausbildung.[8] Diese drei Funktionen leiten sich primär aus dem Leistungsprinzip ab, das nach wie vor die Grundlage unseres heutigen Schulsystems bildet.

In der Schulpädagogik unterscheidet man darüber hinaus auch noch eine Anreiz- und Disziplinierungsfunktion. Diese sorgt dafür, dass Schüler sich im positiven Fall durch die Aussicht auf gute Noten freiwillig mit dem Lernstoff auseinandersetzen. Im negativen Fall tun sie das möglicherweise auch durch die Furcht vor einer schlechten Note. Dabei existiert speziell für die mit Maßband und Stoppuhr erhobene Leichtathletiknote ein sehr enger Zusammenhang zwischen der tatsächlich erbrachten Leistung (intrinsische Motivation) und der dafür gewährten Note (extrinsische Motivation).

Bezugsnormen

Die von Schülern erbrachten Leistungen können mit unterschiedlichen Maßstäben beurteilt werden. Man unterscheidet hierbei die soziale, individuelle und die kriteriumsbezogene Bezugsnorm. Von *sozialer Bezugsnorm* spricht man dann, wenn die individuelle Leistung des Schülers mit einer ähnlich gearteten Referenzgruppe verglichen wird. Beispielsweise stellen die von der KMK (2005) für das fachpraktische Abitur in der Leichtathletik vorgegebenen Richtwerte für fünf bzw. 11 Notenpunkte eine solche soziale Bezugsnorm dar. Hier werden die von den Abiturienten erbrachten Leistungen mit einem bundesweit einheitlichen Maßstab verglichen.[9]

Für die Leichtathletik in der Schule existieren lokal, regional oder teilweise auch überregional verbindliche Notentabellen, die eine Einordnung der individuell erbrachten Leistung ermöglichen. Im Bereich des Deutschen bzw. Internationalen Leichtathletikverbandes entspricht diesen Notentabellen die Internationale Mehrkampfwertung bzw. die daraus abgeleitete nationale Nachwuchsmehrkampfwertung. Existieren solche verbindlichen Tabellen, müssen diese vor dem Hintergrund des Gütekriteriums der Objektivität auch eins zu eins umgesetzt werden. Objektivität bedeutet in diesem Zusammenhang, dass die Benotung unabhängig vom Lehrer zum gleichen Ergebnis führen muss.

---

[8] Vgl. Wengert (1994, S. 223).

[9] Einheitliche Prüfungsanforderungen in der Abiturprüfung Sport (Beschluss der KMK vom 01.12.1989 i.d.F. vom 10.02.2005).

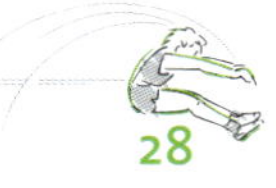

Die in der Praxis häufig beobachtbare „Aufweichung" der Tabellenwerte („Ihr bekommt zwei Notenpunkte aufgebessert, weil wir heute Gegenwind hatten" oder „Wir stoßen heute mit der leichteren Kugel ... nehmen aber trotzdem die Tabelle für die schwerere") lehnen wir ab. Eine solche würde die erbrachte Leistung entwerten.

Von *individueller Bezugsnorm* spricht man dann, wenn z. B. die erbrachte Weitsprungleistung eines Schülers zu mindestens zwei Zeitpunkten miteinander verglichen wird. „Individuelle Lernfortschritte können so auch dann sichtbar und mittelbar gemacht werden, wenn sich die Rangposition des betreffenden Schülers innerhalb der Lerngruppe nicht geändert hat".[10] Die Berücksichtigung der individuellen Bezugsnorm zur Notenfindung stößt an enge Grenzen. Aus der Trainingslehre weiß man, dass vor allem Untrainierte zu Beginn eines Trainingsprozesses die größten Leistungszuwächse haben, wogegen mit zunehmendem Leistungsniveau der Leistungszuwachs trotz eines größeren Trainingsaufwandes immer geringer wird. Auf die Schule übertragen bedeutet dies, dass sich vor allem die leistungsschwachen Schüler bezogen auf ihre individuelle Bezugsnorm am stärksten verbessern. Beispielsweise ist die Verbesserung im Weitsprung von 4,50 m auf 5,00 m leichter als von 5,50 m auf 6,00 m. Würde man diese Verbesserung nun als Grundlage für eine Benotung nehmen, wären alle leistungsstarken Schüler deutlich benachteiligt. Söll (2008, S. 169) fordert in diesem Zusammenhang, dass die Relativierung der Noten niemals die tatsächliche Leistungsrangfolge innerhalb einer Klasse auf den Kopf stellen darf! Da in der Leichtathletik – im Unterschied zur qualitativen Beurteilung der Spielleistung in einem Sportspiel – die Rangreihenfolge über die erbrachten Leistungen für alle transparent und offensichtlich ist, empfehlen wir, die individuelle Bezugsnorm nur zur Feinabstufung der Noten mit maximal ± einer halben Note bzw. ± einem Notenpunkt in der Oberstufe heranzuziehen.

Von *kriteriumsbezogener Bezugsnorm* spricht man dann, wenn ein bestimmtes absolutes Lernziel bzw. eine bestimmte Kompetenzstufe tatsächlich erreicht wird. Streng genommen kann der Lehrer bei einer solchen Vorgehensweise lediglich feststellen „Ziel erreicht" bzw. „Ziel noch nicht erreicht". Dass eine Überführung dieser beiden Merkmalsausprägungen in die sechsstufige Notenskala nicht möglich ist, liegt auf der Hand. Man sollte diesen kriteriumsbezogenen Maßstab – z. B. das genaue Treffen des Absprungbalkens beim Weitsprung – daher nur zu Rückmeldezwecken, nicht aber zur Notenfindung einsetzen.

---

[10] Wengert (1994, S. 226).

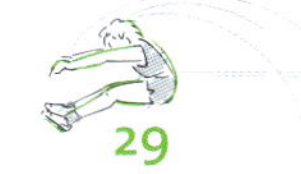

Die Leichtathletiknote in der Praxis

Wir empfehlen, dass in der Leichtathletik prinzipiell ein Mehrkampf geprüft wird, um den unterschiedlichen Leistungsanforderungen dieser Sportart einigermaßen gerecht zu werden. Was verbindet z. B. einen Langstreckenläufer und einen Hammerwerfer? Beide fühlen sich zu Recht als Leichtathleten, wenngleich die leistungsbestimmenden motorischen Anforderungen ihrer beiden Disziplinen sehr weit auseinander liegen. Der Hammerwerfer wird aufgrund des Anforderungsprofils seiner Disziplin niemals überdurchschnittliche Leistungen im Langstreckenlauf erzielen können. Umgekehrt gilt dies genauso.

Daraus lässt sich der Grundsatz ableiten, dass mehrere konditionelle Leistungsfaktoren in die Leichtathletiknote einfließen sollen. Zur Strukturierung bieten sich die vier Disziplingruppen der Verbandsleichtathletik (Sprint, Lauf, Sprung und Wurf) an. Diese erfordern jeweils ganz spezifische Fähigkeiten. Besonders bedeutsam für eine erfolgreiche Wettkampftätigkeit sind (in gleicher Reihenfolge) die Schnelligkeit, die Ausdauer, die Schnellkraft und die Kraft.

In der Schule sollte daher ein Dreikampf mit je einer Disziplin aus einer Disziplingruppe durchgeführt werden.[11] In der praktischen Umsetzung gibt es nun mehrere Möglichkeiten:

- Der Lehrer gibt drei feste Disziplinen vor.
- Der Lehrer gibt drei Disziplingruppen vor – überlässt den Schülern aber die Wahl unter mindestens je zwei Disziplinen.
- Der Lehrer überlässt die Wahl der Disziplinengruppen den Schülern – bestimmt aber innerhalb der Disziplingruppen die Disziplin.
- Der Lehrer überlässt die Wahl der Disziplinen komplett den Schülern.

Für jede der aufgeführten Möglichkeiten können Vor- bzw. Nachteile angeführt werden. Letztendlich muss die endgültige Entscheidung jeder Lehrer selber treffen.

Empfehlung: Je älter die Schüler, desto mehr Wahlmöglichkeiten sollten sie zugestanden bekommen. Während in Klassenstufe 8 es durchaus legitim ist, die Disziplin Kugelstoßen für die Benotung

[11] Für den Drei- statt einem Vierkampf sprechen vor allem zwei Gründe: Erstens lässt das begrenzte Zeitbudget für die Leichtathletikausbildung im Schuljahr in der Regel nicht die Behandlung von vier Disziplinen aus unterschiedlichen Disziplingruppen zu. Zweitens können die Schüler – entsprechende Wahlfreiheit vorausgesetzt – genau die Disziplingruppe abwählen, die ihren persönlichen Fähigkeiten am wenigsten entspricht.

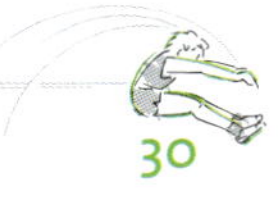

vorzugeben, weil gerade diese Disziplin ausführlich mit der Klasse behandelt wurde – sollten die Schüler des Abiturjahrgangs aus mehreren Möglichkeiten die für sie taktisch beste Kombination wählen dürfen.

Ein weiterer Aspekt, der für eine größere oder kleinere Wahlfreiheit spricht, ist die Art der vorgegebenen Notentabelle. Hier gibt es im Vergleich der Bundesländer zwei Möglichkeiten. Einige Bundesländer, wie z. B. Schleswig-Holstein (vgl. MBF, 2011) verwenden die Mehrkampftabelle des Deutschen Leichtathletik Verbandes und erlauben unbegrenzt „Überpunkte" in jeder Disziplin. Andere Bundesländer wie z. B. Baden-Württemberg (vgl. MKJS, 2012) und Bayern (BStMfUuK, 2008) begrenzen die pro Disziplin maximal mögliche Punkteanzahl auf 15 Notenpunkte. Hier werden bessere Leistungen nicht zusätzlich honoriert.

Im Beispiel Schleswig-Holstein kann ein Prüfling im Abitur in „seiner Disziplin" so viele Überpunkte machen, dass er die schwächeren Disziplinen ausgleichen kann. In Baden-Württemberg und Bayern muss ein Prüfling im Abitur die Leistungen in seiner schwachen Disziplin „mitziehen" – mit der Konsequenz, in der Gesamtabrechnung möglicherweise gar nicht auf die 15 Notenpunkte zu kommen. Der Gerechtigkeit halber ist hier eine größere Wahlfreiheit angebracht.

Theorieanteile in der Leichtathletiknote

Als allgemeinen Bewertungs- und Benotungsgrundsatz wurde bereits im Unterstufenband (Belz & Frey, 2009, S. 22) gefordert, dass alle Inhalte, die im Unterricht behandelt worden sind, auch in repräsentativer Auswahl bewertet werden sollten.

Nachdem in der vorliegenden **Doppelstunde Leichtathletik** für die Oberstufenstunden konsequent auch theoretische Anteile eingearbeitet sind, muss daher unseres Erachtens zumindest in der Kursstufe auch die Theorie in Form einer Note in die Gesamtbewertung einfließen.

Wählen Schüler in der Oberstufe das Fach Sport ganz bewusst als Profil- oder Neigungsfach, so sind gemäß KMK-Beschluss in den Lehrplänen zu einem gewissen Anteil auch theoretische Inhalte vorgesehen (vgl. z. B. MKJS, 2004). In diesem Fall werden – wie in den anderen Fächern auch – meist zu Themenstellungen aus der Trainings- bzw. Bewegungslehre Klausuren geschrieben. Diese fließen z. B. in Baden-Württemberg zu einem Drittel in die jeweilige Kursnote ein. Da sich an der Sportart Leichtathletik oftmals sehr plausibel Inhalte aus der Trainingslehre verdeutlichen lassen, werden Fragestellungen zum Laufen, Springen und Werfen in der Regel angemessen berücksichtigt.

Wird das Fach Sport in der Oberstufe nicht explizit gewählt, so muss es in allen Bundesländern als Pflichtfach belegt werden. Hier sind zwar auch theoretische Inhalte vorgegeben, jedoch ist deren Überprüfung z. B. durch eine festgelegte Anzahl von Klausuren in der Regel nicht durch die Bildungspläne oder entsprechende Verordnungen reglementiert. Stattdessen greifen schulinterne Absprachen wie z. B. die Beschlüsse der „Fachkonferenz Sport".

Im Pflichtfach kann die Leichtathletiknote daher meist problemlos ebenfalls um einen Theorieanteil in Form einer „mündlichen Leistung" ergänzt werden. Damit können auch die kognitiven Anteile des Unterrichts entsprechend berücksichtigt werden. In der vorliegenden **Doppelstunde Leichtathletik** sind die Stunden für die Oberstufe alle in Form von Theorie-Praxis-Verknüpfungen ausgearbeitet. Die dort innerhalb der 90 Minuten vermittelte Theorie kann z. B. auf Basis der in den fragend-entwickelnden Unterrichtsgesprächen gegebenen Schülerantworten qualitativ bewertet werden. Eine weitere Möglichkeit ist die Benotung der ausgefüllten Arbeitsblätter oder die Bewertung der Präsentation von Gruppenarbeitsergebnissen.

Beispielsweise beinhaltet die Doppelstunde „Theorie und Praxis am Beispiel des 100-m-Sprints" zwei Gruppenarbeitsphasen, die zur Bewertung mit herangezogen werden können. Im Rahmen der Stunde muss dort in einer Gruppe ein Experiment geplant, durchgeführt und ausgewertet werden. Dies geschieht auf einem Arbeitsblatt, das am Ende der Stunde eingesammelt und bewertet werden kann. Die zweite Gruppenarbeitsphase befasst sich mit einem der vier (in dieser Stunde zu erarbeitenden) Abschnitte des 100-m-Sprints. Dort sollen die Schüler geeignete Trainingsmittel auf einem Plakat zusammenstellen und anschließend mit der gesamten Klasse in der Praxis ausprobieren. Dabei muss die Gruppe die jeweiligen Trainingsmittel erklären, vormachen und mit der Klasse durchführen. Diese „komplexe Präsentationsleistung" eignet sich unseres Erachtens sehr gut für eine Bewertung der Theorie-Praxis-Leistung eines Schülers.

Die so ermittelte Theorienote sollte dann entsprechend des Anteils am Unterricht in die Leichtathletiknote mit einfließen. Orientiert man sich dabei an dem in der **Doppelstunde Leichtathletik** vorge-

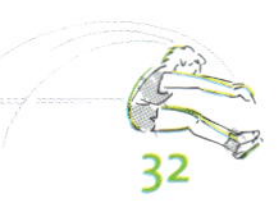

gebenen Stundenverlauf, so dürfte der einzurechnende Theorieanteil bei etwa 20% bis 30% liegen. Dies scheint uns ein realistischer Wert zu sein.

Auch Inhalte ohne Benotung

Innerhalb der Leichtathletikeinheit sollten aber auf alle Fälle auch Inhalte „ohne Benotung" möglich sein. Auf eine praktische Leistungsbewertung zu verzichten, macht vor allem dort Sinn, wo eine technisch anspruchsvolle Disziplin neu eingeführt wurde (z. B. Stabhochsprung). Diese würde aber zur „gefühlten Benotungsreife" noch einen längeren Trainings- und Übungsprozess erfordern, der in der Regel unter den Rahmenbedingungen der Schule zeitlich nicht zu leisten sein wird. Falsch wäre in diesem Zusammenhang, auf den Inhalt gänzlich zu verzichten. Die Leichtathletik als turnusmäßig in allen Klassenstufen wiederkehrende Kernsportart gewinnt bei den Schülern gerade durch diese nur schwierig zu benotenden Inhalte ungemein an Attraktivität und Akzeptanz.

Eine Benotung, die sich an diesen skizzierten allgemeinen Prinzipien orientiert, dürfte dazu führen, dass der Schüler seine Leichtathletiknote als „gerechte" Note akzeptiert.

5 Sportanlagen, Geräte und Medien

Die Rahmenbedingungen unter denen Sportunterricht heutzutage stattfindet sind nicht immer die besten. Sportanlagen, Geräte und Medien spielen eine nicht unerhebliche Rolle beim Gelingen oder Misslingen einer Sportstunde.

Sportanlagen

Einige der in diesem Band vorgeschlagenen Spiel- und Übungsformen benötigen zur gefahrlosen Durchführung einen festen Untergrund. Hier ist eine bei Regen oder am frühen Morgen feuchte Rasenfläche aufgrund der Rutschgefahr nicht geeignet. Im Idealfall steht ein zusätzliches Kleinspielfeld mit einem Kunststoffbelag zur Verfügung. Im Normalfall muss man sich mit den zur Verfügung stehenden Flächen mit festem Untergrund auf der Sportanlage behelfen. Steht eine Hochsprunganlage zur Verfügung, kann das *Anlaufsegment* verwendet werden.

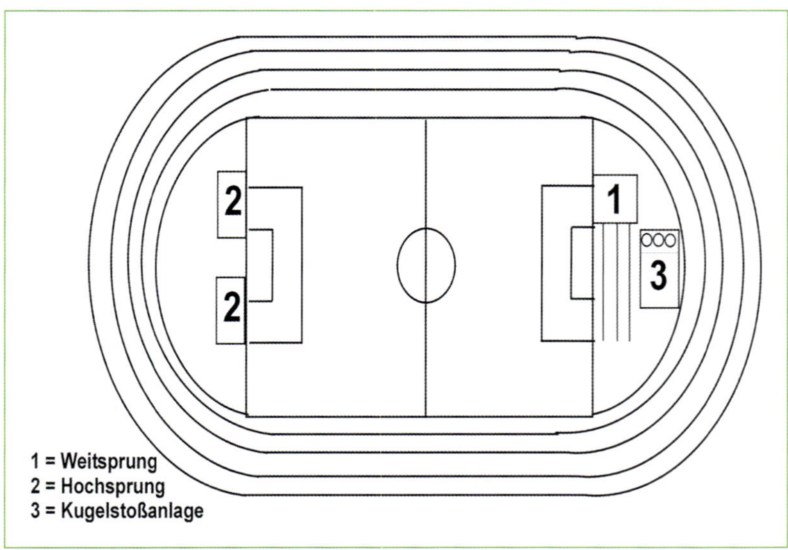

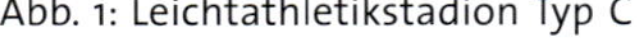
Abb. 1: Leichtathletikstadion Typ C

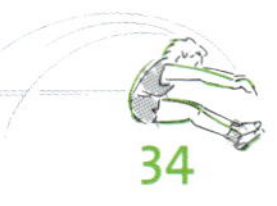

Bei der Übungsauswahl für die **Doppelstunde Leichtathletik** sind wir vom Vorhandensein eines Leichtathletikstadions vom Typ C mit 4 Rundbahnen und mindestens einer leichtathletischen Anlage für Kugelstoßen, Hoch- und Weitsprung ausgegangen (vgl. Abb. 1). Dabei ist es unerheblich, ob es sich hierbei um eine Aschen-, Gras- oder moderne Kunststoffbahn handelt.

Alle vorgeschlagenen Spiel- und Übungsformen lassen sich mit kleinen Modifikationen auch auf einer Schulsportanlage mit (Kunst-)Rasenplatz, 100-m-Laufbahn und mindestens einer Anlage für Kugelstoßen, Hoch- und Weitsprung durchführen (vgl. Abb. 2). In der Regel sind bei solchen Anlagen die Hochsprungsektoren mit einem Kunststoffbelag versehen, der dann für alle Spiel- und Übungsformen, die einen festen Untergrund benötigen, verwendet werden kann.

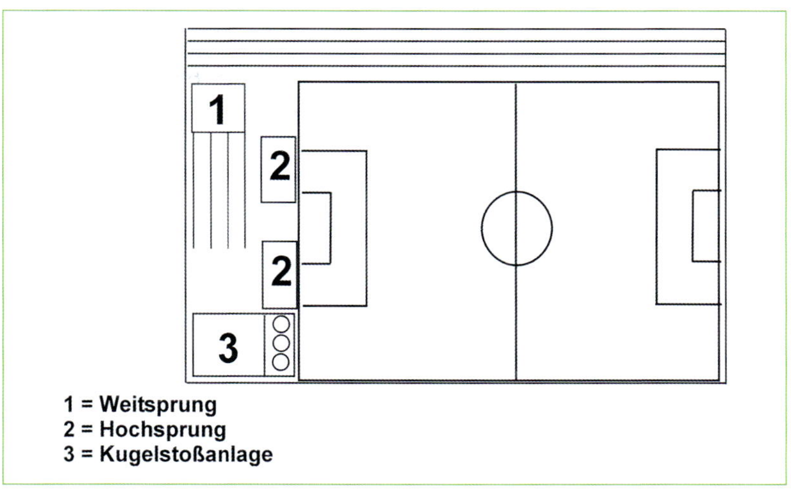

Abb. 2: Schulsportanlage ohne Rundbahn

Geräte

Um eine möglichst hohe Übungsintensität zu gewährleisten sollten im Idealfall alle Geräte in zumindest halber Klassenstärke zur Verfügung stehen. Dies wird erfahrungsgemäß nicht an allen Übungsstätten der Fall sein. Wir haben dort, wo dies uns möglich erschien, für die vorgeschlagenen Geräte in der jeweiligen Stundenbeschreibung Alternativen angegeben. Um die Doppelstunden mit der angestrebten Intensität durchführen zu können, sollte die Summe aus vorgesehenem Wurfgerät und Alternativen die halbe Klassenstärke erreichen. In diesem Fall bietet es sich an, nach einer bestimmten Zeit die Wurfgeräte unter den Schülern zyklisch zu tauschen, so dass alle Schüler mit allen Geräten werfen können.

Medien

Im Rahmen der Theorie-Praxis-Verknüpfungen in den Oberstufenstunden macht es Sinn, die Informationen bzw. Arbeitsergebnisse auch zu visualisieren. Hierzu können entweder Plakate auf „natürliche Informationswände“ wie z. B. Geräteschuppen, Hallenwände oder Transformatorenkästen geklebt, oder im komfortabelsten Fall vorhandene Flipcharts, Stellwände oder bewegliche Tafeln genutzt werden. Ist keine der genannten Möglichkeiten vorhanden, so kann aus zwei Hochsprungständern mit Latte oder aus drei Hürden eine Behelfs-Stellwand gebaut werden.

Bei zahlenmäßig kleinen Sportgruppen kann auch der Einsatz eines Laptops zum Abspielen der Videosequenzen in Betracht kommen.

In einigen Doppelstunden bekommen die Schüler auch Hausaufgaben zur Vorbereitung: Sie sollen im Internet Videos zu bestimmten Stichworten suchen und sich diese vor der nächsten Sportstunde anschauen.

7 Aufbau der Doppelstunden

Wir haben uns bei der Zusammenstellung der Doppelstunden von strukturellen Gegebenheiten in der Leichtathletik leiten lassen. Die Leichtathletik umfasst eine Reihe von Disziplinen, die alle den drei grundlegenden Bewegungsformen Laufen, Springen und Werfen zugeordnet werden können. In diesem Sinne gibt es zu jeder der drei grundlegenden Bewegungsformen jeweils vier thematisch passende Doppelstunden für den Unterricht im Freien.

Die für den Einsatz in der Oberstufe konzipierten Doppelstunden sind sehr eng mit der jeweiligen Mittelstufenstunde verzahnt und setzen in der Regel die dort beschriebenen Lernschritte zwingend voraus. An allen Stellen, wo dies zur erfolgreichen Umsetzung der Stunde unabdingbar notwendig erscheint, ist ein entsprechender Querverweis auf die Stunde aus dem Mittelstufenband enthalten. Es wird empfohlen, erst die dort beschriebene Mittelstufenstunde durchzuführen, bevor der Inhalt der darauf aufbauenden Stunde angegangen wird.

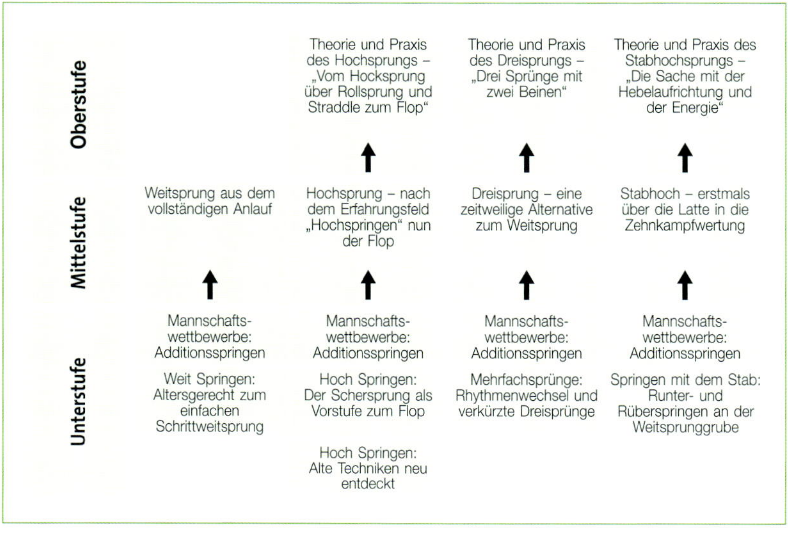

Abb. 3: Horizontale und vertikale Zusammenhänge zwischen den einzelnen Doppelstunden am Beispiel Springen

Es macht aus unserer Sicht daher prinzipiell Sinn, beim Leichtathletikunterricht in der Oberstufe zunächst die Mittelstufenstunde ganz oder teilweise durchzuführen, um ein belastbares Fundament zu schaffen. Dies kann wahlweise unter dem Aspekt „Einstimmung auf die ausgewählte Disziplin“, „Reaktivierung bestehenden Vorwissens“, „Wiederholung grundlegender methodischer Schritte“ oder aber ggf. auch „(Neu-)Erarbeitung grundlegender methodischer Schritte“ erfolgen. Auf dieser Basis wird dann die Oberstufenstunde quasi als „Krönung“ der in der Schule erwerbbaren Könnensstufe „oben draufgesetzt“.

Bei allen Doppelstunden, die sich mit einer technischen Disziplin beschäftigen, finden sich in den einführenden Bemerkungen im Mittelstufenband *Strukturbilder* des in der **Doppelstunde Leichtathletik** vorgeschlagenen Lehrweges. Der Lehrer kann daraus erkennen, wie die Erarbeitung einer Zieltechnik im Sinne einer fortlaufenden Progression auf Unter-, Mittel- und Oberstufe verteilt werden kann.

Allen Doppelstunden liegt eine einheitliche Struktur zugrunde. Sie sind für 80–90 Minuten ausgerichtet und setzen sich aus den folgenden drei Bausteinen zusammen (vgl. Tab. 1).

Tab. 1: Stundenaufbau der Doppelstunden Leichtathletik

Unterrichtsabschnitt	Zeit	Inhalte/Prinzipien
Einleitender Stundenteil [Aufwärmen] a) Allgemeines Aufwärmen b) Spezielles Aufwärmen	20–25 Minuten	• Physische und psychische Vorbereitung • Übungen zur sportartspezifischen Koordinationsfähigkeit (Lauf-, Sprung- und Wurf-ABC) • Prophylaktische Übungen zur Beweglichkeit
Hauptteil	45–50 Minuten	• Theoretische Bearbeitung ausgewählter Sachverhalte der leichtathletischen Disziplin
Schluss [Wettbewerbsform]	10–15 Minuten	• Anwenden der erlernten Techniken im mannschaftsbezogenen Wettbewerbsrahmen

Die Unterrichtsinhalte orientieren sich hinsichtlich ihres Umfangs an einer guten Schulklasse. Eine solche in Organisationsformen und Koordinationsaufgaben geübte Gruppe sollte in der Lage sein, das angegebene Pensum innerhalb des vorgegebenen Zeitrahmens zu

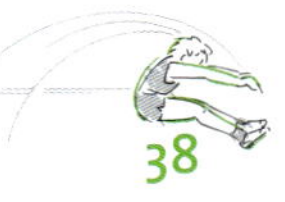

absolvieren. Eine „schwache" Schulklasse schafft möglicherweise nicht alle vorgeschlagenen Inhalte in einer Doppelstunde. Hier muss der Lehrer ggf. etwas kürzen. An einigen Stellen (z. B. im einleitenden Stundenteil) sind bereits Inhalte als optional gekennzeichnet. Diese können aus Sicht der Autoren problemlos weggelassen werden, ohne den „roten Faden" der Stunde zu verlieren. Sollten die verbleibenden Inhalte immer noch zu umfangreich sein, können einzelne Teile in der dritten Sportstunde angeboten werden. Oder aber aus einer Doppelstunde werden zwei gemacht. Bei einem zu knappen Angebot empfiehlt es sich, den Schlussteil zu verlängern und z. B. einen zweiten Durchgang zu starten.

Das Bild- und Videomaterial der **Doppelstunde Leichtathletik** wurde ganz bewusst weitgehend mit Schülerinnen und Schülern der Sportprofilklasse 10a und des Neigungsfaches Sport des Gustav-Stresemann-Gymnasiums Fellbach erstellt, um ein realistisches Ausführungsniveau der einzelnen Übungsformen zu dokumentieren. Nur an wenigen Stellen, wie z. B. in der Doppelstunde zum Stabhochsprung, Dreisprung oder der Doppelstunde zum Diskuswerfen wurde auf Schülerinnen und Schüler der LG Leinfelden-Echterdingen, der LAV Tübingen, des TSV Gomaringen und des VfL Pfullingen zurückgegriffen. Den Athleten sei an dieser Stelle herzlich für ihre Mitwirkung gedankt.

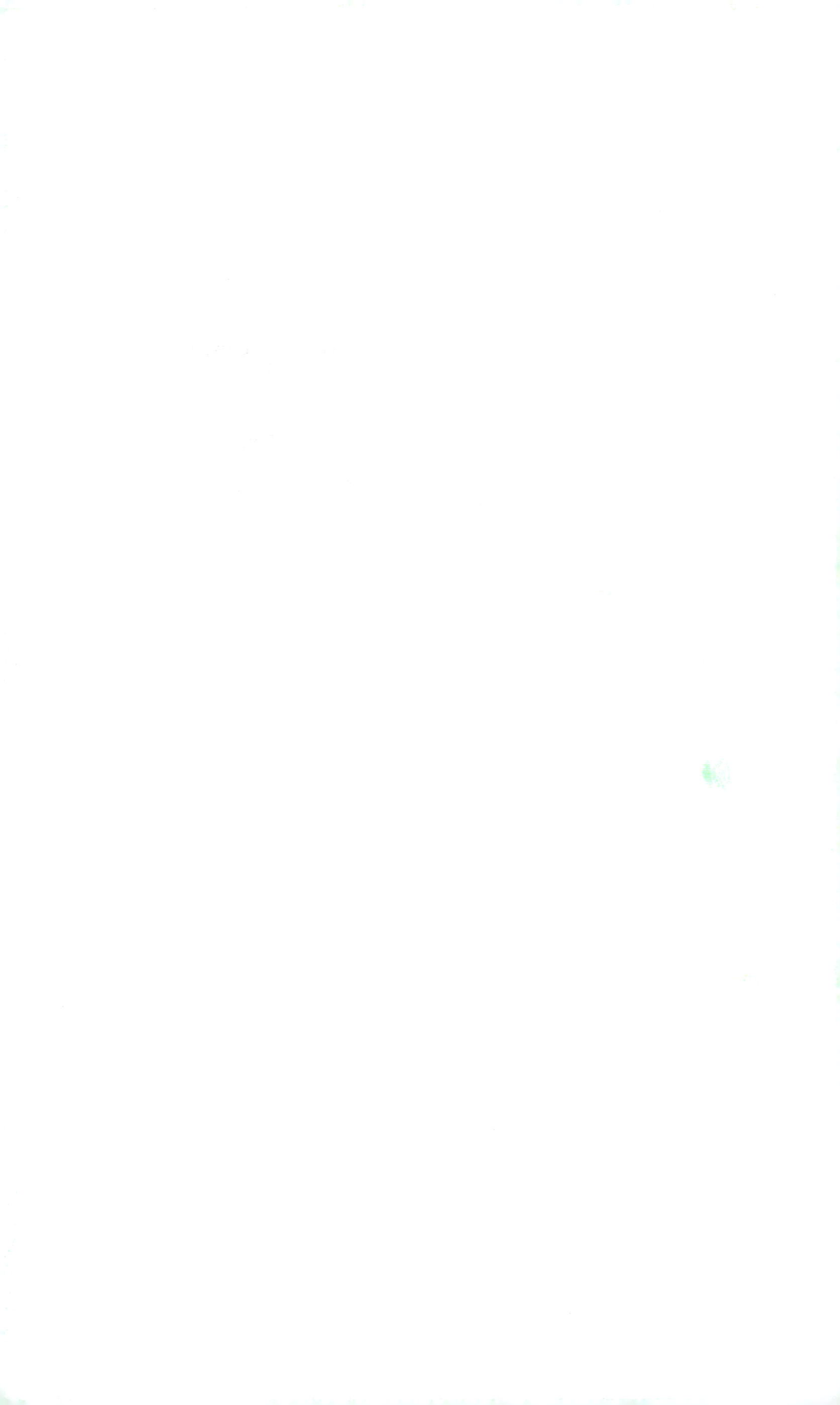

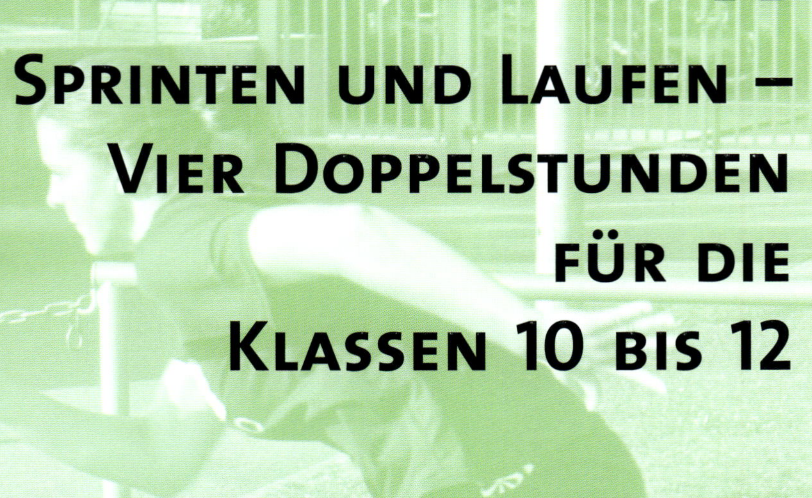

II

Sprinten und Laufen – Vier Doppelstunden für die Klassen 10 bis 12

1 Doppelstunde 1: Theorie und Praxis des 100-m-Sprints – „Von der Antrittskraft zur Sprintausdauer“

Einführung

Die Fähigkeit, schnell laufen zu können, bildet für viele Sportarten und Disziplinen eine Grundlage. Entsprechend wichtig ist die Ausbildung dieser Fähigkeit auf ein ausreichend hohes Niveau. Das Ziel, eine bestimmte Strecke in möglichst kurzer Zeit zu durchlaufen, lässt sich über zwei unterschiedliche Wege erreichen: Es gibt die frequenz- und die kraftorientierte Vorgehensweise. Im Unterstufenband wurde aus entwicklungsbedingten Gründen der frequenzorientierte Weg verfolgt. In der Mittelstufe ist vor allem der kraftorientierte Weg empfehlenswert, da die Schüler in und nach der Pubertät besonders gut auf Kraftreize ansprechen. Vorschläge für ein kraftorientiertes Sprinttraining in der Mittelstufe finden sich in der ersten Doppelstunde des Bandes 2: *„Entwicklung der Sprintfähigkeit“*. In der Oberstufe haben viele Schüler bereits ihren eigenen Weg gefunden, so schnell wie möglich zu sprinten. Anlage- und/oder konstitutionsbedingt, teilweise sicher auch nur gewöhnungsbedingt haben sie sich entweder einen stärker frequenzorientierten oder einen stärker kraftorientierten Lösungsweg zugelegt. Vor diesem Hintergrund ist in der Praxis des Sprinttrainings eine differenzierte Vorgehensweise sinnvoll, bei der die unterschiedlichen Voraussetzungen der Schüler berücksichtigt werden.

Charakteristisch für den Sportunterricht in der Oberstufe ist neben der nach wie vor bestehenden Kernaufgabe des Sportunterrichts, der Vermittlung von motorischen Inhalten, auch die Ergänzung des rein praktischen Bewegungsvollzugs mit theoretischem Hintergrundwissen (vgl. Kapitel 3).

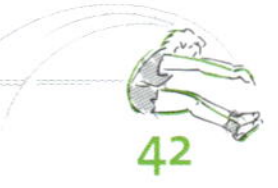

Der 100-m-Sprint bietet sich nun in besonderer Weise auch für eine theoretische Bearbeitung an, da Verbesserungen der komplexen, von vielen trainierbaren Einzelfaktoren abhängigen, Sprintleistung auf unterschiedlichen Wegen erreicht werden können. Im Zentrum der Doppelstunde „Theorie und Praxis am Beispiel des 100-m-Sprints" steht die Frage: „Wie kann ich meine 100-m-Sprintzeit verbessern?" Für die Beantwortung der Frage wird zunächst auf ein gängiges naturwissenschaftliches Verfahren, das Experiment, zurückgegriffen. Mit Hilfe eines 60-m-Testlaufes soll ein Geschwindigkeits-Weg-Diagramm erstellt werden, aus dem dann die charakteristischen Phasen des 100-m-Sprints abgeleitet werden sollen. In einem weiteren Schritt werden für diese Phasen leistungsbestimmende Faktoren identifiziert und mit geeigneten Trainingsmitteln verbunden.

Kompetenzen

Motorisch: Die Schüler können ihre altersgemäßen sprintspezifischen Fähigkeiten und Fertigkeiten demonstrieren und in einer Wettkampfsituation anwenden.

Kognitiv: Die Schüler können die Bedeutung konditioneller Fähigkeiten für den 100-m-Sprint in differenzierter Form erklären und durch die Auswahl geeigneter Trainingsmittel an einem konkreten Beispiel zur Verbesserung leistungsbestimmender Fähigkeiten anwenden.

Sozial-kommunikativ: Die Schüler können sich in der Gruppe selbstständig organisieren und eine aufgabenspezifische Arbeitsverteilung vornehmen.

Fachwissenschaftlicher Hintergrund

Der 100-m-Sprint lässt sich über seinen Geschwindigkeitsverlauf in erster Näherung in vier Phasen einteilen (vgl. Abb. 4). Vom Startschuss bis zur ersten Reaktion des Sprinters spricht man von der Reaktionsphase ①. Bei ihr geht es darum, in möglichst kurzer Zeit auf den Startschuss zu reagieren. Es folgt die Beschleunigungsphase ②, die durch eine möglichst hohe und lange Beschleunigung gekennzeichnet ist. Diese wird fließend in die Phase gleichbleibender Geschwindigkeit ③ übergeleitet. Ziel ist es, eine hohe Frequenz bzw. Schrittlänge möglichst lange zu halten. Früher oder später schließt sich die Phase der abfallenden Geschwindigkeit ④ an, die

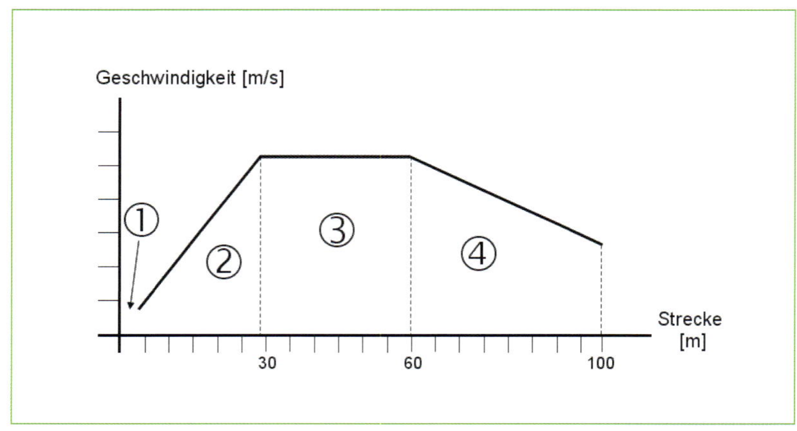

Abb. 4: Schematische Phaseneinteilung des 100-m-Sprints bei Schülern (modifiziert nach Frey & Hildenbrandt, 2002, S. 100)

im Sinne einer minimalen Zeit erst möglichst spät einsetzen bzw. nur einen geringen Abfall der Geschwindigkeit zur Folge haben sollte.

Während Sprinter der Weltklasse teilweise sogar in der Lage sind, bis 60 m zu beschleunigen und die dann erreichte Geschwindigkeit noch eine Weile zu halten, treten bei durchschnittlichen Oberstufenschülern, die sich von ihrer Sprintzeit her im Rahmen der beiden KMK-Richtwerte bewegen, alle vier charakteristischen Phasen in der Regel bereits ab einer Sprintstrecke von ca. 60 m deutlich zu Tage.

Alle vier Phasen werden durch unterschiedliche leistungsbestimmende Faktoren determiniert. Um die 100-m-Sprintzeit insgesamt zu steigern, müssen nun diese durch den Einsatz geeigneter Trainingsmittel verbessert werden.

Die Reaktionsphase besteht beim 100-m-Sprint aus einer Einfachreaktion; Signal (Startschuss) und Reaktion (Start) sind festgelegt. Durch Training ist eine Verbesserung um ca. 10% bis 15% möglich. Meist wird die Reaktionsschnelligkeit für den Sprintstart in Kombination mit dem Antritt geschult. Häufig eingesetzte Trainingsmittel sind z. B. „Starts aus allen Lagen“ oder Übungen aus dem *Sprint-ABC,* bei denen auf ein Signal hin losgesprintet werden muss.

Die Beschleunigungsphase umfasst bei Schülern je nach Leistungsvermögen eine Strecke von ca. 20 m bis 30 m. Auf dieser geht es darum, möglichst hoch zu beschleunigen. Leistungslimitierend wirken vor allem die Maximal- und Schnellkraft; bei ungeübteren

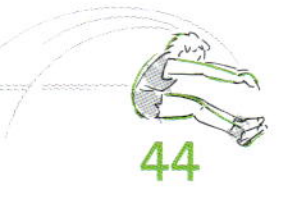

Sprintern sind auch Verbesserungen auf Basis der intermuskulären Koordination und der Technik möglich. Als Trainingsmittel eignen sich primär alle Beinkraftübungen aus dem Maximal- und Schnellkrafttraining. Im Sinne des disziplinspezifischen Schnellkrafttrainings werden häufig „Starts aus allen Lagen", „Tiefstarts", „Hochstarts", „Steigerungsläufe", „Zugwiderstandsläufe" und „Bergaufsprints" eingesetzt. Eine Variante ist auch das Anschieben z. B. eines Mattenwagens.

Die Phase der gleich bleibenden Geschwindigkeit wird durch die Frequenz *(zyklische Aktionsschnelligkeit)* und/oder eine große Schrittlänge limitiert. Zur Verbesserung werden daher vor allem Läufe mit höchsten Intensitäten nach dem Wiederholungs- oder Serienprinzip bzw. Übungen zur Verbesserung der Schrittlänge eingesetzt. Gängige Trainingsmittel sind aber auch „fliegende Starts", „Bergabsprints" und „Zugunterstützungsläufe" z. B. mit dem Speedy®.

Die Phase der abfallenden Geschwindigkeit wird weitgehend durch die Schnelligkeitsausdauer bestimmt. In Frage kommen daher in der Schule vor allem „Tempoläufe" zwischen 60 m und 100 m, „Tempowechselläufe" (Ins and Outs) bis ca. 150 m, bei denen abwechselnd ca. 20 m gesprintet und 20 m submaximal gelaufen werden oder „Überdistanzläufe" bis ca. 120 m.

Didaktisch-methodische Anmerkungen

Die Stunde beginnt mit dem Laufspiel „Namenraten" zur allgemeinen Erwärmung, das zur Einstimmung auf den Hauptteil der Stunde bereits erste kognitive Elemente in den Ablauf integriert. Im Anschluss daran organisieren sich die Schüler in Kleingruppen und bekommen den Auftrag, mittels Aufgabenkarten das Aufwärmprogramm eines bekannten deutschen Sprinters durchzuführen. Die Organisationsform „Kleingruppe" wird bereits an dieser Stelle eingeführt, damit sich die gruppeninternen Arbeitsabläufe schon frühzeitig ausbilden können.

Im Anschluss an diese spezielle Erwärmung haben alle Kleingruppen die Aufgabe, den 60-m-Sprinttest gemäß Arbeitskarte vorzubereiten, durchzuführen und auszuwerten. Hier muss der Lehrer bei schwächeren Gruppen ggf. unterstützend eingreifen.

Die Gruppenergebnisse werden danach im Plenum gemeinsam besprochen und gegebenenfalls durch den Lehrer mit dem Literaturergebnis ergänzt. Als anzustrebendes Zwischenergebnis sollten die

Arbeitskarte 60-m-Sprinttest:

→ mindestens 8 Personen

Materialbedarf:
6 Markierungshütchen
Startklappe
6 Stoppuhren
1 Maßband

Baut mit Eurer Gruppe die Messstrecke gemäß Skizze auf.

Skizze:

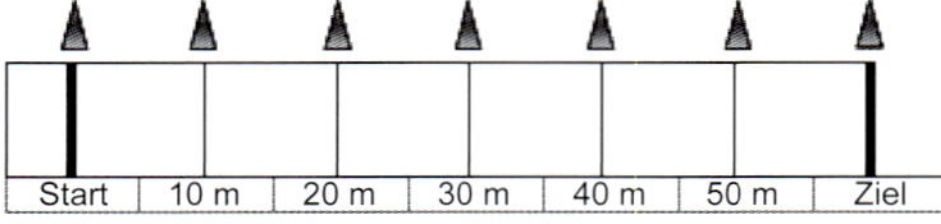

Versuchsdurchführung:
Stoppt für 3 Schüler aus Eurer Gruppe, die jeweils einzeln aus dem Tiefstart auf ein Signal mit der Starterklappe lossprinten, die bis zur Markierung benötigte Zeit. Dazu platziert sich jeweils ein Stopper an der jeweiligen Markierung.

Name:

	10 m	20 m	30 m	40 m	50 m	60 m
Zeit						
Zeitdifferenz						
Geschwindigkeit						

Abb. 5: Arbeitskarte 60-m-Sprinttest

vier Phasen des 100-m-Sprints (vgl. Abb. 4 und Material „100m_v_t_Diagramm") erarbeitet werden.

Diese vier Phasen bilden nun den strukturellen Rahmen für die abschließende Aufgabe an die Arbeitsgruppen: Jede Arbeitsgruppe sucht sich eine Phase des 100-m-Sprints aus und überlegt, mit welchen Trainingsmitteln gerade diese Phase speziell trainiert werden könnte. Die Trainingsmittel sollen in der Gruppe exemplarisch ausprobiert und anschließend auf einem Plakat festgehalten werden.[12]

Abschließend präsentiert dann jede Gruppe ihr Ergebnis mit Hilfe des Plakates im Plenum. Sollte noch ausreichend Zeit zur Verfügung stehen, so führt die gesamte Klasse dabei jeweils ein bis zwei cha-

[12] Dazu sollte der Doppelstunde eine kurze theoretische Einführung zu den Grundlagen der Schnelligkeit und zum Schnelligkeitstraining vorausgegangen sein. Ist dies nicht erfolgt, so kann alternativ auf die vier Infokarten (vgl. Material „Infokarten_Phasen") zurückgegriffen werden. Mit diesen können die Schüler bei Bedarf in der Kleingruppe wesentliche Informationen zum theoretischen Hintergrund selbst nachlesen und den letzten Aufgabenteil der Gruppenarbeitsphase selbstständig erledigen.

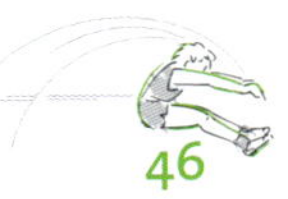

rakteristische Trainingsmittel unter Anleitung der präsentierenden Gruppe auf der Laufbahn durch. Ist für diesen Praxisteil nicht mehr genug Zeit vorhanden, empfiehlt es sich, die Ergebnisse nur theoretisch vorstellen zu lassen und die praktische Durchführung ausführlicher auf die nächste Stunde zu verschieben.

Hinweise zur Vorbereitung

Für diese Doppelstunde wird sowohl im praktischen (Stoppuhren, Maßbänder, Starterklappen) als auch im theoretischen Teil (A2-Plakate, Plakatstifte) Material benötigt. Es empfiehlt sich, für jede Arbeitsgruppe je eine Materialbox für den praktischen Teil und eine für den theoretischen Teil vorzubereiten.

Im praktischen Teil werden pro Arbeitsgruppe zur Durchführung des Testlaufes mindesten sechs Stoppuhren benötigt. Diese aufzutreiben wird nicht immer ganz einfach sein. Soll auf „Nummer sicher gegangen werden", so sind zunächst die schulischen Möglichkeiten abzuprüfen: Manche Sportfachschaften besitzen z. B. zur Durchführung der Bundesjugendspiele einen zusätzlichen Satz an Stoppuhren. An vielen Schulen ist auch das Ausleihen eines Klassensatzes z. B. aus der Sammlung für die Schülerübungen in Physik oder NWT möglich. Gegebenenfalls können auch im Sportkollegenkreis für diese eine Stunde private Stoppuhren ausgeliehen werden.

Eine andere Möglichkeit besteht darin, die Schüler an der Materialbereitstellung zu beteiligen: Einige Schüler werden sicher eine digitale Armbanduhr mit Stoppfunktion besitzen. Außerdem haben

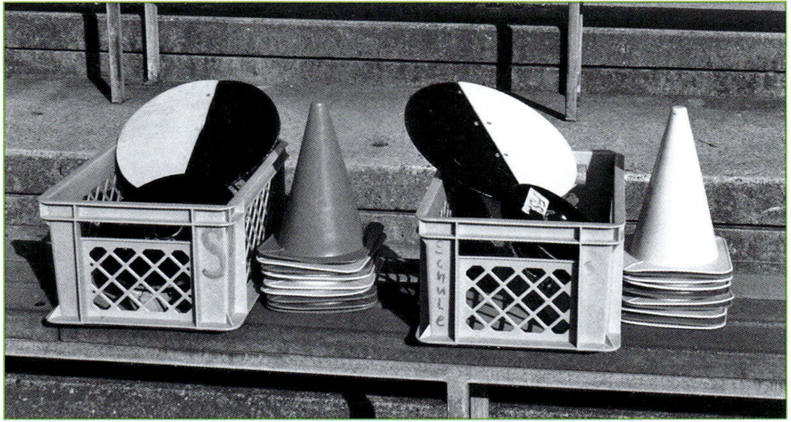

Bild 1: Materialien für den praktischen Teil

heutzutage viele moderne Schülerhandys eine Funktion, mit der man Zeiten stoppen kann. Welcher Schüler eine solche Uhr oder ein solches Handy besitzt und zur Verfügung stellen kann, müsste allerdings bereits in einer vorhergehenden Stunde überprüft werden.

Für die abschließende Präsentation der vier Arbeitsgruppen sollte eine für die gesamte Gruppe gut einsehbare Fläche mit räumlicher Nähe zur Laufbahn zur Verfügung stehen. Optimal wäre, wenn dort alle vier Plakate nebeneinander aufgehängt werden könnten. Als Stellwand könnte man z. B. die überdachten Ersatzbänke der Fußballmannschaften benutzen, die häufig direkt am Spielfeldrand stehen. Auf vielen Leichtathletikanlagen befinden sich auch Geräteschuppen, deren Außenwände zur Befestigung der Plakate benutzt werden können. Hat man keine solchen „natürlichen" Stellwände zur Verfügung, so kann man sich auch mit Hochsprungständern und/oder drei Hürden behelfen.

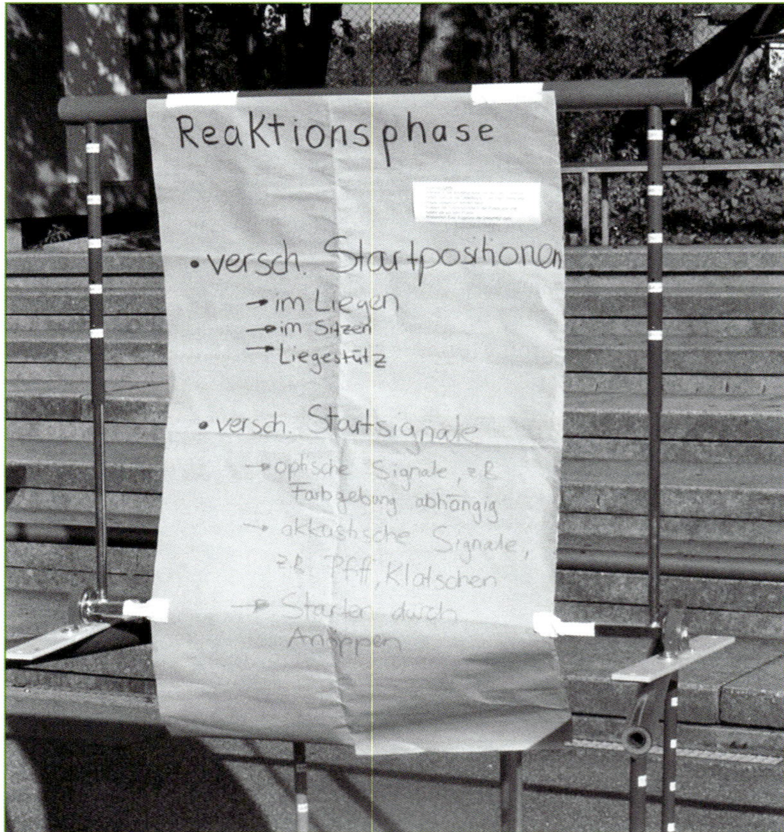

Bild 2: Behelfs-Stellwand aus drei Hürden

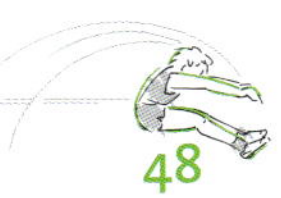

Doppelstunde 1: *Theorie und Praxis am Beispiel des 100-m-Sprints*

Stundenabschnitte und Unterrichtsinhalte	Organisatorische Hinweise

Einleitender Stundenteil (Aufwärmen)

***Allgemeines Aufwärmen* „Namenraten“**

Die Klasse sammelt sich auf der Tartanbahn um den zentralen Kartenstapel, der vom Lehrer z. B. auf einer umgedrehten Materialbox vorbereitet wird.
Jeder Schüler sucht sich einen Partner, sodass jeweils Paare entstehen.
Beide Partner begeben sich zum zentralen Kartenstapel, drehen unabhängig voneinander ein Namenskärtchen – ohne dass der jeweilige Partner diese einsehen kann – um, und merken sich den darauf stehenden Namen.
Anschließend laufen beide Partner langsam nebeneinander los. Ein Partner beginnt nun mittels einer Fragestellung, die nur „Ja- bzw. Nein-Antworten“ zulässt, den Namen zu erraten. Beispiel: *„Bist Du ein Sportler?“ „Bist Du eine Frau?“* Er darf so lange weiter raten, bis ein „nein“ fällt, dann wechselt das Fragerecht. Gelingt es einem Partner, den richtigen Namen zu nennen, so laufen beide Schüler wieder zum zentralen Kartenstapel und der erfolgreiche Rater darf nun eine neue Karte ziehen.

Materialbedarf: Vorbereitete Namenskärtchen (vgl. Material „Namenskärtchen Aufwärmspiel“) mindestens in halber Klassenstärke. Auf den Namenskärtchen steht jeweils der Vor- und Zuname einer berühmten Persönlichkeit.

Hinweis: Die Begriffe sollten dem Alter der Schüler angepasst sein. Für die Oberstufe bieten sich z. B. Namen von Politikern, Sportlern oder Popstars an.

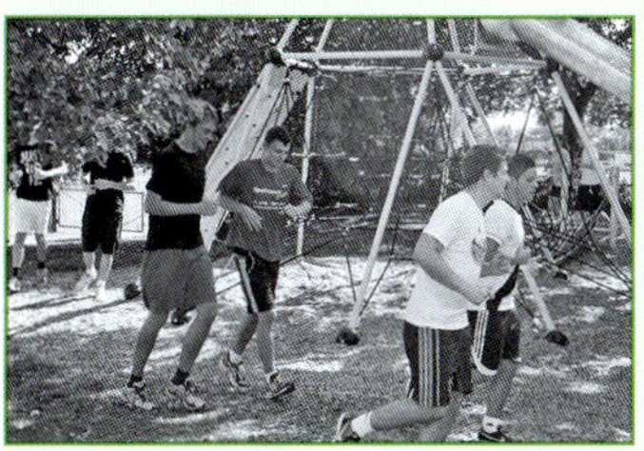

Bild 3: Schüler beim Namen raten

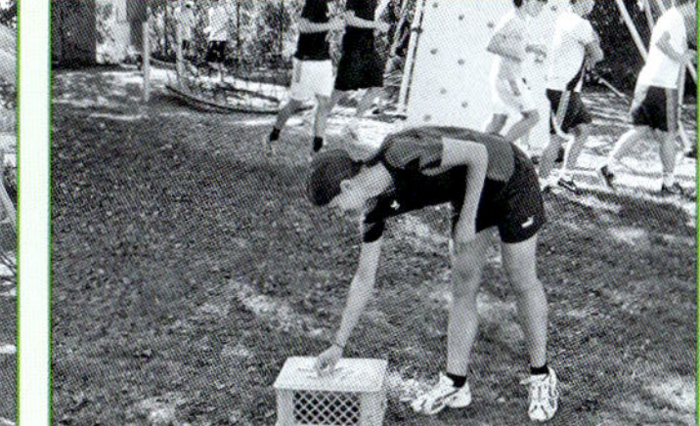

Bild 4: Zentraler Kartenstapel

***Spezielles Aufwärmen* „Aufwärmen wie Tobias Unger“**

Die Paare suchen sich ein weiteres Paar und bilden zusammen mit diesem nun eine Vierergruppe. Jede Vierergruppe erhält vom Lehrer eine Arbeitskarte mit dem speziellen Aufwärmprogramm eines bekannten deutschen Sprinters. Aufgabe ist es, dieses Programm in der Gruppe zu absolvieren.

Bild 5: Schüler mit Arbeitskarte

Materialbedarf:
Arbeitskarten „Aufwärmen wie Tobias Unger“ (vgl. Material „Arbeitskarte_Aufwärmen“).

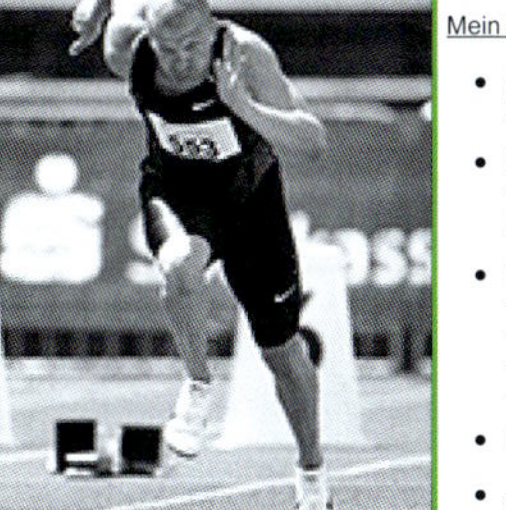

Mein Aufwärmprogramm:

- 5 Runden (2000 m) langsames Einlaufen
- Ca. 15 min Dehnen – dabei wird vor allem die Beinmuskulatur berücksichtigt
- Übungen aus dem Sprint-ABC
  + 2x Fußgelenksarbeit
  + 2x Skippings
  + 2x Stephüpfer
  + 3–4 Steigerungen
- Drei volle Starts über 30 m
- „Chillen“ bis zum Start

Abb. 6: Arbeitskarte „Aufwärmen wie Tobias Unger“

Stundenabschnitte und Unterrichtsinhalte	Organisatorische Hinweise

Erster Hauptteil (Phasen des 100-m-Sprints)

Praktische Durchführung des 60-m-Sprinttestes

Die Klasse sammelt sich beim 100-m-Start. Je zwei Vierergruppen aus dem speziellen Aufwärmen bilden nun zusammen eine neue Achtergruppe.

Der Lehrer gibt einen kurzen Überblick über den Ablauf des 60-m-Sprinttestes und die Aufgaben aller acht Gruppenmitglieder: Sechs Schüler platzieren sich mit einer Stoppuhr an den sechs Messmarken bei 10 m, 20 m, 30 m, 40 m 50 m und 60 m. Jeweils ein Schüler sprintet auf ein Signal des Schülers mit der Starterklappe aus dem Tiefstart über 60 m. Die Schüler an den Messmarken nehmen jeweils die Sprintzeit über die entsprechende Strecke. Nach dem Start geht der Schüler, der den Lauf gestartet hat, mit der Arbeitskarte die Strecke ab und nimmt die gestoppten Zeiten ins Messprotokoll auf.

Anschließend wechseln die Schüler um eine Aufgabenstation weiter und der nächste Schüler absolviert seinen 60-m-Sprinttest. Die Aufnahme der Sprintzeiten erfolgt für mindestens drei Gruppenmitglieder.

Arbeitskarte 60-m-Sprinttest:
→ mindestens 8 Personen

Materialbedarf:
6 Markierungshütchen
Startklappe
6 Stoppuhren
1 Maßband

Baut mit Eurer Gruppe die Messstrecke gemäß Skizze auf.

Skizze:

Start | 10 m | 20 m | 30 m | 40 m | 50 m | Ziel

Versuchsdurchführung:
Stoppt für 3 Schüler aus Eurer Gruppe, die jeweils einzeln aus dem Tiefstart auf ein Signal mit der Starterklappe lossprinten, die bis zur Markierung benötigte Zeit. Dazu platziert sich jeweils ein Stopper an der jeweiligen Markierung.

Name:

	10 m	20 m	30 m	40 m	50 m	60 m
Zeit						
Zeitdifferenz						
Geschwindigkeit						

Abb. 8: Arbeitskarte 60-m-Sprinttest

Materialbedarf: Pro Gruppe sechs Stoppuhren, sechs Markierhütchen, ein Maßband, eine Starterklappe und eine Arbeitskarte (vgl. Material „Arbeitskarte–60m–Sprinttest").

Hinweis: Überzählige Gruppen bzw. Schüler werden gleichmäßig auf die Achtergruppen aufgeteilt.

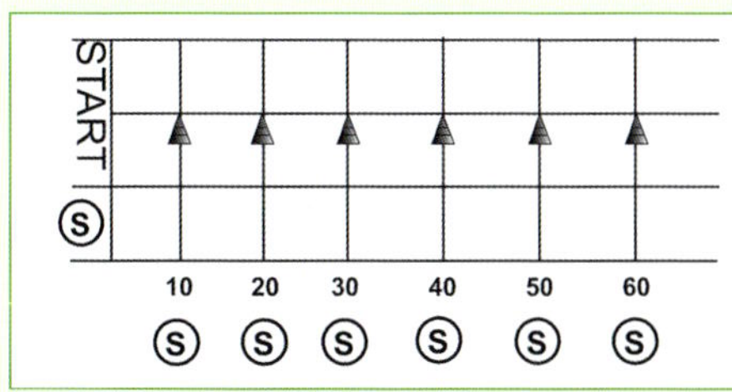

Abb. 7: Messstrecke 60-m-Sprinttest

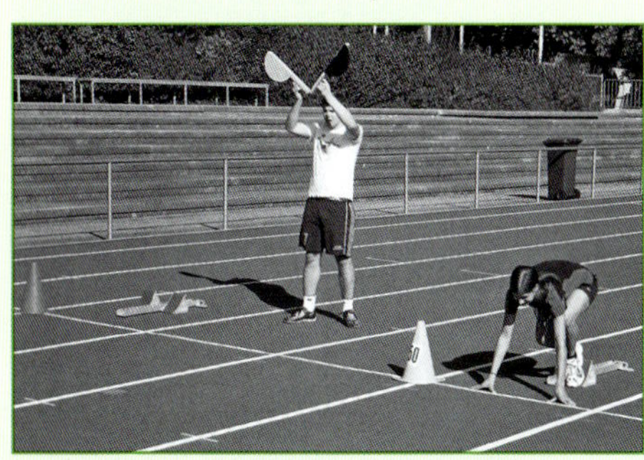

Bild 6: Start 60-m-Sprinttest

Stundenabschnitte und Unterrichtsinhalte	Organisatorische Hinweise

Theoretische Auswertung des 60-m-Sprinttestes

Jede Gruppe hat bereits auf der Arbeitskarte die Aufgabe erhalten, den Geschwindigkeitsverlauf für die drei Schüler in Abhängigkeit von der Stecke in ein Diagramm einzutragen und im Diagramm charakteristische Abschnitte zu bestimmen. Dafür muss nun ggf. noch etwas Bearbeitungszeit zur Verfügung gestellt werden.

Anschließend sammeln sich alle Gruppen vor der „Stellwand". Die Gruppen sollen bzw. eine ausgewählte Gruppe soll nun ihr Ergebnis der Gesamtgruppe präsentieren. Der Lehrer ergänzt ggf. mit dem vorbereiteten Geschwindigkeitsverlauf aus der Literatur (vgl. Abb. 4) das Ergebnis. Ziel ist die Unterteilung in (1) Reaktionsphase, (2) Beschleunigungsphase, (3) Phase gleichbleibender Geschwindigkeit und (4) Phase abfallender Geschwindigkeit.

Mit einem fragend-entwickelnden Unterrichtsgespräch werden anschließend die leistungsbestimmenden Faktoren der vier Phasen zusammen mit den Schülern erarbeitet und auf dem Plakat unter dem Diagramm festgehalten (vgl. Bild 7). Dies kann z. B. mit bereits vorbereiteten Stichwortkarten (vgl. Material „Stichwortkarten_Phasen"), die unter den entsprechenden Abschnitt geklebt werden, erfolgen.

Materialbedarf: A3-Plakat mit Koordinatensystem und Plakatstifte für jede Gruppe.

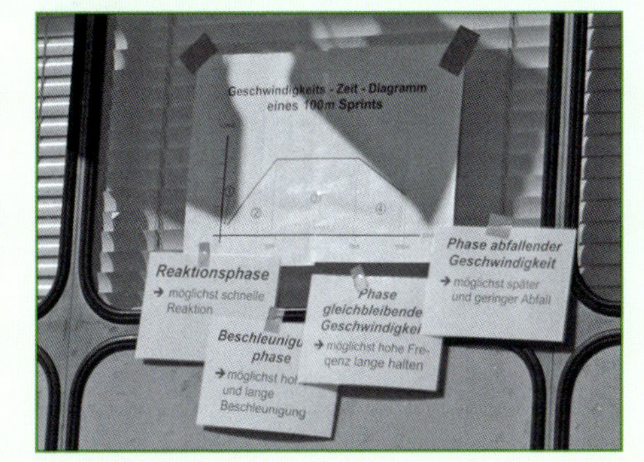

Bild 7: Theoretische Auswertung mit Stichwortkarten

Zweiter Hauptteil (Wie verbessere ich meine Sprintleistung?)

Theoretische und praktische Arbeitsaufgabe

Die Klasse wird für die abschließende Arbeitsaufgabe in vier Gruppen unterteilt. Jeder Gruppe wird eine der vier charakteristischen Phasen des 100-m-Sprints zugewiesen. Die Gruppen haben nun die Aufgabe zu überlegen, mit welchen Trainingsmitteln man gerade die Teilleistung in ihrer Phase durch Training verbessern könnte.

Dazu sollen sie die Trainingsmittel in der Praxis ausprobieren und auf einem A2-Plakat übersichtlich festhalten. Das Gruppenergebnis wird zum Abschluss der gesamten Klasse mit ein bis zwei ausgesuchten Praxisbeispielen präsentiert.

Hinweis: Sollten die Schüler hier Schwierigkeiten haben, bieten sich die in der Einleitung genannten Info-Karten an. Diese können zur selbstständigen Wissenserarbeitung bei Bedarf an die Gruppen ausgegeben werden.

Materialbedarf: A2-Plakat und Plakatstifte für jede Gruppe.

Bild 8: Vorbereitete Plakatwände mit Phasenabschnitt und Arbeitsaufgabe

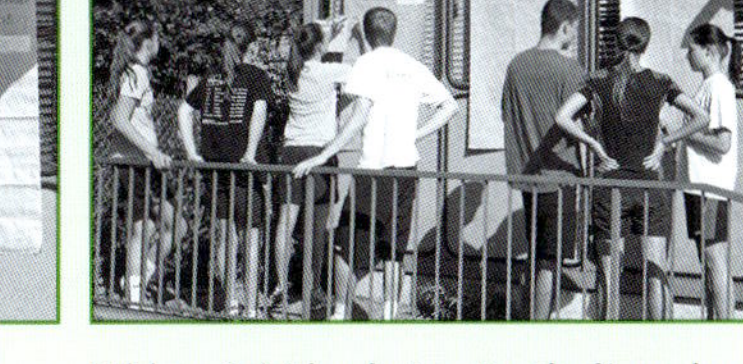

Bild 9: Schüler beim Festhalten der Arbeitsergebnisse

Stundenabschnitte und Unterrichtsinhalte	Organisatorische Hinweise

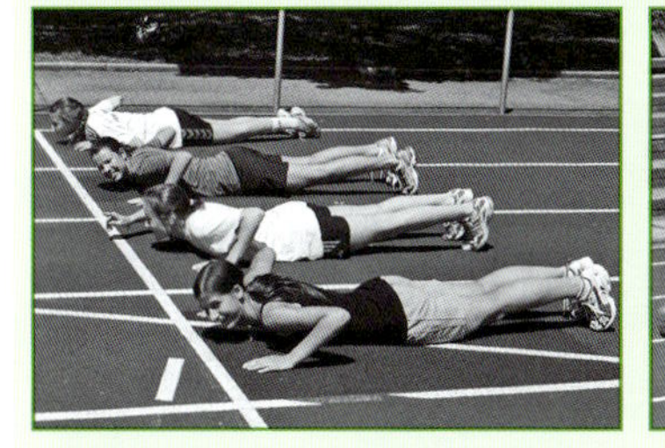

Bild 10: Trainingsmittel für Phase 1: Starts aus allen Lagen

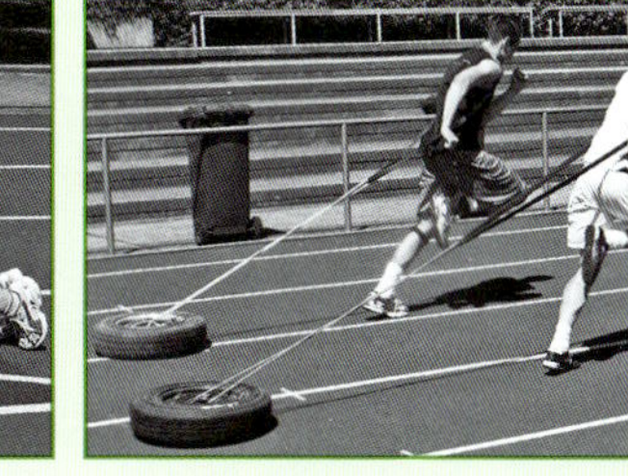
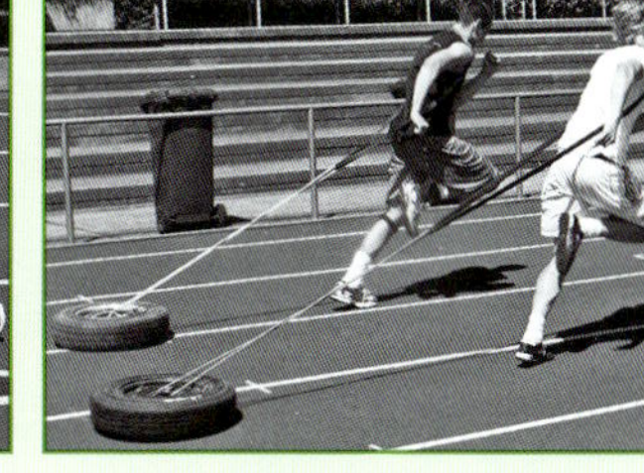

Bild 11: Trainingsmittel für Phase 2: Zugwiderstandsläufe

Bild 12: Trainingsmittel für Phase 3: Zugunterstützungslauf

Bild 13: Trainingsmittel für Phase 4: Tempolauf

Schluss (Ergebnissicherung)

Ergebnissicherung

Die Klasse sammelt sich vor der Stellwand. An dieser werden alle vier Plakate in der richtigen Reihenfolge von links nach rechts befestigt. Nacheinander präsentieren die vier Gruppen ihre Gruppenergebnisse. Falls noch ausreichend Zeit zur Verfügung steht, führt die Klasse unter Anleitung der präsentierenden Gruppe ein oder zwei ausgewählte Trainingsformen auf der Tartanbahn in der Praxis durch.

Hinweis: Ist die restliche Zeit zu knapp, sollte die praktische Durchführung der ausgewählten Trainingsformen unbedingt in der nächsten Stunde nochmals aufgegriffen werden.

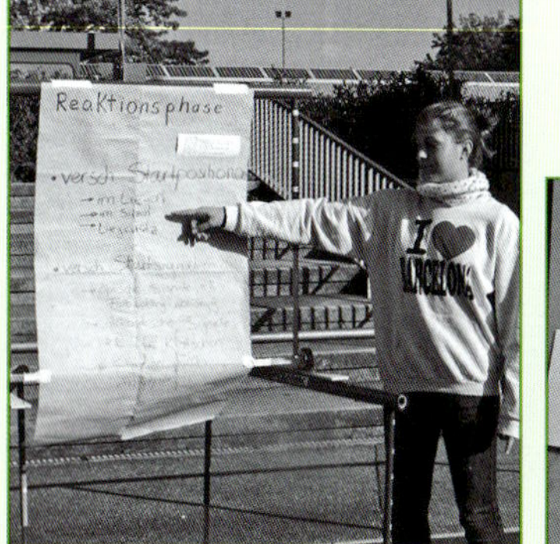

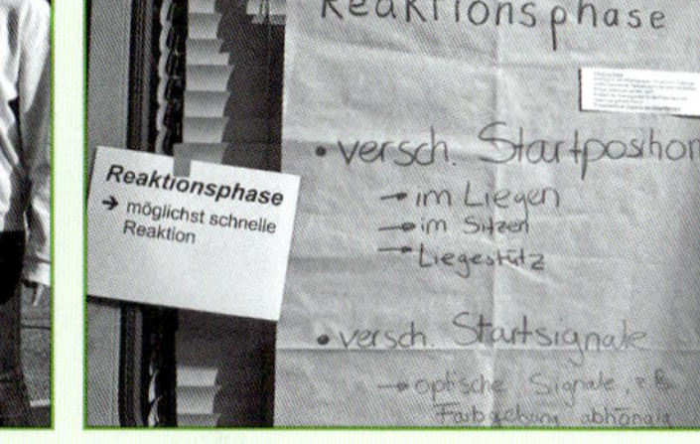

Bild 14+15: Ergebnisse der Auswertungsphase

2 Doppelstunde 2: Theorie und Praxis des Sprintstarts – „Olympische Spiele 1896“

Einführung

Misslingt der Start, so läuft man von Anfang an nur noch hinterher. Diese frustrierende Erfahrung dürfte schon so mancher Schüler im Laufe seiner Schullaufbahn gemacht haben. Dass dies zukünftig nicht mehr zu sein braucht, dazu soll die vorliegende Doppelstunde beitragen. In ihr geht es um eine angemessene theoretische Durchdringung des Startverhaltens. Dabei sollen die Schüler unter (bio-)mechanischen Gesichtspunkten Plausibilitätsüberlegungen anstellen.[13]

Im Zentrum der Doppelstunde „Theorie und Praxis des Sprintstarts“ steht die Frage: „Welche Starttechnik ist die effektivste und warum ist sie das?“ Als Aufhänger dient eine historische Fotografie des Starts beim 100-m-Endlauf der ersten Olympischen Spiele der Neuzeit 1896 in Athen. Die fünf Endlaufteilnehmer verwendeten damals alle noch unterschiedliche Starttechniken.

Die Schüler sollen diese „historischen“ Starttechniken ausprobieren, analysieren und bewerten. Es soll erkannt werden, dass es keine „absolut beste“ Starttechnik geben kann, sondern dass die „optimale“ Starttechnik jeweils von individuellen Rahmenbedingungen abhängt.[14]

---

[13] Es geht nicht um das Erlernen des Tiefstarts, der bereits in der ersten Doppelstunde „Entwicklung der Sprintfähigkeit“ des Bandes 2 (Belz & Frey, 2013, S. 39) eingeführt wurde.

[14] Beispielsweise erbringen Anfänger nach Haberkorn und Plaß (1992, S. 83) beim Sprint in der Hochstarttechnik grundsätzlich bessere Leistungen. Diese Aussage trifft allerdings nur so lange zu, wie die Kraftfähigkeiten unzulänglich ausgeprägt sind und die Tiefstarttechnik noch nicht beherrscht wird.

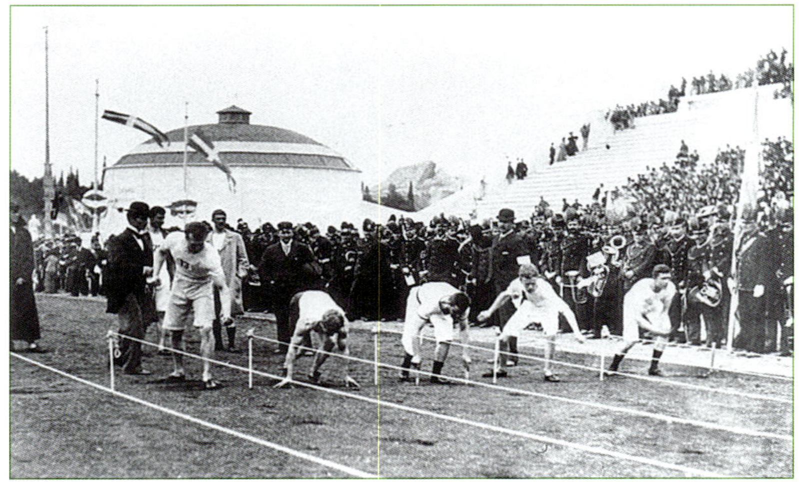

Bild 16: 100-m-Start Olympische Spiele Athen 1896

Kompetenzen

Motorisch: Die Schüler können verschiedene Starttechniken ausführen und in einer Wettkampfsituation anwenden.

Kognitiv: Die Schüler können verschiedene Starttechniken unter funktionalen Gesichtspunkten miteinander vergleichen und hinsichtlich ihrer Effektivität beurteilen.

Sozial-kommunikativ: Die Schüler können sich in der Gruppe selbstständig organisieren und eine gestufte Aufgabenstellung bearbeiten.

Historischer Hintergrund

Die Entwicklung des Regelwerkes für den Sprintstart ist permanenten Veränderungen unterworfen. Die letzte, heftig diskutierte Regeländerung zum 01. November 2009 betraf die Fehlstartregel, nach der in einem Lauf nur noch ein Fehlstart für alle Teilnehmer toleriert wurde. Kurze Zeit später wurde die Regel nochmals geändert. Heute fliegt jeder, der einen Fehlstart macht, sofort raus. Der Leichtathletikverband übertrifft sich seit einigen Jahren darin, in immer kürzer werdenden Abständen sein Regelwerk zu verändern – leider nicht immer nur zum Vorteil der Sportart Leichtathletik. Die oben genannte Startregel hat rein medienbedingte Gründe. Ein Start darf nicht zu lange dauern.

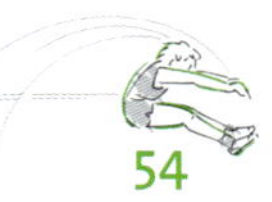

Dies war nicht immer so: In den Anfängen der Leichtathletik bot das Regelwerk den Athleten noch vielfältige Interpretations- und Gestaltungsspielräume. Hier spielte neben den rein physischen Leistungskomponenten auch eine individuell entwickelte optimale Technik eine entscheidende Rolle für den Sieg. Das Regelwerk für die Olympischen Spiele 1896 schrieb für den Start beim 100-m-Sprint lediglich vor, dass die Athleten vor dem Startschuss hinter einer Startlinie zu bleiben haben. Wie auf dem historischen Bild (vgl. Bild 16) deutlich zu sehen ist, haben sich damals alle fünf Endlaufteilnehmer unterschiedliche Gedanken zu ihrer individuellen Starttechnik gemacht. Vorherrschende Starttechnik war zum damaligen Zeitpunkt (noch) der Hochstart in verschiedenen Ausführungen. Thomas Edward Burke (USA), der spätere Sieger, zeigte aber – von seinen Konkurrenten zwar noch belächelt – bereits zu diesem Zeitpunkt den Tiefstart.

Heute ist es dagegen so, dass die Technischen Regeln 161 und 162 des Internationalen Leichtathletikverbandes den Spielraum für Variationen der Starttechnik so gut wie unmöglich machen. Regel 161 legt zunächst fest, dass bei allen Läufen bis einschließlich 400 Meter Startblöcke benutzt werden müssen (vgl. IWR, 2008, S. 96). Die Beschaffenheit der Startblöcke wird durch weitere Regeln bis ins kleinste Detail normiert. Weiter ist festgelegt, dass der Läufer in der Startstellung seine Füße gegen zwei am Startblock befestigte Fußstützen drücken muss (IWR, 2008, S. 96). Die Startblöcke sind bei internationalen Meisterschaften zudem an ein von der IAAF anerkanntes Fehlstartkontrollgerät anzuschließen (IWR, 2008, S. 96). Durch diese Regelvorgaben kommen für Strecken bis 400 m keine anderen Starttechniken als der Tiefstart aus dem Startblock in Frage. Damit wären alle fünf im Endlauf der Olympischen Spiele von 1896 verwendeten Starttechniken aus heutiger Sicht gar nicht zulässig.

Didaktisch-methodische Anmerkungen

Die Stunde beginnt mit dem in der Regel laufintensiven Spiel „Erdball" zur allgemeinen Erwärmung, an das sich zur Einstimmung auf den Hauptteil der Stunde das Sprintspiel „Familie Meyer für Große" anschließt.

Danach führen die Schüler unter Anleitung des Lehrers Übungen aus dem Sprint-ABC durch. Die lehrerzentrierte Organisationsform wird an dieser Stelle bewusst gewählt, damit der Lehrer hier zum einen die technische Qualität der Übungen aus dem Sprint-ABC nochmals ganz genau kontrollieren und die Schüler auf die jeweiligen Schlüsselmerkmale hinweisen kann. Zum anderen sollen sich die Schüler im nachfolgenden Hauptteil der Stunde über Vor- und Nachteile einzelner Starttechniken Gedanken machen. Dazu ist es von Vorteil, wenn sie mit der Idee der funktionalen Bewegungsanalyse (Göhner, 1975) vertraut sind. In vereinfachter Form kann diese mit Hilfe der Übungen des Sprint-ABCs „geübt" werden. Begleitend zur praktischen Durchführung der Übung muss jeweils die Frage gestellt werden, *„WIE soll die Bewegung konkret aussehen?"* Dazu ist eine verbale Beschreibung der Bewegung hilfreich. Auf Basis dieser Beschreibung kann nun vertieft nach den zugrunde liegenden Funktionen der (Teil-)aktionen gefragt werden. Dazu muss die Frage *„WOZU soll ich die Bewegung gerade so ausführen?"* diskutiert und beantwortet werden.

Im Anschluss an diesen ersten Teil der speziellen Erwärmung sammelt sich die Klasse vor einem A2-Plakat, das den 100-m-Start der ersten Olympischen Spiele der Neuzeit (vgl. Bild 16) zeigt.

Mit Hilfe des Plakates soll ein motivierender Unterrichtseinstieg in den Hauptteil der Stunde erfolgen. In diesem geht es um die Frage *„Welche der abgebildeten Starttechniken ist die effektivste und warum ist sie das?"* Über einen relativ offenen Einstieg *„Warum verwendet jeder Teilnehmer auf dem Bild eine andere Starttechnik?"* kann sich eine spannende Diskussion z. B. über die Zweckmäßigkeit einer bestimmten Technik, das Regelwerk oder andere Bedingungsvariablen entwickeln. Aufgabe des Lehrers ist es, die Fragestellung so zu bündeln, dass die Motivation entsteht, der Frage im weiteren Verlauf der Stunde selbstständig nachzugehen.

Für Gruppen, die mit der funktionalen Bewegungsanalyse noch nicht vertraut sind (Variante A), schließt sich ein erster Arbeitsauftrag an. Mit diesem sollen zwei Dinge erreicht werden. Zum einen muss sich die Gruppe zunächst „finden", um im weiteren Verlauf der Stunde gewinnbringend zusammenzuarbeiten.
Zum anderen soll an dieser Stelle die ansonsten eher geringe Bewegungsintensität etwas erhöht werden. Dazu werden erneut Übungen aus dem speziellen Aufwärmen aufgegriffen. Die Gruppe soll entweder die Übung Skippings oder die Übung Sprunglauf nochmals in der Praxis durchführen und anschließend funktional analysieren. Ihr Ergebnis muss sie dem Lehrer präsentieren. Dadurch entsteht sowohl eine wirksame Kontrolle, ob die Gruppe die Methode der funktionalen Bewegungsanalyse beherrscht, als auch ein Zeitpuffer, der unterschiedliche Lerngeschwindigkeiten zwischen den verschiedenen Gruppen zulässt.

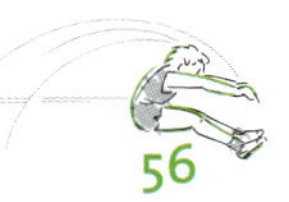

Bei Gruppen, die mit der funktionalen Bewegungsanalyse bereits erste Erfahrungen gesammelt haben (Variante B), kann die erste Gruppenphase auch weggelassen werden und stattdessen der Teil mit den Steigerungen und den Starts aus allen Lagen im Klassenrahmen durchgeführt werden.

Gruppen in Variante A, die ihr Ergebnis erfolgreich vorgestellt haben, bekommen vom Lehrer die zweite Arbeitskarte. Diese ist weitgehend selbst erklärend und fordert die Schüler auf, alle fünf abgebildeten Starttechniken zunächst einmal auszuprobieren. Im Anschluss daran soll die Gruppe für jede Technik im Vergleich zu den anderen Techniken Vor- bzw. Nachteile auf dem Gruppenarbeitsblatt notieren. Abschließend überprüft die Gruppe, ob sie für die „gefühlt" beste Technik auch tatsächlich mehr Vor- als Nachteile notiert hat. Ist dies der Fall, wird die Technik als effektivste Technik klassifiziert.

In der „Wartephase" bis zur gemeinsamen Besprechung überträgt die Gruppe ihre wichtigsten Vor- bzw. Nachteile gut lesbar auf bereitliegende Papierstreifen.

Es folgt abschließend die Phase der Ergebnissicherung. Die Ergebnisse der Gruppen werden gemeinsam übersichtlich auf vorbereiteten Plakaten zusammengetragen. Dabei werden die mit unterschiedlichen Farben gekennzeichneten Vorteile (grünes Papier) bzw. Nachteile (rotes Papier) auf das jeweilige Plakat geklebt. Es ergibt sich optisch für jede Starttechnik ein Farbeindruck, über den auf die Effektivität geschlossen werden kann (mehr rot bzw. mehr grün).

Die Stunde wird mit einer Wettbewerbsform beendet, in der nochmals alle fünf historischen Starttechniken aufgegriffen werden. Dazu wird die Klasse in mehrere Mannschaften aufgeteilt, die minimal fünf Schüler umfassen sollten. Lässt sich die Klasse nicht durch fünf teilen – werden überzählige Schüler möglichst gleichmäßig auf alle Gruppen verteilt. Innerhalb der Mannschaften verteilen diese die fünf Starttechniken nunmehr auf Personen. Jede Starttechnik muss mindestens einer Person zugewiesen sein.

Im Rahmen des Mannschafts-Additionswettkampfes gibt es nun mindestens fünf Läufe. Im ersten Lauf startet aus jeder Gruppe der für Technik 1 zuständige Schüler, im zweiten Lauf der für Technik 2 zuständige, usw. Der Lehrer steht im maximal 20 m entfernten[15] Ziel und protokolliert den Einlauf. Er vergibt in umgekehrter Reihen-

[15] Die Streckenlänge wird deshalb so kurz gewählt, dass der Start einen nennenswerten Einfluss auf das Ergebnis hat.

folge zum Zieleinlauf Punkte und notiert diese in seiner Wettkampfkarte. Nach einer Laufserie hat die Mannschaft mit den meisten Punkten gewonnen.

Hinweise zur Vorbereitung

Für diese Doppelstunde wird sowohl im praktischen (Pezziball, Starterklappe, 10 kurze Stäbe) als auch im theoretischen Teil (A2-Plakate, Arbeitsblätter, Arbeitskarten, Stifte, Plakatstifte) Material benötigt. Dabei sollten die Arbeitsblätter (vgl. Material „AK_Historische Starttechniken", „AB_Historische Starttechniken" und „AB_Analyse") und das A2-Plakat (vgl. Material „Plakat") bereits am Vortag ausgedruckt werden. Die als Starthilfe dienenden 20 bis 25 cm kurzen Stäbe müssen ebenfalls bereits im Vorfeld vorbereitet werden. Hier ist Ideenreichtum gefragt; notfalls muss ein Besenstil in entsprechend große Teilstücke zersägt werden.

Für die abschließende Ergebnissicherung sollte eine für die gesamte Gruppe gut einsehbare Fläche mit räumlicher Nähe zur Laufbahn zur Verfügung stehen. Optimal wäre es, wenn dort fünf Plakate nebeneinander aufgehängt werden könnten. Als Stellwand könnte man z. B. die überdachten Ersatzbänke der Fußballmannschaften nutzen, die häufig direkt am Spielfeldrand stehen. Auf vielen Leichtathletikanlagen befinden sich auch Geräteschuppen, deren Außenwände zur Befestigung der Plakate benutzt werden können. Hat man keine solchen „natürlichen" Stellwände zur Verfügung, so kann man sich auch mit Hochsprungständern und/oder drei Hürden behelfen (vgl. Bild 17).

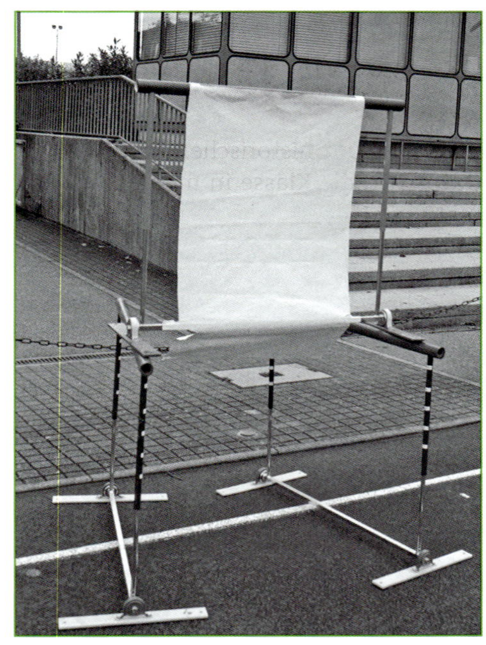

Bild 17: Behelfsstellwand aus drei Hürden

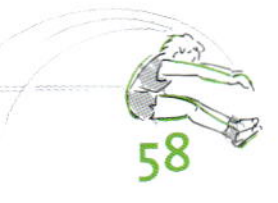

Stundenabschnitte und Unterrichtsinhalte	Organisatorische Hinweise

Einleitender Stundenteil (Aufwärmen)

Allgemeines Aufwärmen „Erdball“

Parteiballspiel zwischen zwei Mannschaften. Ziel ist es, den „Erdball“ hinter der gegnerischen Auslinie auf den Boden zu bringen. Die Klasse wird dazu in zwei Mannschaften unterteilt, wovon eine farbig gekennzeichnet wird.

Regeln

- Nach dem Anspiel darf der Ball nicht mehr den Boden berühren. Dazu kann er mit verschiedenen Körperteilen (Hand, Fuß, Kopf, Arm, etc.) getreten, geschlagen oder gehalten werden.
- Bei Bodenberührung wechselt der Ballbesitz und die gegnerische Mannschaft hat an der Stelle der Bodenberührung Anspiel.
- Einem ballführenden Gegenspieler darf der Ball auch abgenommen werden.
- Ein Punkt wird erzielt, wenn der Ball entweder im Tor landet oder zusammen mit einem Mitspieler den Boden hinter der gegnerischen Auslinie berührt.

Materialbedarf: Ein großer Pezziball, Markierhemdchen.

Hinweis: Erdball wird möglichst auf dem gesamten Fußballfeld gespielt.

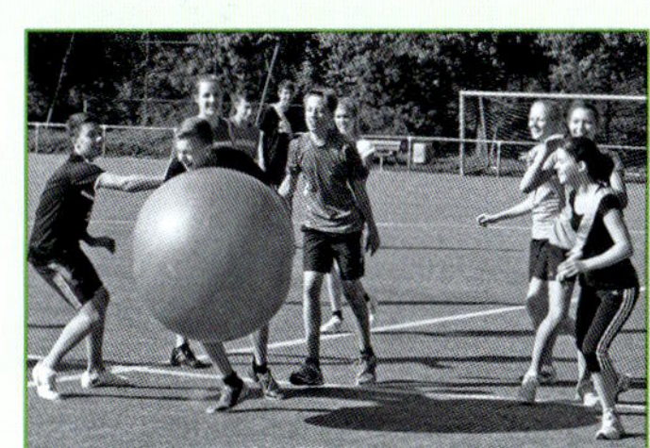

Bild 18: Schüler beim Erdball

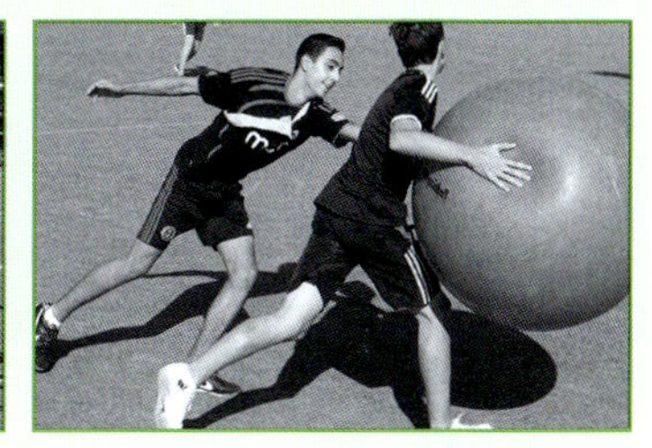

Bild 19: Schüler beim Erdball

Familie Meyer „für Große“

Die Klasse sammelt sich auf der Zielgeraden und wird in mehrere möglichst gleich große Gruppen von vier bis sieben Schülern eingeteilt. Jede Gruppe stellt sich hinter einem Hütchen hintereinander in etwa 1 m Abstand mit Blickrichtung zum Lehrer auf die ihr zugeteilte Bahn (vgl. Bild 20).

Entsprechend ihrer Position in der Reihe bekommen alle Schüler eine bestimmte Rolle zugeteilt. Der Lehrer erzählt nun eine Geschichte, in der alle verteilten Rollen immer wieder vorkommen. Wird die Rolle genannt, so muss der entsprechende Schüler nach vorne lossprinten und so schnell wie möglich um die beiden Markierhütchen auf seiner Bahn wieder zurück auf die Ausgangsposition laufen.

Materialbedarf: Pro Mannschaft drei bis vier Markierhütchen.

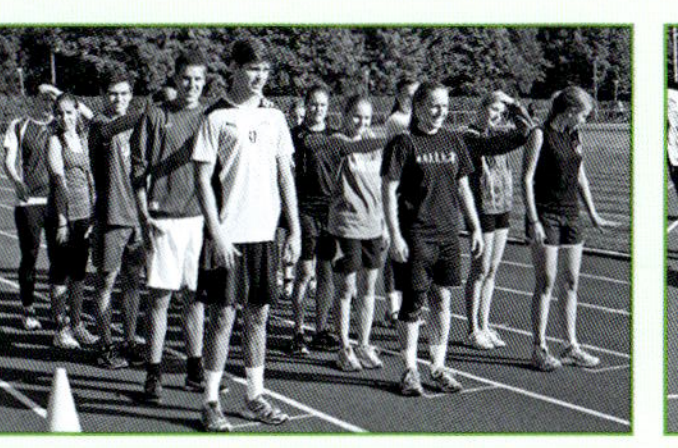

Bild 20: Grundaufstellung Familie Meyer

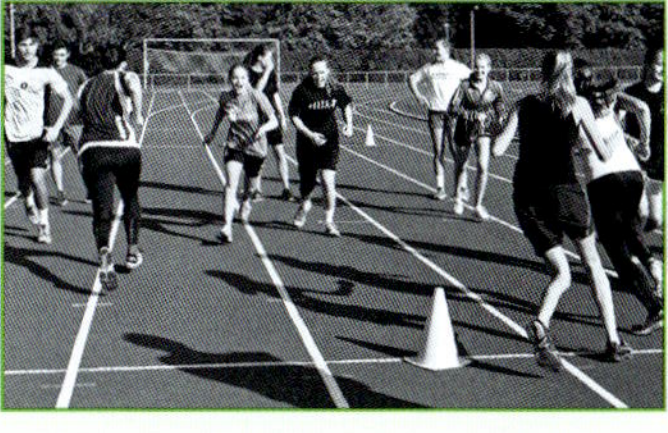

Bild 21: Schüler bei Familie Meyer

Stundenabschnitte und Unterrichtsinhalte	Organisatorische Hinweise
Beispielhafte Rollenverteilung: Position 1 = der Schulleiter Position 4 = der Sportlehrer Position 2 = der Stellvertreter Position 5 = die beliebte Englischlehrerin Position 3 = die Sekretärin Position 6 = die Hausmeisterin, usw. **Beispiel:** Es ist 7.00 Uhr als die *Sekretärin* die Schule betritt; von der *Schulleitung* ist noch niemand da. Im Lehrerzimmer sitzt einsam und verlassen die *beliebte Englischlehrerin* und hadert mit ihrem Schicksal: Der blöde *Stellvertreter* hat mich schon wieder zur Vertretung in der vierten Stunde eingeteilt. Da betritt der *Sportlehrer* das Lehrerzimmer. Hallo, *beliebte Englischlehrerin,* wollen wir nach der sechsten Stunde zusammen Mittagessen? Geht leider nicht Herr *Sportlehrer,* da muss ich zum Rapport zur *Hausmeisterin*. Meine Klasse hat gestern wieder mal nicht aufgeräumt. ...	**Hinweis:** Die Laufstrecke zwischen den beiden Hütchen sollten relativ kurz (ca. 10 m) gewählt werden, damit die „Rollen" sich möglichst schnell wieder auf ihrer Position einordnen. **Hinweis:** Es können auch übergeordnete Begriffe verwendet werden, die mehrere Rollen zugleich ansprechen (z. B. „alle Lehrer", „Schulleitung"). **Hinweis:** Für eine konkrete Schule können die Rollen natürlich auch mit (den Schülern bekannten) Namen versehen werden. Dies erhöht den Reiz des Spiels.
***Spezielles Aufwärmen* „Sprint-ABC"** Der Lehrer markiert mit zwei Hütchen auf der Zielgeraden der Laufbahn eine Strecke von 20 bis 30 m. Die Klasse sammelt sich beim Starthütchen und stellt sich in Reihen von vier bis fünf Schülern hintereinander auf. Unter Anleitung des Lehrers absolvieren die Schüler nun ein Laufkoordinationsprogramm aus dem Sprint-ABC. Je nach Leistungsfähigkeit der Gruppe sollten vier bis fünf Aufgaben mit je zwei bis drei Wiederholungen durchgeführt werden.	**Materialbedarf:** Zwei Markierhütchen. **Laufaufgaben:** Fußgelenksarbeit, Skippings, Kniehebeläufe, Schrittsprünge, Stephüpfer, „Storchenlauf", etc. **Hinweis:** Zu den einzelnen Laufaufgaben sollte der Lehrer altersspezifische Hintergrundinformationen geben: Warum machen wir die Übung?

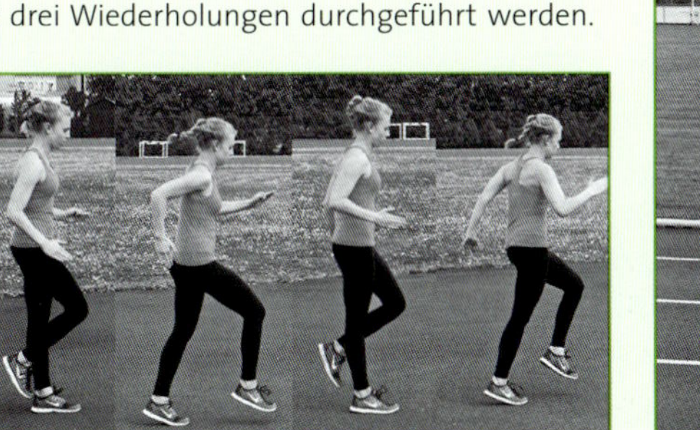
Bild 22: Fußgelenksarbeit

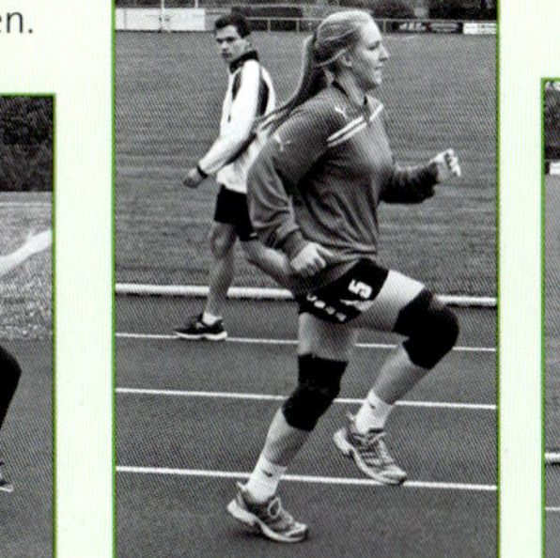
Bild 23: Skippings

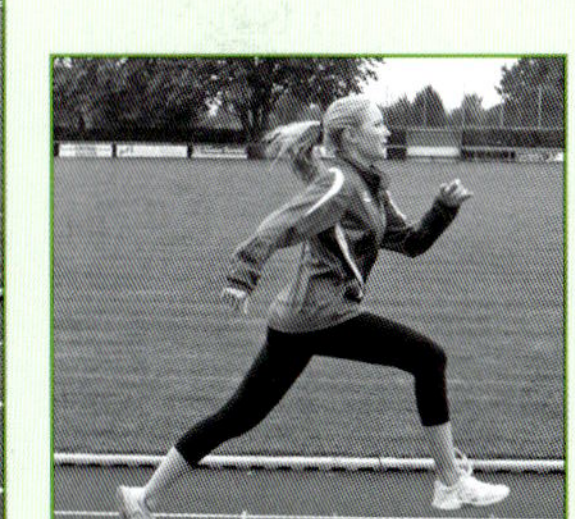
Bild 24: Schrittsprünge

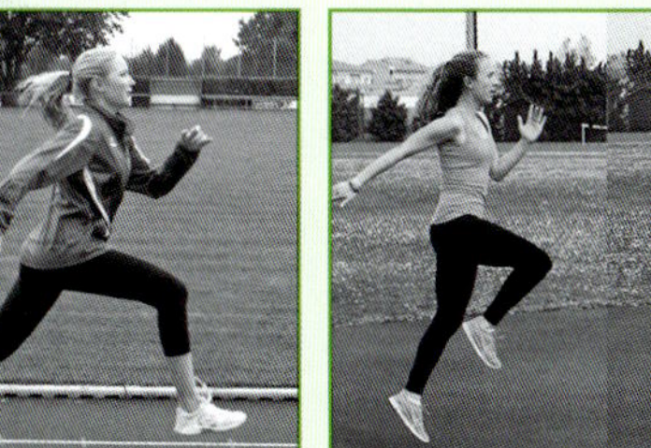
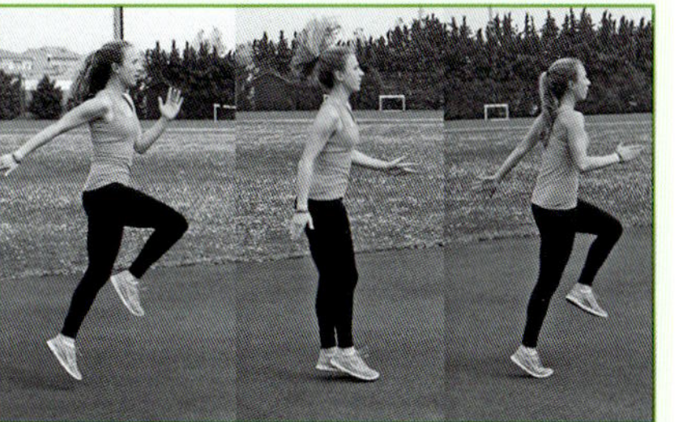
Bild 25: Stephüpfer

Stundenabschnitte und Unterrichtsinhalte	Organisatorische Hinweise

Variante A: Erster Arbeitsauftrag für die Gruppenphase

Die Klasse wird in mehrere Gruppen von drei bis fünf Schüler aufgeteilt. Jede Gruppe soll zunächst eine der beiden Übungen (Skippings oder Sprungläufe) nochmals mindestens dreimal in der Praxis durchführen. Anschließend hat sie die Aufgabe, (a) die richtige Bewegungsausführung der Übung verbal zu beschreiben und (b) zu überlegen, warum man diese Übung in der Sprintvorbereitung macht bzw. was mit ihr erreicht werden soll. Ihre Ergebnisse hält die Gruppe auf dem Arbeitsblatt (vgl. Material „Arbeitskarte_Sprunglauf") schriftlich fest.
Danach führt die Gruppe zwei weitere Praxisaufgaben (zwei bis drei Steigerungen über 80 m und vier Starts aus verschiedenen Lagen) durch.

Abschließend geht die Gruppe mit ihrem ausgefüllten Arbeitsblatt zum Lehrer und stellt ihm das Ergebnis vor. Verläuft die Kontrolle durch den Lehrer erfolgreich, bekommt die Gruppe das zweite Arbeitsblatt (vgl. Material „AB_Historische Starttechniken") ausgehändigt.

Hinweis: Die Variante A ist für Gruppen gedacht, die noch keine Erfahrung im Umgang mit der funktionalen Bewegungsanalyse haben.

Materialbedarf: Pro Gruppe ein Stift und zwei verschiedene Arbeitskarten.

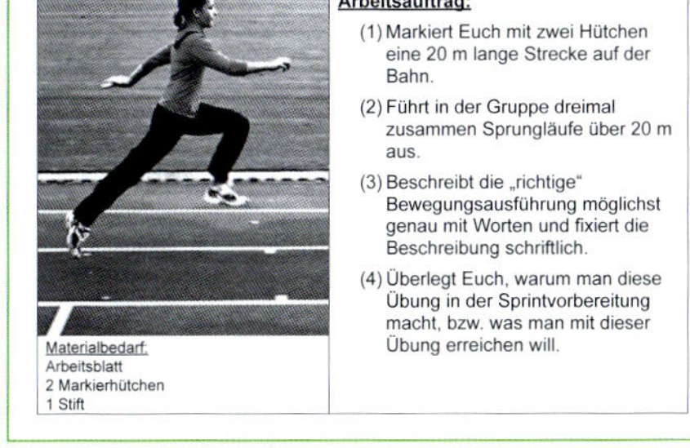

Arbeitskarte Sprunglauf

Materialbedarf:
Arbeitsblatt
2 Markierhütchen
1 Stift

Arbeitsauftrag:

(1) Markiert Euch mit zwei Hütchen eine 20 m lange Strecke auf der Bahn.
(2) Führt in der Gruppe dreimal zusammen Sprungläufe über 20 m aus.
(3) Beschreibt die „richtige" Bewegungsausführung möglichst genau mit Worten und fixiert die Beschreibung schriftlich.
(4) Überlegt Euch, warum man diese Übung in der Sprintvorbereitung macht, bzw. was man mit dieser Übung erreichen will.

Abb. 9: Arbeitskarte Sprunglauf

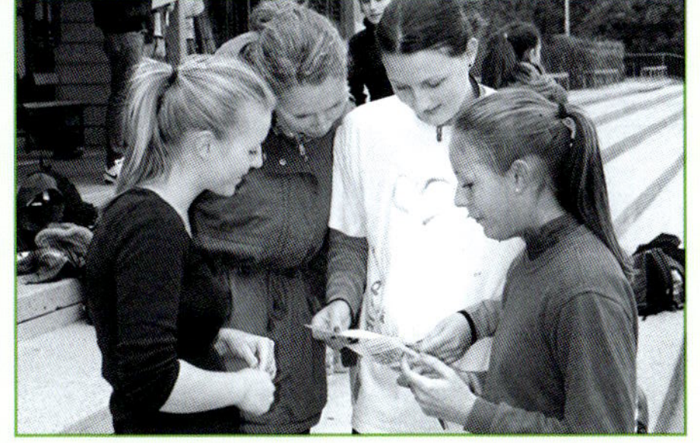

Bild 26: Gruppenarbeitsphase

Variante B: Starts aus allen Lagen

Die Gruppe absolviert unter Anleitung des Lehrers drei Steigerungen über 80 m und anschließend vier Starts aus verschiedenen Lagen (Bauchlage, Rückenlage, Sitz, Liegestütz).

Hinweis: Die Variante B ist für Gruppen gedacht, die bereits Erfahrung im Umgang mit der funktionalen Bewegungsanalyse haben.

Stundenabschnitte und Unterrichtsinhalte	Organisatorische Hinweise

Hauptteil (Historische Problemstellung zum Sprintstart)

Einführung in die Problemstellung zum Sprintstart

Die Klasse sammelt sich in der „Theorieecke"* vor dem bereits gut sichtbar angebrachten Plakat mit dem Foto des 100-m-Startes der Olympischen Spiele von 1896. Der Lehrer gibt eine kurze Einführung bzw. diskutiert mit seinen Schülern, was auf dem Bild zu sehen ist.
Antwort: *Der 100-m-Start der ersten Olympischen Spiele der Neuzeit 1896 in Athen. Im Gegensatz zu heute war damals das Regelwerk noch freier und ließ unterschiedliche „Starttechniken" zu. Im Bild sind – bei genauer Betrachtung – fünf unterschiedliche Ausführungen zu erkennen.*

Der Lehrer gibt einen kurzen Überblick über den weiteren Verlauf und formuliert die Leitfrage der Stunde: Welche der abgebildeten Starttechniken ist die effektivste und warum ist sie das?
Anschließend werden je nach Klassengröße mehrere Kleingruppen von drei bis vier Schülern gebildet. Jede Gruppe erhält den nachfolgenden Arbeitsauftrag (vgl. Material „AB_Historische Starttechniken").

Materialbedarf: Plakat (vgl. Material „Plakat").

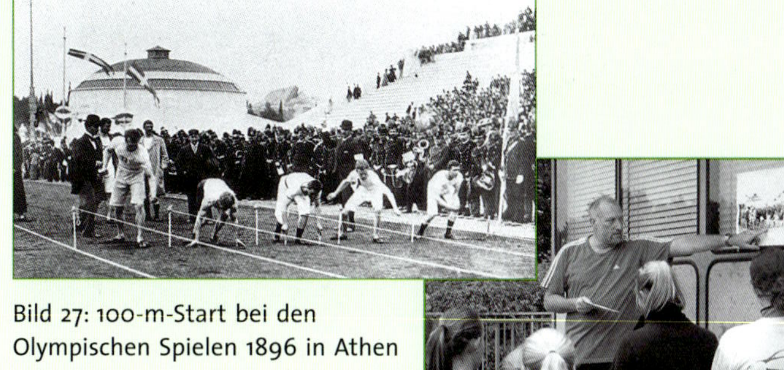

Bild 27: 100-m-Start bei den Olympischen Spielen 1896 in Athen

Bild 28: Problematisierung

* Die Theorieecke sollte über eine vorhandene oder selbst gebaute Möglichkeit zum Aufhängen von Plakaten verfügen.

Zweiter Arbeitsauftrag für die Gruppenphase

Im zweiten Arbeitsauftrag probieren die Schüler alle fünf abgebildeten Starttechniken in der Praxis mehrfach aus und beurteilen diese jeweils für sich individuell.
In einem zweiten Schritt hält die Gruppe dann für alle fünf Starttechniken schriftlich Vor- und Nachteile auf dem Arbeitsblatt fest.
Falls möglich soll abschließend gruppenintern nach der mehrheitlich besten Starttechnik gesucht werden. Gibt es eine solche, kann überlegt werden, warum gerade diese Technik den anderen überlegen sein könnte.

Arbeitskarte Historische Starttechniken

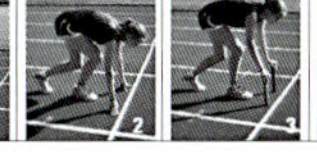

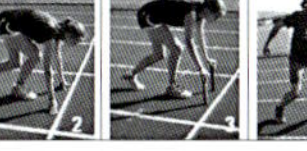

Arbeitsauftrag:

(1) Probiert alle fünf abgebildeten Starttechniken mehrmals aus und findet die für Euch „beste" heraus.
(2) Überlegt Euch in der Gruppe Vor- bzw. Nachteile der Einzelnen Techniken und haltet diese schriftlich auf dem Arbeitsblatt fest.
(3) Sucht innerhalb Eurer Gruppe nach der insgesamt „besten" Starttechnik. Falls es in Eurer Gruppe eine solche gibt – überlegt Euch, warum es gerade diese ist.

Materialbedarf: Arbeitsblatt & Stift

Abb. 10: Arbeitskarte Historische Starttechniken

Materialbedarf: Pro Gruppe ein Stift und eine Arbeitskarte. An zentraler Stelle für alle Gruppen außerdem 10 kurze Stäbe als Starthilfen sowie in der Theorieecke rote und grüne Papierstreifen und Plakatstifte.

Stundenabschnitte und Unterrichtsinhalte	Organisatorische Hinweise
Hinweis: Wenn die Gruppe ihren zweiten Arbeitsauftrag vollständig erfüllt hat, begibt sie sich zur Theorieecke und notiert die wichtigsten Vor- bzw. Nachteile auf den dort bereit liegenden Papierstreifen. Dabei werden für Vorteile einer Starttechnik grüne – für Nachteile einer Technik rote Streifen verwendet.	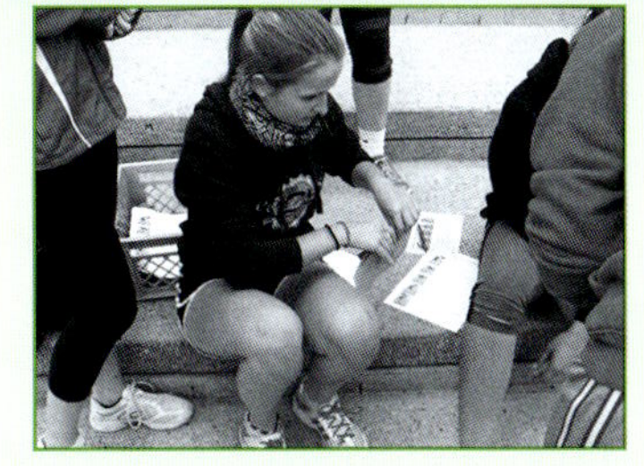 Bild 29: Schülerin beim Beschriften der Papierstreifen

Zweiter Hauptteil (Ergebnissicherung)

Ergebnissicherung

Die Klasse sammelt sich vor der Stellwand. An dieser sind alle fünf Starttechniken in der gleichen Reihenfolge wie auf der historischen Fotografie befestigt.
Der Lehrer bespricht gemeinsam mit der Klasse nacheinander die Vor- bzw. Nachteile der fünf Starttechniken. Die Gruppen bringen dabei ihre Ergebnisse über die vorbereiteten Stichwortkarten ein, die parallel zur Diskussion unter die jeweilige Starttechnik geklebt werden. Durch die farbige Kennzeichnung lassen sich recht schnell die „besseren“ Lösungen von den „schlechteren“ optisch unterscheiden: Vorteile auf grünem Papierstreifen – Nachteile auf rotem Papierstreifen.
Abschließend versucht der Lehrer ein Fazit zu ziehen. Wenn möglich soll eine Technik als „beste Lösung“ klassifiziert werden. Dies dürfte in den allermeisten Fällen eine Ausführung sein, die Merkmale einer der drei mittleren „Techniken“ beinhaltet. In der Regel wird aber **kein** eindeutiges Ergebnis erzielbar sein. In diesem Fall muss sich eine Diskussion über die Frage der individuell effektivsten Technik anschließen. *Von welchen Faktoren hängt es ab, ob eine bestimmte Technik für einen bestimmten Sportler geeignet ist?*
Antwort: *Das ist abhängig vom Leistungs- bzw. Trainingszustand, insbesondere aber von den Kraftvoraussetzungen.*

Materialbedarf: An zentraler Stelle für alle Gruppen außerdem rote und grüne Papierstreifen sowie Plakatstifte.

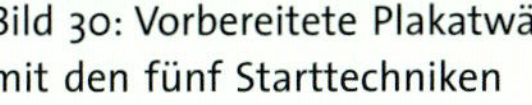

Bild 30: Vorbereitete Plakatwände mit den fünf Starttechniken

Bild 31: Schülerin beim Festhalten der Arbeitsergebnisse

Stundenabschnitte und Unterrichtsinhalte	Organisatorische Hinweise

Hinweis: Eine für Schüler effektive Technik wird dabei in der Regel anders aussehen als die aus dem Fernsehen bekannte Tiefstarttechnik aus einem elektronisch überwachten Startblock. Durch die im Vergleich zu Weltklasseathleten in der Regel deutlich geringeren Kraftvoraussetzungen macht es für Schüler durchaus Sinn, eine „höhere“ Ausgangsposition (z. B. Technik zwei, drei oder fünf) einzunehmen. Durch die größeren Beugewinkel in den Kniegelenken lässt sich aus der „höheren“ Position mit den geringeren Kraftwerten besser beschleunigen.

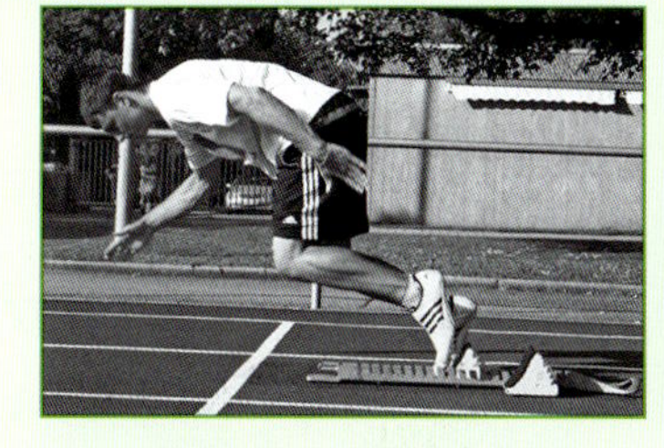

Bild 32: Tiefstarttechnik beim Könner

Bild 33: Starttechnik beim Schüler

Schluss (Wettbewerbsform)

Mannschafts-Additionswettkampf

Zur Vorbereitung markiert der Lehrer mit den vier Hütchen eine Strecke von ca. 20 m. Im Idealfall kann die im Stadion vorhandene 100-m-Startlinie und die 80-m-Startlinie dafür verwendet werden.
Die Klasse sammelt sich beim 100-m-Start auf der Zielgeraden und wird in mehrere möglichst gleich große Gruppen mit fünf oder mehr Schülern unterteilt. Die Gruppengröße von fünf Schülern sollte dabei nicht unterschritten werden, damit alle historischen Techniken mindestens einmal in die Wertung kommen können.
Jede Gruppe legt fest, wer mit welcher Technik startet. Dabei müssen alle Techniken mindestens einem Gruppenmitglied zugewiesen sein. Ab dem sechsten Gruppenmitglied ist die Technik frei wählbar.
Anschließend treten alle Gruppen mit ihrem Starter für die erste Technik gegeneinander an. Ein gerade nicht beteiligter Schüler gibt das Startkommando. Der Lehrer steht im Ziel, erfasst den Einlauf und führt den Punktestand. Es folgen Läufe für die Starter mit der zweiten Technik, dann für die Starter mit der dritten Technik, usw.

Hinweis: Die Punktewertung für jeden Lauf ergibt sich aus der umgekehrten Reihenfolge des Zieleinlaufes. D. h. bei fünf Startern erhält der Sieger fünf Punkte, der zweite vier Punkte, usw.

Materialbedarf: Vier Markierhütchen, eine Starterklappe, ein Wettkampfblatt mit Stift für den Lehrer.

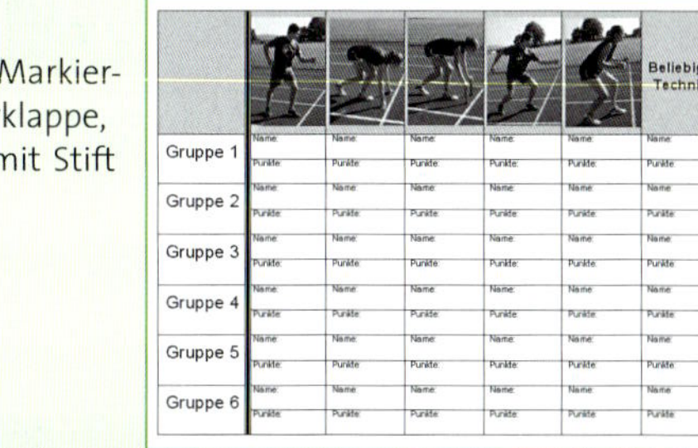
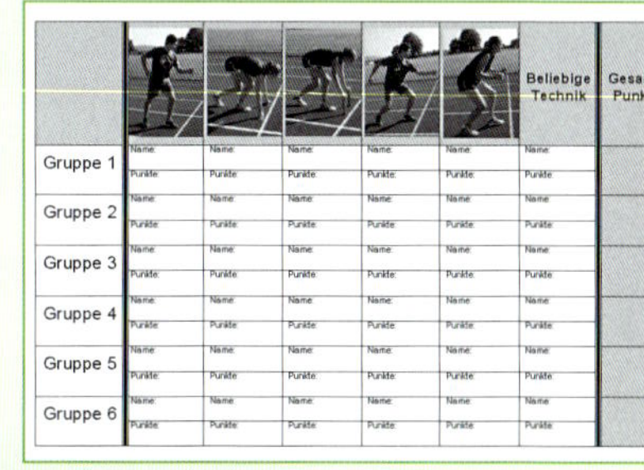

						Beliebige Technik	Gesamt-Punkte
Gruppe 1	Name Punkte	Name Punkte	Name Punkte	Name Punkte	Name Punkte	Name Punkte	
Gruppe 2	Name Punkte	Name Punkte	Name Punkte	Name Punkte	Name Punkte	Name Punkte	
Gruppe 3	Name Punkte	Name Punkte	Name Punkte	Name Punkte	Name Punkte	Name Punkte	
Gruppe 4	Name Punkte	Name Punkte	Name Punkte	Name Punkte	Name Punkte	Name Punkte	
Gruppe 5	Name Punkte	Name Punkte	Name Punkte	Name Punkte	Name Punkte	Name Punkte	
Gruppe 6	Name Punkte	Name Punkte	Name Punkte	Name Punkte	Name Punkte	Name Punkte	

Abb. 11: Wettkampfblatt

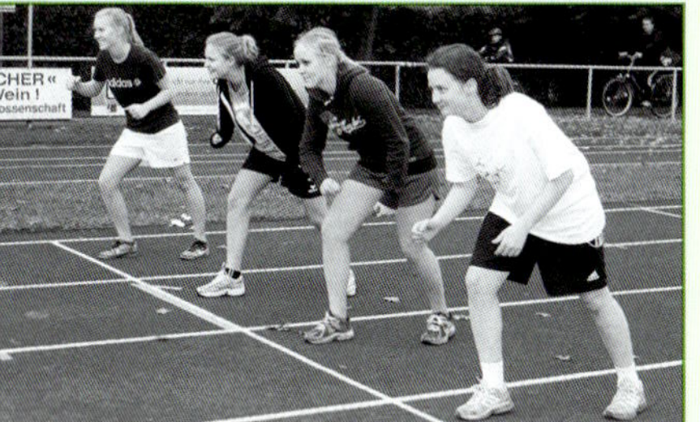

Bild 34: Schüler beim Starten mit historischer Starttechnik

3 Doppelstunde 3: Theorie und Praxis des Hindernislaufes – „Sommerspaß mit KSP-Kurven“

Einführung

„Wir laufen über den Wassergraben!“ Diese Stunde spricht Schülerinnen und Schüler in der Regel motivational stark an. Sie bietet das Feeling des Unbekannten und des Abenteuers, verkörpert einen zuerst zu überwindenden Anziehungs-Vermeidungskonflikt: „Sieht gut aus. Ich will auch da rüber!“ versus „Ich habe Schiss!“. Als spaßige Herausforderung ist der Inhalt dieser Doppelstunde der ideale Abschluss einer Leichtathletikeinheit vor den Sommerferien. Zwar hat die Stunde eine gewisse sportliche Note, überfordert die meisten Schüler aber entgegen des ersten Anscheins in der Regel nicht. Und das Überlaufen des Wassers könnte für einen Teil der Schüler ja auch alternativ zu einem anderen Inhalt sein.

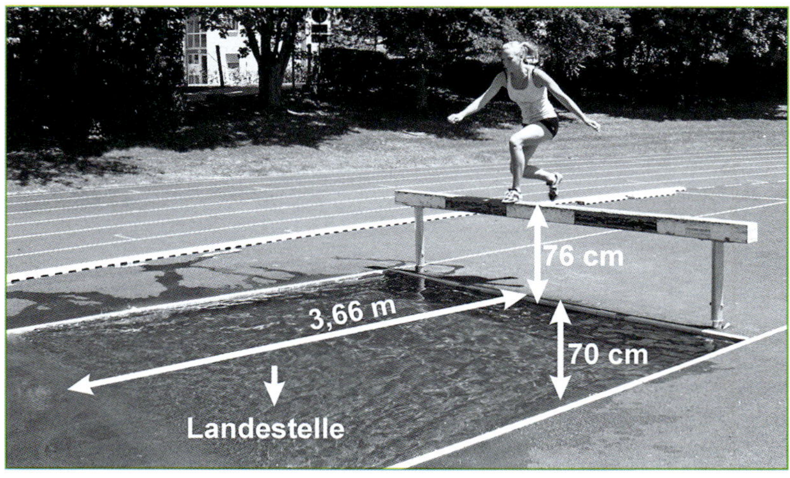

Bild 35: Der Wassergraben; von 76 cm Höhe etwa drei Meter nach vorne zu überwinden.

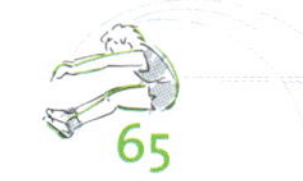

Seit der Aufnahme des Hindernislaufes durch den Weltverband IAAF in den Disziplinkanon der Frauen gibt es verstellbare Hindernisse: 91 cm Männer, 76 cm Frauen. Wenn man für den Schulsport grundsätzlich die Frauenhöhe nimmt, dann ist der Balken ganz gut zu überlaufen. Abdrücken müssen die Oberstufenschülerinnen nur etwa 3 m – in dieser Stunde lange nicht unter Ausdauerbedingungen, auf die der Lehrer erst ganz zum Schluss optional zurückgreifen kann. Der Wassergraben ist 3,66 m breit und man landet gelenkschonend an der Schräge schon im Wasser. Also: Das Knie anheben und den Fuß auf das Hindernis setzen, den Schwerpunkt darüber schieben und einen langen Schritt nach vorne machen. Beim ersten Mal mag das spannend sein: „Auch ich kann das!" Erfolgserlebnis pur! Ab dem zweiten Mal ist es der reine Spaß.

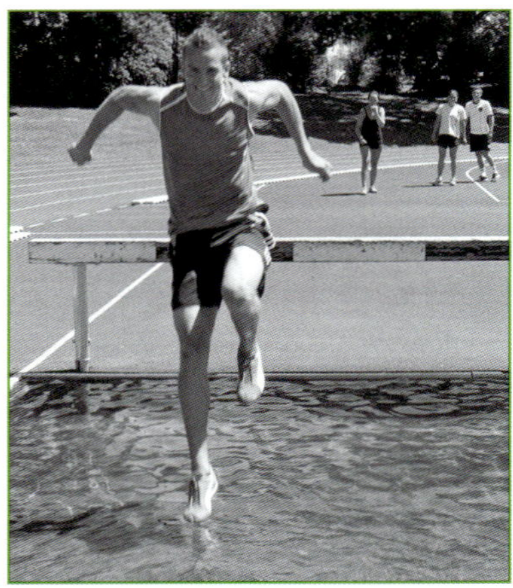

Bild 35/1: An der Schrägen im flachen Wasser landen.

Organisatorisch (siehe „Hinweise zur Vorbereitung") fällt kein größerer Aufwand als sonst an. Von Vorteil wären allerdings Rennschuhe, denn wenn Schuhe und Hindernis irgendwann nass sind, halten die Spikes am Balken besser. Eventuell können sie von anderen Schülern ausgeliehen werden. Spikes sind zwar nicht zwingend notwendig, aber der gute Grip am Fuß vermittelt Sicherheit und damit noch mehr Spaß beim Überlaufen des Wassergrabens, z. B. im Gerangel des Pulks.

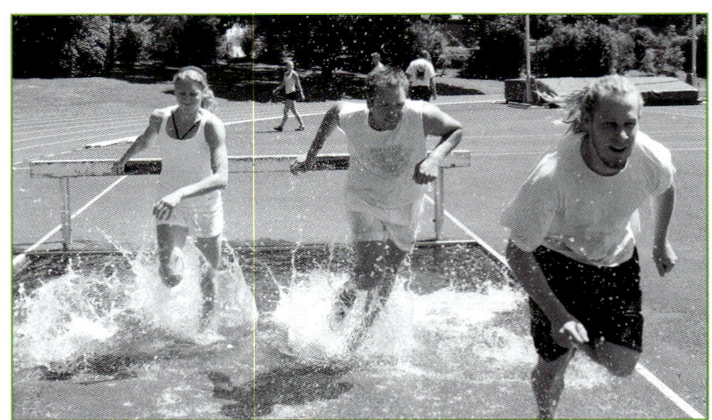

Bild 36: Es spritzt!

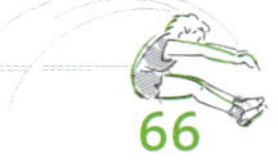

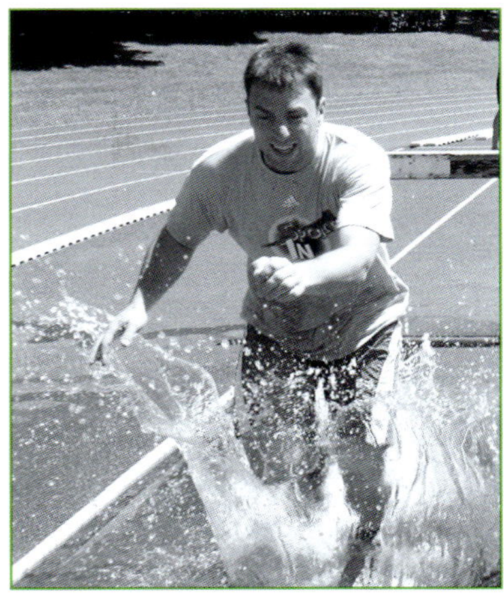

Bild 37: Das macht Laune!

Neben der Fun-Komponente geht es aber in der Oberstufe auch um die Theorievermittlung im Rahmen der Praxis. Und hierfür bietet sich bei dieser Disziplin die Körperschwerpunktkurve als sinnvolles Thema an. Diesbezügliche Fehler wirken sich unmittelbar erlebbar aus.

Das attraktive Hindernislaufen war bislang lediglich in der Unterstufe Inhalt des Leichtathletikangebots (vgl. Band 1, Seite 62–70). Dort lag der Schwerpunkt auf der koordinativen Hindernisbewältigung über niedrige Behelfshindernisse (Aerobic Steps). Jetzt, in der Oberstufe, schließen wir die Technik- und praxisorientierte Theoriestunde über die Vergnügungskomponente hinaus zusätzlich mit einem gewissen konditionellen Inhalt ab: *„Wie fühlt sich der Wassergraben unter (mäßigen) Ausdauerbedingungen an?"*

Kompetenzen

Motorisch: Die Schülerinnen und Schüler können den Wassergraben allein, in der Gruppe und später möglicherweise auch unter Ausdauerbedingungen so überwinden, dass ein halbwegs flüssiges Weiterlaufen möglich ist.

Kognitiv: Die Schülerinnen und Schüler kennen die Technik des Anlaufens an das Hindernis und des Überwindens des Wassergrabens und können diese beschreiben. Dabei können sie einen günstigen von einem ungünstigen Verlauf der Körperschwerpunktkurve unterscheiden.

Sozial-kommunikativ: Die Schülerinnen und Schüler können sich in Kleingruppen organisieren und gemeinsam eine Aufgabe bearbeiten, das Ergebnis vortragen und demonstrieren.

Didaktisch-methodische Anmerkungen

Dem kurzen Aufbau von zwei Hürdenbahnen mit unterschiedlichen Abständen auf den ersten 50 Metern der Zielgeraden folgt das Auf-

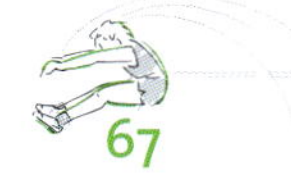

wärmen. Dabei geht es um die Aktivierung des Herz-Kreislauf-Systems und um die Erwärmung der Muskulatur durch Laufen sowie um das bei diesem Stundeninhalt eines „angedeuteten Spagats in der Amortisationsphase der Landung“ wichtige Dehnen der Muskeln.

Den Stundenhauptteil leitet eine „Anti-Rhythmusschulung“ bzw. das Aufbrechen eines gleichmäßigen Rhythmus‘ beim Überlaufen des Hindernisses ein. Bei gleichen Abständen nehmen die Schüler immer dasselbe Bein über die Hürde, bei unterschiedlichen Abständen nicht. Das Bein wechselt. Diese Fähigkeit ist wichtig, denn vor dem Hindernis sollte nicht getrippelt werden, um seine Schokoladenseite zu bedienen. Man muss gleichmäßig flott auf das Hindernis zulaufen und es – mit welchem Bein auch immer – ohne zu trippeln mit gleichmäßigen Schritten locker überlaufen. Beidseitigkeit ist gefragt, und dies wird im Rahmen einer Beobachtungsaufgabe auch zum ersten Thema gemacht.

Das Laufen über eine Wassergraben-Imitation aus einem dreiteiligen Kasten oder aus Aerobic Steps, das bei einer halbwegs sportlichen Klasse aber nicht zwingend notwendig ist, und das „Aufschaukeln“ am Balken ohne diesen und das Wasser zu überlaufen, gehen der Hauptaktion der Grabenüberwindung voraus. Dasselbe gilt für die theoretischen Vorüberlegungen in drei Gruppen zu den Punkten „Anlaufen des Balkens“, „Überwinden des Balkens“ und „Landung bzw. Weiterlaufen“. Einer aus der Gruppe trägt die Gedanken vor, ein anderer versucht sie erstmals zu demonstrieren. Danach „evaluiert“ die ganze Klasse, überläuft den Wassergraben einzeln nach den erarbeiteten Kriterien. Unterstützt wird ein flaches und geducktes Überlaufen des Balkens mit gebeugtem Knie dadurch, dass zwei große Schüler eine Hochsprunglatte über das Hindernis halten: „Katzenbuckel“.

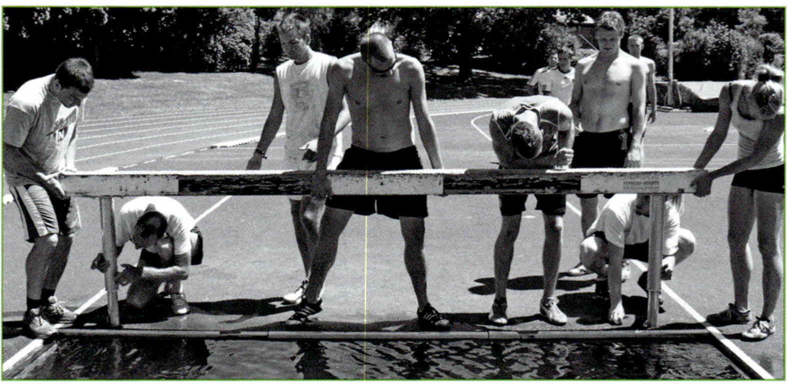

Bild 38: Leicht zu verstellen; das Hindernis auf 76 cm.

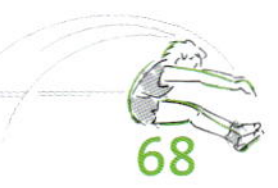

Mit zunehmender Sicherheit überlaufen immer etwa fünf Schüler neben- und hintereinander das Hindernis im Pulk. Die Orientierung für den Balken und die Landung bzw. das Weiterlaufen heißt: „Links vorne ist die beste Position". Rempeln ist dabei aber nicht erlaubt.

Nun sind die Schüler in der Lage, als dritten Theorieteil dieser Stunde, das Foto einer Wettkampfsituation mit unterschiedlichem Anlaufen des Balkens und mit mehr oder weniger gelungenen „Landeanflügen" über dem Wasser zu beurteilen (vgl. Material „AB_Beurteilung").

Den Schülern gegenüber kann man die teilweisen technischen Mängel der Läuferinnen des Fotos damit begründen, dass jener Bewegungsablauf unter Ausdauerbedingungen vollzogen und aufgenommen wurde. Das ist der große Unterschied zu unserer bisherigen Stunde. Im Schlussteil sollen daher mindestens fünf Runden unter Einbezug von drei Hindernissen und dem Wassergraben gelaufen werden. Dabei ist die Stadionrunde insofern verkürzt, als wir von der Zielgeraden der Mittellinie des Fußballfeldes entlang zur Gegengerade laufen. Ziel ist nicht die Länge des Joggens, sondern dass der Wassergraben öfter überlaufen werden muss. Siebenmal „kommt" dieser in den acht bis neun Minuten über 3000 Meter bei internationalen Rennen. Was das bedeutet, das können die Schüler auch nach ihrem nicht allzu schnellen Lauf bei selbst gewähltem Tempo nun einschätzen und würdigen. Dem abschließenden Bad steht nichts entgegen. Der Graben ist 70 cm tief.

Hinweise zur Vorbereitung

Viele Stadien verfügen über einen Wassergraben. Dieser ist zum Benutzen gedacht. Oft muss er nicht einmal aufgedeckt werden, ist bereits offen, z. B. wegen des Vereinsbetriebs. Den Pflock in das Abflussrohr setzen und den Wasserhahn voll aufdrehen. Nach 30 Minuten kann es losgehen. Natürlich sollte man den Hausmeister die Woche vorher fragen, allein schon um sicherzugehen, dass auch der Haupthahn für die Außen- bzw. Beregnungsanlage geöffnet ist. So wie im Bild 39 dauert es zu lange.

Bevor es an den Wassergraben geht, empfiehlt es sich, einen Teil der Hürden an den Rand zu stellen, je ein Paar davon auf die Ziel- und die Gegengerade sowie an den Anspielpunkt des Rasenplatzes. Für den die Stunde abschließenden Rundlauf ist dann gleich alles aufgebaut (vgl. Abb. 14).

Auf richtige Hindernisbalken müssen wir in der Regel verzichten. Sie mit der Klasse aus dem Geräteschuppen zu holen ist meist nicht möglich und auch nicht unbedingt nötig. Zwei nebeneinander gestellte Hürden erfüllen den Zweck genauso, wenn wir zum Schluss der weitgehend grabenorientierten Stunde noch ein paar verkürzte Runden laufen. Stehen sie aber ohne allzu großen Aufwand zur Verfügung, z. B. wenn sie bereits im Stadion sind, sollten sie auf alle Fälle eingesetzt werden, da man sie nicht in einem Zug überlaufen muss, sondern das Bein aufsetzen kann.

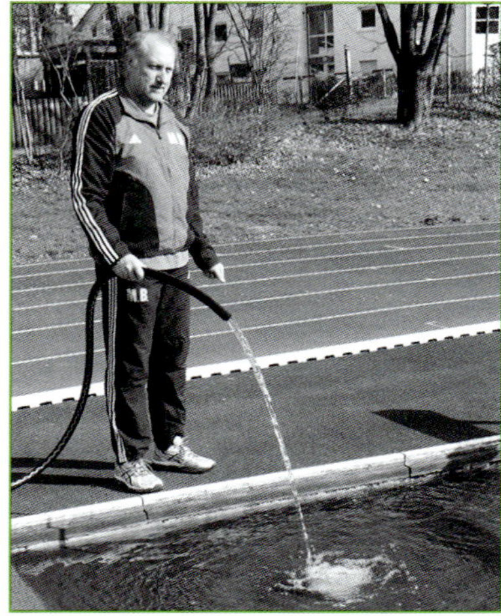

Bild 39: Zuerst den Wassergraben füllen!

Die benötigten Aufgabenblätter zur Reflexion des Bewegungsablaufes müssen bereits am Vortag in Klassenstärke ausgedruckt werden (online verfügbar, s. S. 177).

Und die Schüler sollten eine Sportstunde vorher darauf hingewiesen werden, ihre Rennschuhe, ein Handtuch und ihre Schreibutensilien mitzubringen, oder sich nach Möglichkeit solche auszuleihen.

Weiterer Tipp für Schülerinnen: Wasserkontakt lässt sich nicht immer vermeiden. Zumindest bei der Landung spritzt es, dies umso mehr, je tiefer man an der Schräge im Wasser steht. Und nach den Ausdauerrunden am Schluss will man bei entsprechenden Außentemperaturen vielleicht sogar freiwillig rein. Deshalb keine weißen oder hellen T-Shirts! Ersatzhose mitbringen!

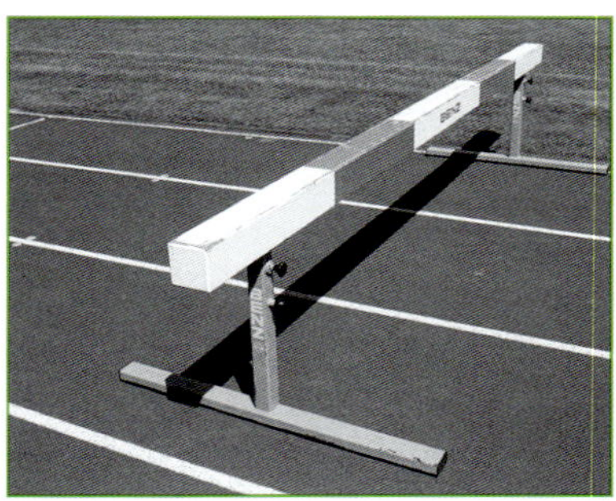

Bild 40: Orginal-Hindernis

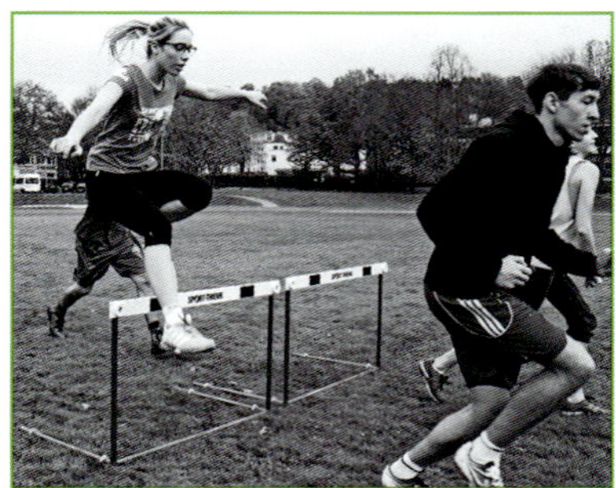

Bild 41: Zwei Hürden als Hindernis

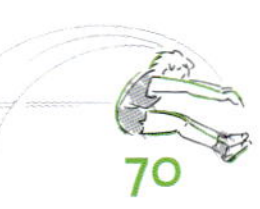

Doppelstunde 3: *Theorie und Praxis des Hindernislaufes – „Sommerspaß mit KSP-Kurven“*

Stundenabschnitte und Unterrichtsinhalte	Organisatorische Hinweise

Einleitender Stundenteil (Aufwärmen)

Gemeinsamer Aufbau der Anlage

Es macht Sinn alles vorneweg zusammen mit der Klasse aufzubauen. Dann gibt es im späteren Stundenverlauf keinerlei Unterbrechungen mehr. Für die körperlichen Pausen sorgen die drei Theorieeinheiten.

Gegebenenfalls den Wassergraben abdecken. Das Wasser einlassen. Innen neben den eigentlichen Wassergraben – falls gewünscht – einen dreiteiligen Kasten oder Aerobic Steps mit Klebestreifen (2,50 m entfernt) als Graben ohne Wasser aufbauen.

Auf der Zielgeraden vom Startbereich bis etwa zur Bahnmitte zwei Hürdenbahnen aufbauen. An jede Hürde kommt ein kleiner Klebestreifen zur Markierung der Position. Fällt sie irgendwann um, braucht dann nicht nachgemessen zu werden.

Materialbedarf: Acht Hürden, evtl. dreiteiliger Kasten und Klebeband.

Bild 42: Kleiner und großer Wassergraben

7,50 m | 7,50 m | 7,50 m | 7,50 m

9,20 m | 5,90 m | 6,70 m | 9,20 m

Abb. 12: Hürdenbahnen mit gleichmäßigen und nicht gleichmäßigen Abständen

***Allgemeines Aufwärmen* „Verschiedene Arten des Joggens“**

Die Klasse läuft dreimal den Seiten- und Torauslinien entlang um das Fußballfeld. Dabei wird die zweite und dritte Runde durch Aufgabenstellungen im Strafraum unterbrochen. Die Schüler laufen bei Runde 2 in den beiden Strafräumen durcheinander und erledigen bei jeder Begegnung mit einem Mitschüler eine Aufgabe, die vom Lehrer angesagt wird: Abklatschen ein- und beidhändig, Unterhaken und Kreisen, dann beim anderen Tor Handschlag, Schulterrempler, Bockspringen. Der Lehrer kann auch nur „Wechsel“ rufen, und ein Schüler sagt die nächste während des Joggens erdachte Aufgabe an.

In Runde 3 machen die Schüler einbeinige Sprünge quer durch den jeweiligen Strafraum, zuerst links, dann rechts.

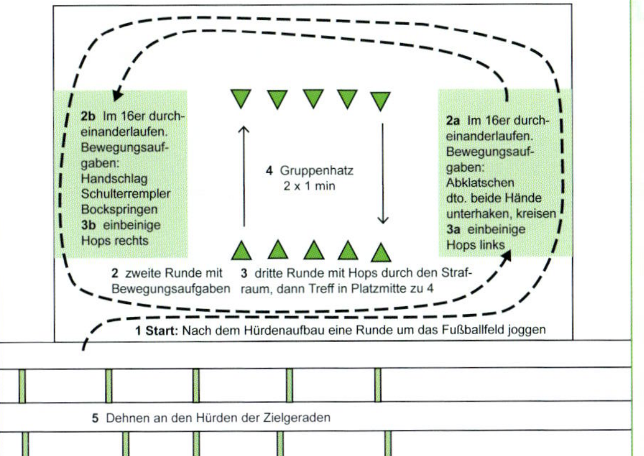

Abb. 13: Raumwege und Struktur des Aufwärmens (vgl. Material „Raumwege“)

Materialbedarf: Keiner.

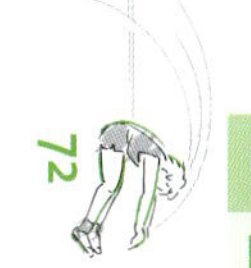

Stundenabschnitte und Unterrichtsinhalte	Organisatorische Hinweise

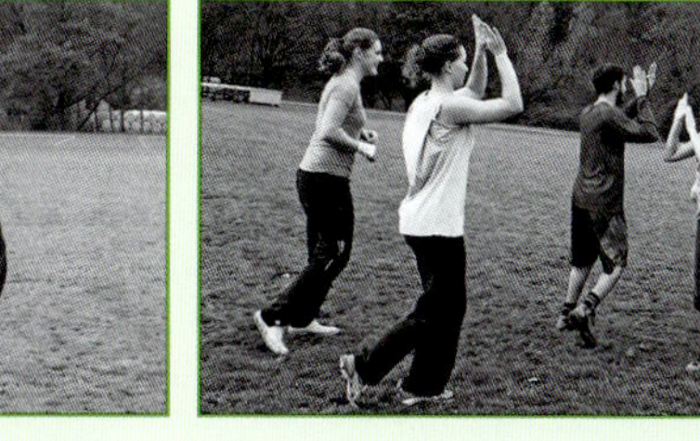

Bild 43: Abklatschen eine Hand

Bild 44: Abklatschen zwei Hände

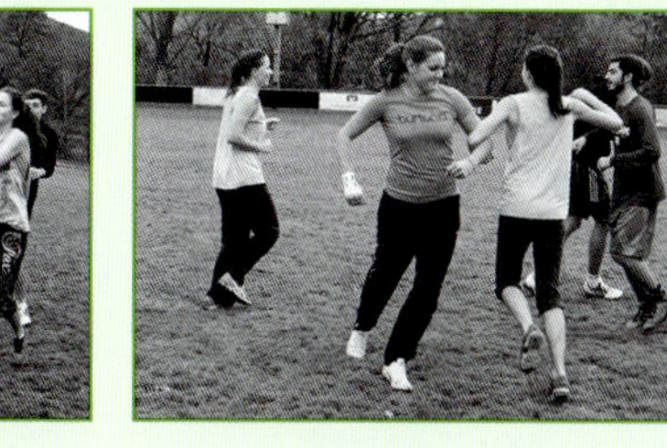

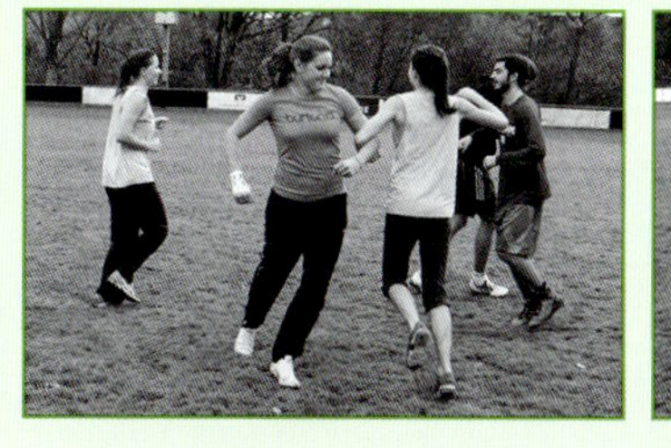

Bild 45: Unterhaken und kreisen

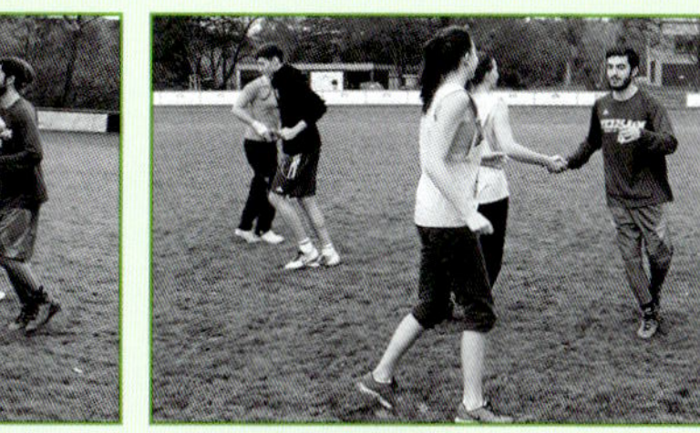

Bild 46: Hand geben

Bild 47: Schulterrempler

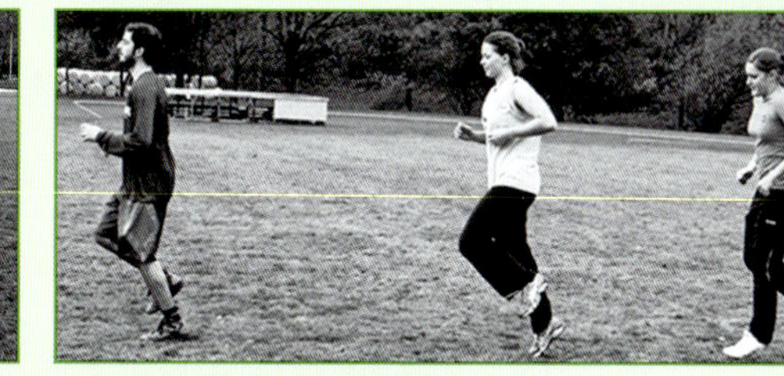

Bild 48: Bockspringen

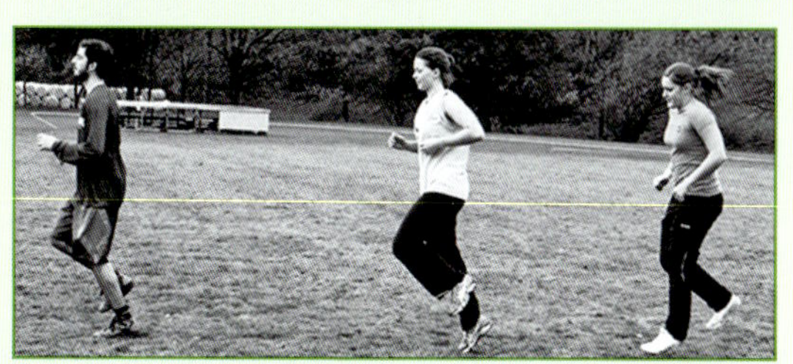

Bild 49: Einbeinige Sprünge

***Allgemeines Aufwärmen* „Gruppenhatz“**

Die Klasse wird in zwei Hälften aufgeteilt. Anfangs stehen sich die beiden Gruppen an der Seitenauslinie gegenüber. Gruppe 1 joggt flott los, auf die stehende Gruppe 2 zu. Hat sie jene erreicht, macht Gruppe 2 einen Schwunglauf auf die andere Seite hinüber und Gruppe 1 bleibt stehen. Ist Gruppe 2 drüben, setzt ihr Gruppe 1 nach usw.

Belastung: 2 x 1 min mit 2 min Pause.

Hinweis: Nach diesem Kreislaufakzent folgt nun die ruhige Phase des Dehnens.

Materialbedarf: Keiner.

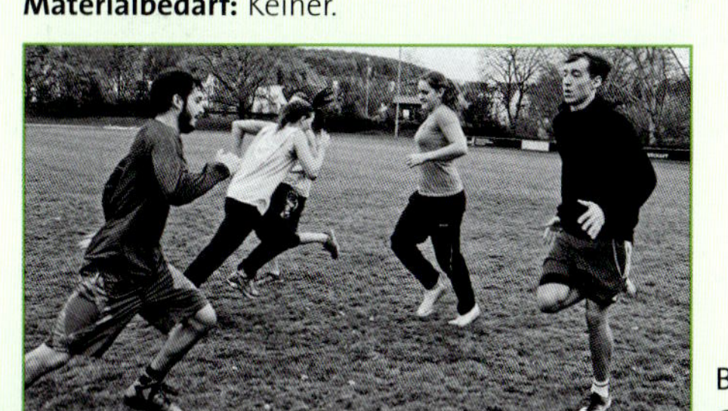

Bild 50: Gruppenhatz

***Spezielles Aufwärmen* „Dehnen am Hindernis“**

Bei diesem Stundeninhalt ist nach der Kreislaufaktivierung und Erwärmung der Muskulatur das Dehnen im Beinbereich wichtig.
Die Klasse verteilt sich gleichmäßig auf die bereitstehenden Hürden.
An jeder Hürde sind bis zu drei Schüler, die sich abwechseln.

Hinweis: 20 sec Dehnen; die Pause ergibt sich durch den Wechsel der Schüler.

Übung 1: Vor die Hürde stehen, die Knie durchdrücken und die ganze Handfläche auflegen.

Übung 2: Die Arme zur Seite nehmen, entlang der Hürdenlatte.

Übung 3: Die Arme über die Hürde nehmen und versuchen, die Finger zum Boden zu schieben.

Übung 4: Mit dem Rücken zur Hürde stehen und sie durch Tiefgehen mit den Fingern berühren. In den Knien nicht nachgeben.

Übung 5: Über die Hürde steigen und das hintere Bein immer weiter nach hinten schieben. Ferse runter.

Übung 6: Die Hürde zwischen die Beine nehmen und seitlich spreizen; die Beine immer weiter auseinander nehmen.

Materialbedarf: Zehn Hürden.

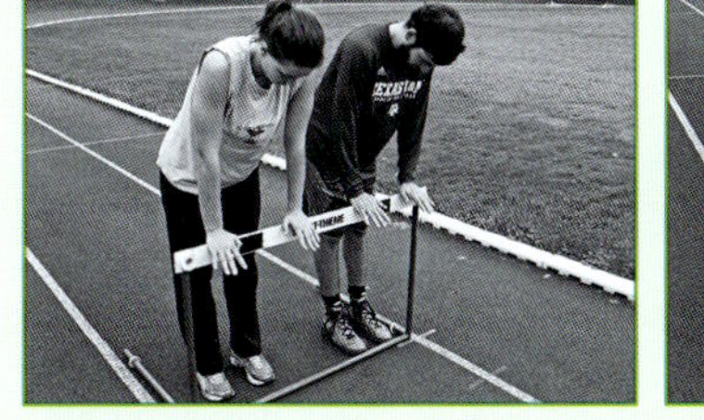

Bild 51: Übung 1

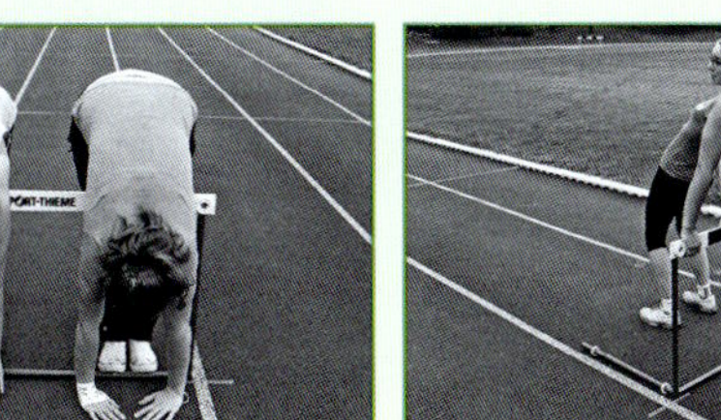

Bild 52: Übung 2

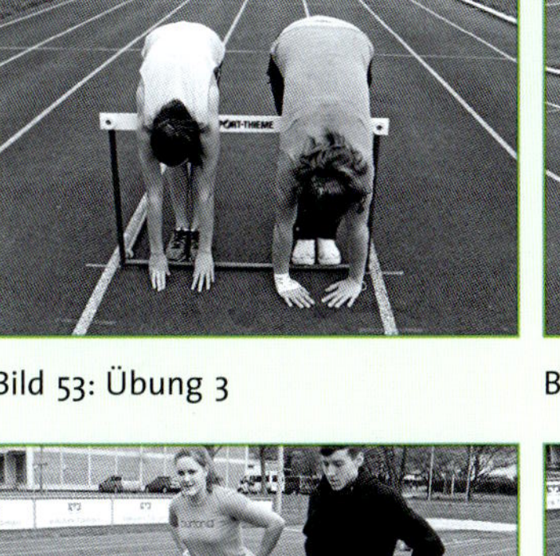

Bild 53: Übung 3

Bild 54: Übung 4

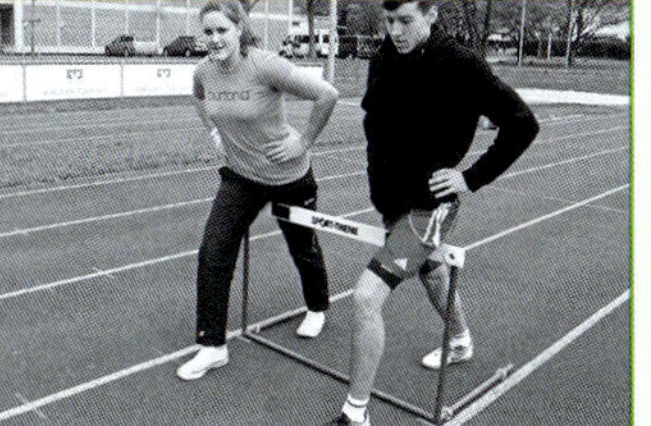

Bild 55: Übung 5

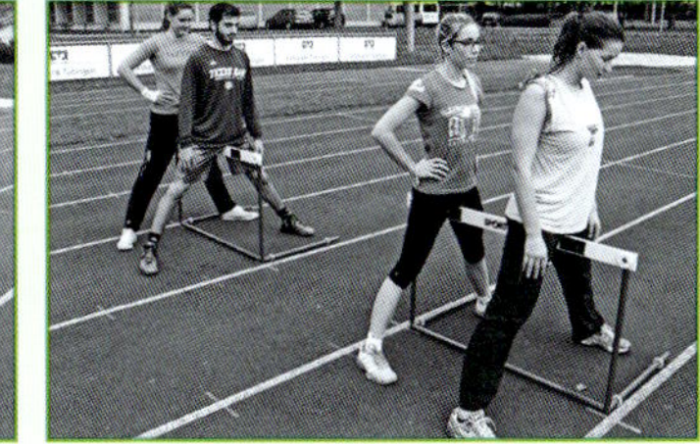

Bild 56: Übung 6

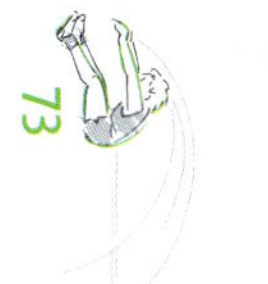

Stundenabschnitte und Unterrichtsinhalte	Organisatorische Hinweise

Übung 7: Gespreizt einzeln am Gerät, Oberkörper runter.

Übung 8: Seitlich neben die Hürde stehen, Knie und Knöchel des Nachziehbeines auflegen; bei durchgedrücktem Knie des anderen Beines die Hände nach unten schieben.

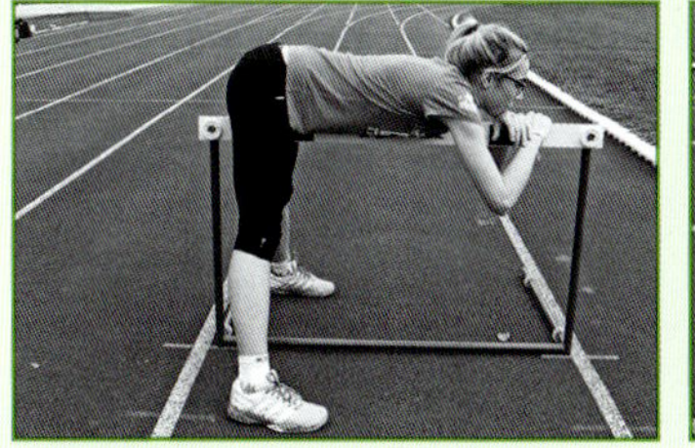

Bild 57: Übung 7

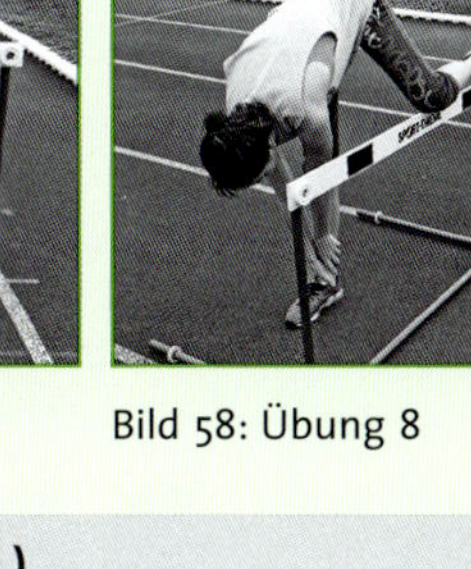

Bild 58: Übung 8

Hauptteil (Überlaufen des Wassergrabens allein und in der Gruppe)

Das Hindernis in Form der Hürde (ohne Wassergraben) gleichmäßig und kräftesparend ruhig überlaufen: „Theorie I" als Beobachtungsaufgabe mit anschließender Demonstration

Die halbe Klasse steht an der Zielgerade, die andere läuft zuerst den gleichmäßigen 7,50-m-Abstand, dann das unregelmäßige „9,20–5,90–6,70–9,20 m".

Beobachtungsaufgabe: *„Was ist der Unterschied zwischen den beiden Bahnen? Achtet auf den Einsatz der Beine!"* Geredet wird erst darüber, wenn auch die zuerst gelaufene Klassenhälfte beobachtet hat.

Antwort: *Beim gleichmäßigen Abstand von 7,50 m laufen die Schüler erfahrungsgemäß „links-links-links" oder „rechts-rechts-rechts", beim unregelmäßigen Abstand kommt auch ein Beinwechsel vor. Beidseitigkeit ist gefragt.*

Hinweis: Locker-flottes Jogging-Tempo! Kein Zuckeltrab, aber auch kein Hürdensprint! Die Hürde – je nach Situation – mit beiden Beinen überlaufen. Nicht trippeln!

Materialbedarf: Aufgebaute Hürdenbahnen des Dehnens mit gleichmäßigen und ungleichmäßigen Abständen (vgl. Abb. 12).

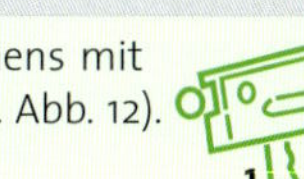

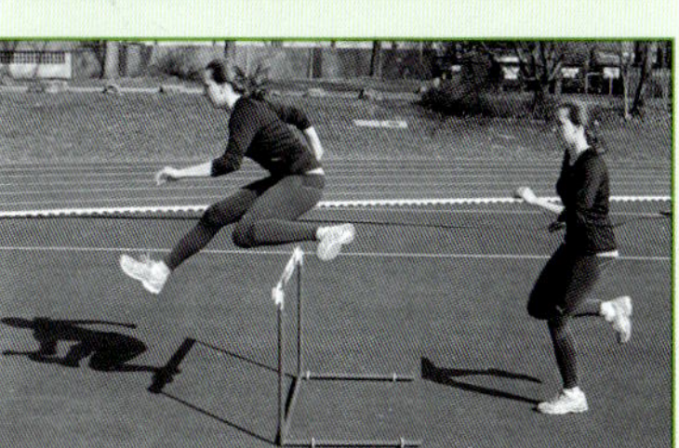

Bild 59/60: Mit links und rechts sollte man das Hindernis überlaufen können

Wiederholung im Klassenverband

Die Schüler laufen nun bewusst und sich selbst beobachtend

- den gleichmäßigen Abstand mit dem „richtigen“ Bein,
- den gleichmäßigen Abstand mit dem „falschen“ Bein,
- den unregelmäßigen Abstand.

Hinweis: Bevor es an den Wassergraben geht, empfiehlt es sich, zwei Hürden nebeneinander auf der Zielgeraden, zwei im Anspielkreis und zwei auf der Gegengeraden für den Rundlauf des Schlussteil aufzubauen (vgl. Abb. 14). Die anderen Hürden können bereits abgebaut werden und kommen an den Rand.

Materialbedarf: Wassergraben und sechs Hürden.

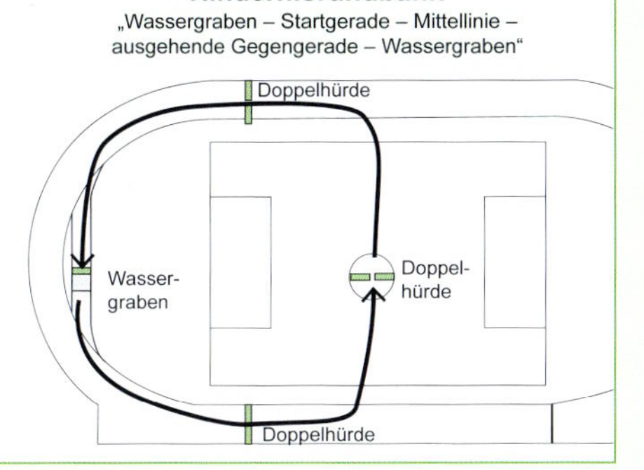

Abb. 14: Aufbauskizze Hindernisrundlauf (vgl. Material „Aufbau-skizze“)

Sich der Situation annähern

Die Schüler überlaufen die Aerobic Steps oder einen dreiteiligen Kasten und imitieren den Schrittsprung über den Wassergraben bis zu einem weißen Klebebandstreifen. Die Steps – es handelt sich um den ersten Lernschritt und der Untergrund ist hart – sind etwas niedriger als der Hindernisbalken. Das Bein gebeugt auf den Steps oder dem Kasten aufsetzen, abdrücken, einbeinig auf dem Klebestreifen landen, der entfernungsmässig fast der Stelle (2,50 m – 3 m) entspricht, an der später im Wasser gelandet wird. Weiterlaufen! Das Ganze fünfmal.

Hinweis: Es geht bei halbwegs sportlichen Klassen auch ohne die Alternative.

Anmerkung: Die Steps müssen besser aneinander fixiert werden als es im Video zu sehen ist.

Materialbedarf: Dreiteiliger Kasten mit Klebestreifen, zehn Aerobic Steps.

2

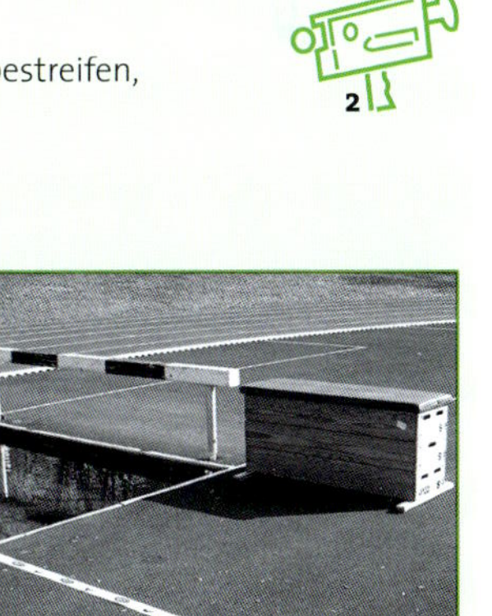

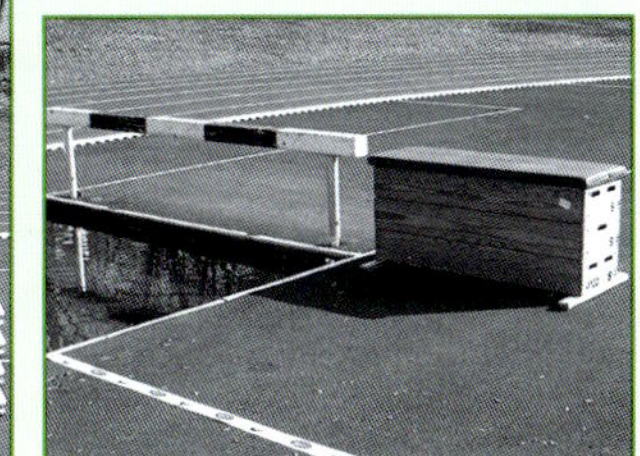

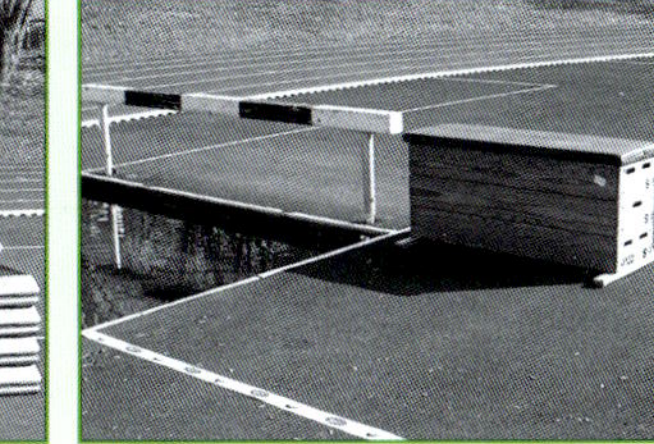

Bild 61/62: Wassergraben-Imitation mit Aerobic Steps bzw. 3-teiligem Kasten

Stundenabschnitte und Unterrichtsinhalte	Organisatorische Hinweise

„Aufschaukeln" am Hindernisbalken

Jeweils vier Schüler laufen 3–5 Schritte an, setzen ein Bein auf den Balken und heben etwas ab. Ca. auf halber Höhe pendeln sie wieder zurück und führen das Ganze erneut durch, diesmal mit etwas mehr Intensität und höher hinauf. Etwa beim dritten oder vierten Mal stehen die Schüler auf dem Balken.
Die Wahl des Beines, das auf den Balken soll, erfolgt gefühlsmäßig, ist meist unbewusst richtig und wie das Schreiben und Essen eine Sache der Händigkeit. Erst beim nächsten Lernschritt machen wir dies zum Thema.

Hinweis: Man kann auch vom Hindernisbalken aus nach dem „Aufschaukeln" beim nächsten Lernschritt am Wasser vorbei agieren. Jedoch ist die Landung gleich an der Schräge und im Wasser komfortabler als in der harten Ebene von 76 cm aus.

3

Materialbedarf: Hindernisbalken.

Bild 63: Aufschaukeln am Wassergraben

Vor dem Überlaufen des Wassergrabens: „Theorie II" mit Aufgabenblatt und anschließender Demonstration

Die Gruppen erhalten ein Aufgabenblatt (vgl. Material „AB_Wassergraben") zum Anlaufen an den Balken, zum Überwinden des Balkens und zur Landung.

Arbeitsblatt: Online verfügbar (s. S. 177) zum Ausdrucken (vgl. Material „AB_Wassergraben"), enthält ein Foto vom Überlaufen und folgende Fragen zum Bewegungsablauf, denen hier an dieser Stelle die Antworten für den Lehrer beigefügt sind.

1. Frage: Welches Bein wird auf den Balken gesetzt? Welches Bein überwindet den Wassergraben? Wie wird der Balken angegangen?

Antwort: *Ca. 10 Schritte vor dem Balken steigern und etwa 1,50 m vor dem Balken abdrücken. Das Sprungbein (vielfach links) wird in der Regel am Balken aufgesetzt. Dass das hinkommt, ist eine Sache der Antizipation. Das Schwungbein (vielfach rechts) überwindet den Graben, denn dies ist die Hauptaktion und wird mit dem geschickteren Bein angegangen.*

Materialbedarf: Arbeitsblätter (vgl. Material „AB_Wassergraben") und Stifte in Klassenstärke, Hindernisbalken.

Überlaufen des Wassergrabens

- Wie wird an den Balken angelaufen?
- Welches Bein wird auf den Balken gesetzt? Welches Bein überwindet den Wassergraben?
- Was ist beim Überlaufen des Balkens wichtig?
- Wie könnte die Landung richtigerweise aussehen?

Abb. 15: Aufgabenblatt

Stundenabschnitte und Unterrichtsinhalte	Organisatorische Hinweise

2. Frage: Was ist beim Überlaufen des Balkens wichtig?

Antwort: *Das am Balken aufgesetzte Bein im Knie beugen. Den KSP niedrig halten („Katzenbuckel") und über den Balken schieben. „Nur nach vorne abdrücken".*

3. Frage: Wie könnte die Landung richtigerweise aussehen, und warum landet man an der Schrägen und im Wasser?

Antwort: *Aus dem Schritt„sprung" heraus unbedingt einbeinig landen, 30 cm vor dem Grabenende gelenkschonend an der Schrägen und im abfedernden Wasser. Der KSP muss sich fast oder nur wenig hinter der Landestelle befinden, damit nahtlos weitergelaufen werden kann.*

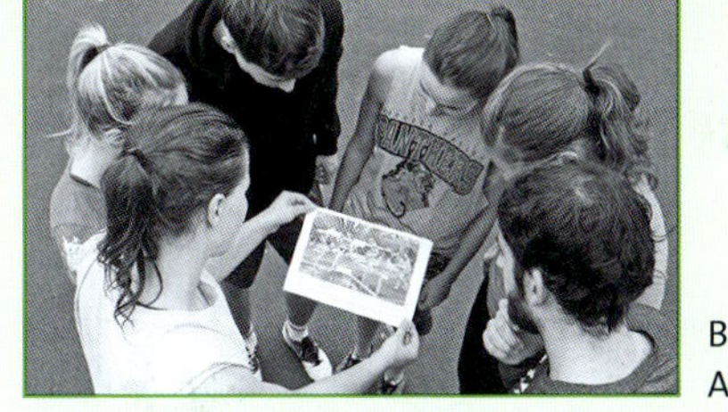

Bild 64: Schülergruppe mit Aufgabenblatt

Hinweis: Die Antworten sind online verfügbar (s. S. 177) als „AB_Wassergraben_Lsg".

Demonstration

Anschließend versucht ein ausgewählter Schüler aus einer der Gruppen zu demonstrieren, wobei der Bewegungsablauf von dessen Gruppe natürlich halbwegs richtig beschrieben sein sollte. Hier kommt gegebenenfalls der Lehrer nochmals kurz ins Spiel.

Materialbedarf: Keiner.

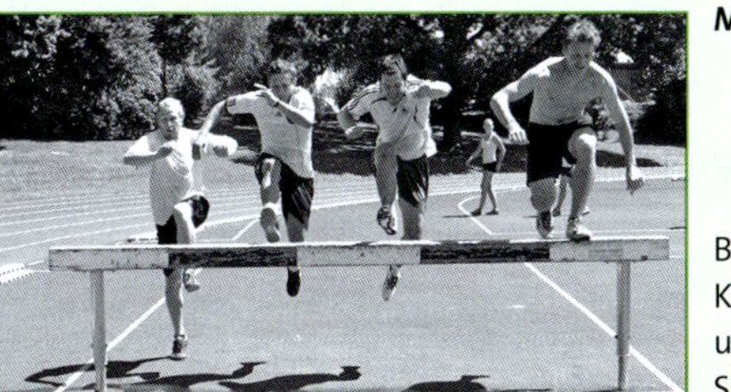

Bild 65: Bein aufsetzen, Knie beugen, KSP tief und vorschieben, langer Schritt nach vorne-unten.

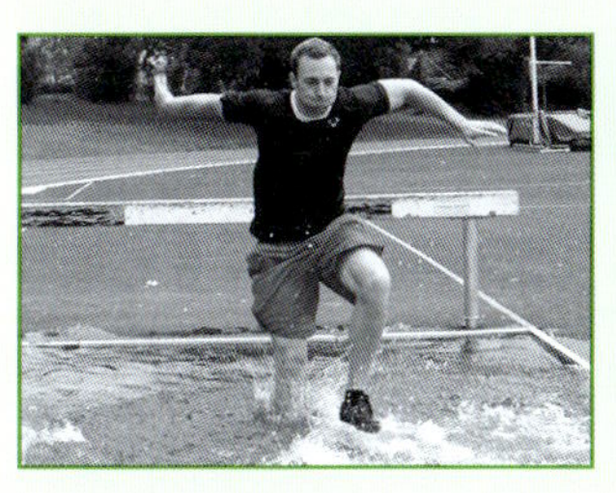

Bild 66: Falsch: Nicht zu tief im Wasser landen

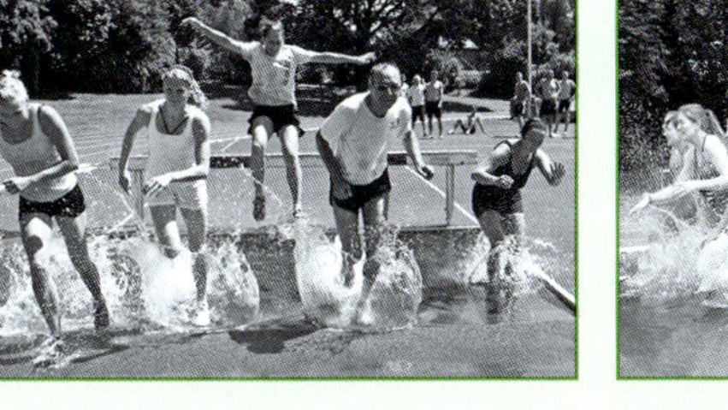

Bild 67: Falsch: Nicht beidbeinig landen (Mitte hinten)

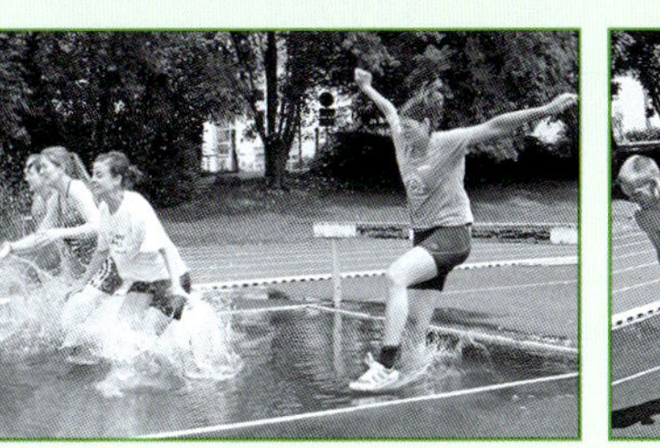

Bild 68: Falsch: Beidbeiniges Landen = „Kacherl"-Landung

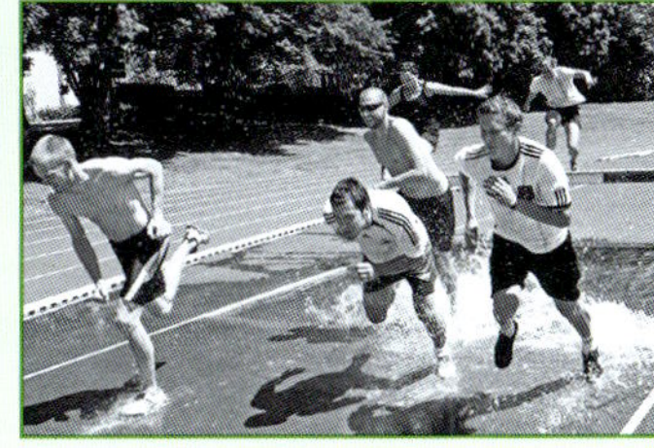

Bild 69: Richtig: Weiterlaufen

Stundenabschnitte und Unterrichtsinhalte	Organisatorische Hinweise

Einzelnes Überlaufen des Wassergrabens im Klassenverband

Jetzt laufen alle Schüler: Evaluation in der Praxis.

Materialbedarf: Wassergraben.

Hinweis: Das Technikleitbild ist online verfügbar (s. S. 177) und kann zur visuellen Verdeutlichung groß ausgedruckt werden (vgl. Material „Technikleitbild_Hindernis").

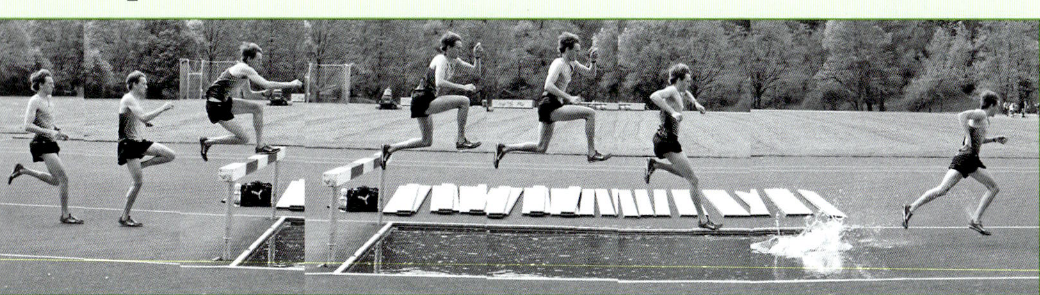

Bild 70: Technikleitbild eines Könners. Überlaufen des Wassergrabens einzeln

Unterlaufen einer Hochsprunglatte

Zwei größere Schüler halten eine Hochsprunglatte mit einem Arm nach oben – direkt über dem zu überlaufenden Hindernis. Dadurch wird das Einnehmen der „Katzenbuckelhaltung" gefördert.

Materialbedarf: Wassergraben und eine Hochsprunglatte.

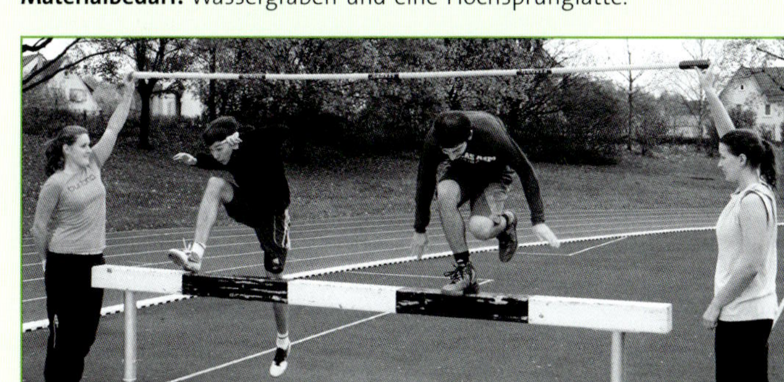

Bild 71: Latte unterlaufen

Überlaufen des Wassergrabens im Pulk

Wenn eine gewisse Sicherheit da ist, dann ist es am schönsten, etwa zu fünft gemeinsam über den Wassergraben zu laufen, ein bisschen (ohne nennenswert zu rempeln) um die Positionen vorne oder gar links vorne zu rangeln.

Hinweis: Rennschuhe bieten mehr Sicherheit!

Materialbedarf: Wassergraben.

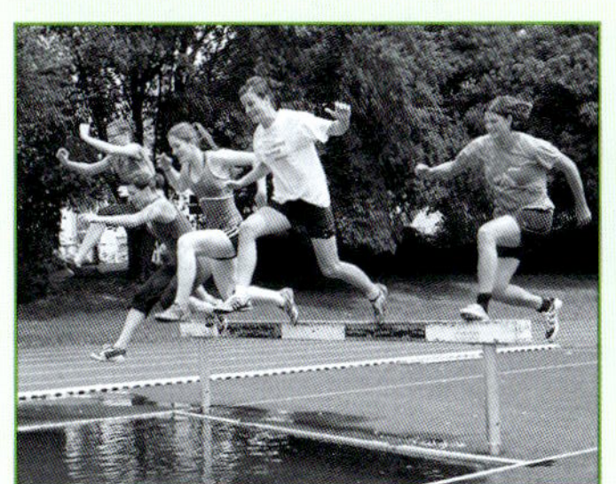

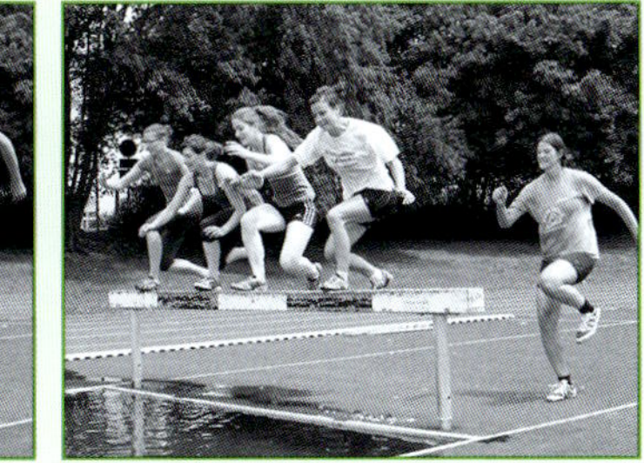

Bild 72/73: Überlaufen des Wassergrabens im Pulk

Vor den Abschluss-Runden: „Theorie III“ als Beurteilung mehrerer Läuferinnen bei einem Wettkampf (Pressefoto)

Das Aufgabenblatt stellt fünf Läuferinnen bei einem Leichtathletik-Meeting unter Wettkampfbedingungen dar. Dabei soll die Hindernisüberquerung beurteilt werden (freie Kästchen für Plus und Minus). Einer aus jeder Gruppe bespricht das Bild mit der Klasse.

Hinweis: Aufgaben- bzw. Lösungsblatt sind online verfügbar (s. S. 177) zum Ausdrucken (vgl. Material „AB_Beurteilung“ bzw. „AB_Beurteilung_Lsg_1“ und „AB_Beurteilung_Lsg_2“).

Materialbedarf: Aufgabenblatt in Gruppenstärke, Wassergraben.

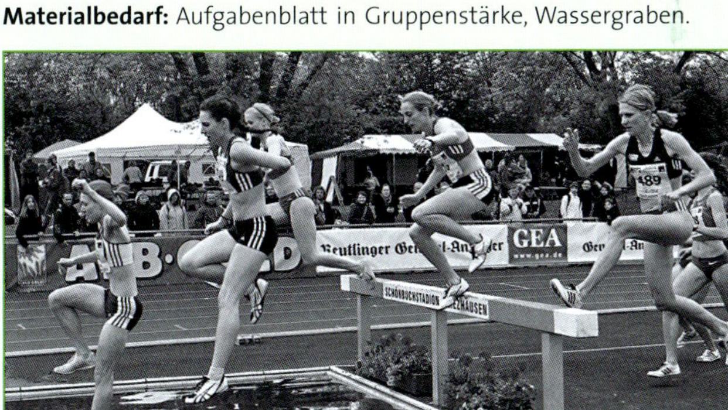

Bild 74: Aufgabenblatt zur Beurteilung der Wassergrabentechnik: 2000 m Hindernis Frauen unter Wettkampfbedingungen (Foto: Werner Dreher)

Stundenabschnitte und Unterrichtsinhalte	Organisatorische Hinweise

Schluss (Wettbewerbsform)

Der Wassergraben unter Ausdauerbedingungen

Sofern noch nicht geschehen, baut der Lehrer mit der Klasse für den abschließenden Rundlauf die drei Hürdenpaare (vgl. Abb. 16 und Material „Aufbauskizze") auf. Alternativ können statt der Hürdenpaare natürlich auch Hindernisbalken verwendet werden, sofern diese im Stadion zur Verfügung stehen.
„Zum Schluss eine Wettbewerbsform". Damit gemeint ist der Vergleich mit sich selber, nicht unbedingt ein Rennen: *„Schaffe ich fünf Runden?"* oder *„Schaffe ich 15 Minuten?"* Das genügt in der Regel, denn der Wassergraben fühlt sich ganz anders als bisher an, wenn er zum wiederholten Male beim Rundlauf überlaufen werden muss.

Das Ende der Stunde hängt von der Jahreszeit, vom Wetter und von der Einstellung der Schüler und des Lehrers ab.

Hinweis: Bei sehr leistungsmotivierten Klassen könnte am Anfang ein zu starker Wettbewerbscharakter auftreten, der bei zu vielen Schülern gleichzeitig auf dem Balken möglicherweise zu kritischen Landesituationen führen kann. Je nach Klassengröße empfiehlt es sich daher, ggf. zwei Teilgruppen auf die Strecke zu schicken.

Materialbedarf: Wassergraben und sechs Hürden.

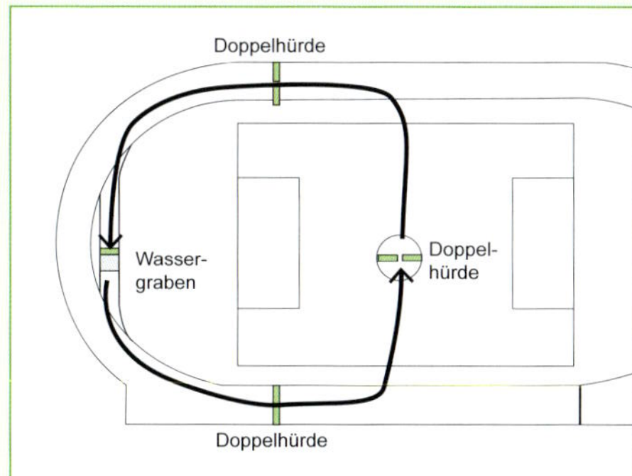

Abb. 16: Aufbauskizze Rundlauf

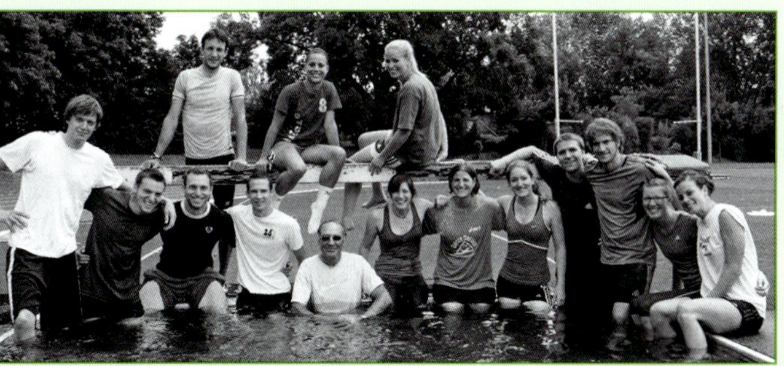

Bild 76: Track and field is life!

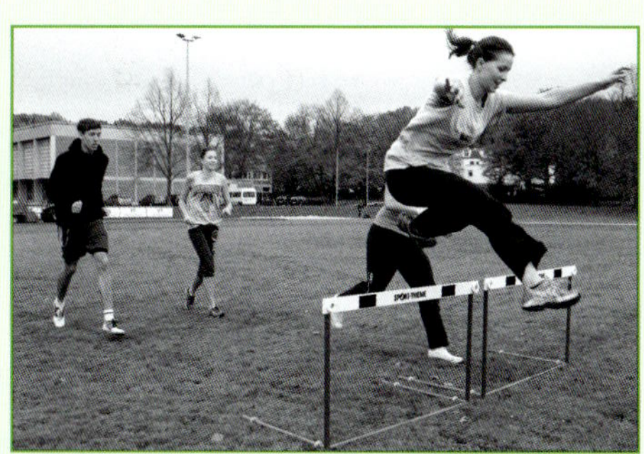

Bild 75: Schüler beim Rundlauf

4 Doppelstunde 4: Theorie und Praxis der Ausdauer – „Pulswerte beim Fahrtspiel“

Einführung

Die Fähigkeit, ausdauernd laufen zu können, stellt nicht nur in der Leichtathletik, sondern in vielen Sportarten die physische Basis dar. Entsprechend wichtig ist die Ausbildung dieser Fähigkeit auf ein Niveau, das ein freudvolles Betreiben so mancher Sportart und das Bewältigen bestimmter Disziplinen in der Leichtathletik ermöglicht.

In der Unterstufe ging es um ein kindgerechtes spielerisches „Schmackhaft-Machen“ von ersten Ausdauerbelastungen, in der Mittelstufe zunächst um den Auf- oder Ausbau von Tempo- und Zeitgefühl, dann um etwas längere Belastungen, die aber von Pausen unterbrochen waren: Stern- oder Schmetterlings-Orientierungsläufe (vgl. Doppelstunde *„Ausbau der Ausdauer“* im Band 2). Ziel war es, abschließend zu einem zusammenhängenden Laufen zu kommen: Kreis-Orientierungslauf oder wahlweise Minuten-Alterslauf. Die Belastung war jedoch immer dominant aerob, und in den Pubertätsklassen wurde besonderer Wert auf die Motivation gelegt – daher auch die Formen des „Laufens und Suchens“ anstelle weitgehend „aufgabenlosen Joggens“.

In der Oberstufe kommt nun eine kognitive Komponente hinzu. Über praktische Erfahrung vermitteltes Handlungswissen rückt mit in den Vordergrund der Stunde. Mit der aeroben Grundlagen- und der anaerob-laktaziden Schnelligkeitsausdauer sollen den Schülern die beiden wesentlichen Ausdauerfähigkeiten gezeigt bzw. nahe gebracht werden. Dann müssen – bislang wurde das Stehvermögen mit seiner großen Energieflussrate bei unzureichender Verstoffwechslung von Sauerstoff und massiver Laktatproduktion ausgeklammert – beide Arten der Belastung bzw. der Energiebereitstellung im Unterricht nun aber auch vorkommen. Hierfür eignet sich die Mischform des Fahrtspiels (Fartleks) besonders gut.

Kompetenzen

Motorisch: Die Schüler können ein 30-minütiges Fahrtspiel mit wechselnden Intensitäten (Einlaufen, Steigerung, Trabpause, Sprints, Gehpause, Auslaufen) körperlich durchhalten.

Kognitiv: Die Schüler können ihre Herzfrequenz messen, haben die Unterschiede zwischen Grundlagenausdauer und Schnelligkeitsausdauer erfahren und den wesentlichen physiologischen Hintergrund verstanden.
Die Schüler kennen das Training der Grundlagenausdauer und der Schnelligkeitsausdauer in Grundzügen.

Sozial-kommunikativ: Die Schüler können ihre ausdauerspezifischen Fähigkeiten in einer Wettkampfsituation anwenden und sich dabei auf einen mitlaufenden Partner einstellen.

Didaktisch-methodische Anmerkungen

Das Aufwärmen besteht nur aus einigen Dehnübungen und wird ansonsten wie üblich als „Einrollen“ in das Fahrtspiel integriert.
Zu viel Laufen vorweg limitiert ansonsten unter Umständen das halbstündige Fahrtspiel. Dieses weist einen Dauerlaufanteil, Steigerungen, Trabpausen, Sprints und Gehpausen mit Auslaufen auf.
Die Herzfrequenz wird sehr stark schwanken. Die Schüler messen und notieren sie an bestimmten Stellen. Damit verbunden werden auch die einzelnen Abschnitte des Fartleks unterschiedlich wahrgenommen werden: Atem, Oberschenkel usw.

Diese körperlichen Empfindungen sind zentral: Die Theorie muss „erfühlt“ worden sein. Nur das vermittelt Handlungswissen.
Es geht nicht um den Zitronensäurezyklus im Detail, sondern um die wesentlichen Zusammenhänge des oxidativen Trainings einerseits und des laktaziden Trainings andererseits. Der Schüler muss die Begriffe „ATP“, „Creatinphosphat“, „Glukose“, „Glykolyse“, „Pyruvat“, „Coenzym A“, „Laktat“ oder „Pufferkapazitäten“ in dieser Doppelstunde nicht gehört haben. Er soll seinen Puls messen können und wissen, dass hohe Intensitäten kürzere Distanzen und längere Pausen, mittlere Intensitäten längere Distanzen und kürzere Pausen bzw. keine bedingen. Die hohen Intensitäten tendieren

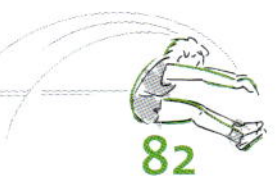

eher in Richtung Schnelligkeitsausdauer, die mittleren Intensitäten eher in Richtung Grundlagenausdauer.

Ein Mannschaftspaarlauf mit dem (rechnerischen) Ziel „Gemeinsam 10 Kilometer“ zu laufen, schließt die Stunde nach der Reflexionspause zum Fahrtspiel ab.

Hinweise zur Vorbereitung

Die Schüler sollten in der vorausgehenden Stunde darauf hingewiesen werden, zur heutigen Stunde einen Stift mitzubringen. Alternativ kann der Lehrer auch einen Klassensatz Stifte selber mitbringen. Die zwei Arbeitsblätter zur Pulserfassung und zur Fahrtspielreflexion (vgl. Material „AB_Fahrtspiel“ bzw. „AB_Vier-Felder-Schema“) müssen vom Lehrer im Vorfeld ausgedruckt und in Klassenstärke kopiert werden (online verfügbar, s. S. 177).

Natürlich kann – wenn vorhanden – mit Pulsuhren gearbeitet werden. Die Problematik der Aussagekraft von Herzfrequenzen ist den Autoren bewusst, doch kann im Schulsportunterricht nicht für jeden Schüler eine individuelle anaerobe Schwelle bestimmt werden. Und diese Problematik gilt für Pulsuhren genauso wie für den am Hals gemessenen Puls. Als grobes Hilfsmittel zur Belastungssteuerung ist auch ein nicht ganz exakt bestimmter Belastungspuls für das Ziel dieser Doppelstunde durchaus brauchbar.

Doppelstunde 4: *Theorie und Praxis der Ausdauer – Pulswerte beim Fahrtspiel*

Stundenabschnitte und Unterrichtsinhalte	Organisatorische Hinweise

Einleitender Stundenteil (Aufwärmen)

***Allgemeines Aufwärmen* „Dehnen“**

Ansage
„Heute findet kein separates Warmlaufen statt. Es ist in den langsam steigernden Hauptteil zum Thema Ausdauer integriert. Zunächst machen wir nur ein paar Dehnübungen für den Beinbereich“.

Die Klasse absolviert zusammen mit dem Lehrer ein kurz gehaltenes Dehnprogramm. Ergänzend zur Erklärung und Demonstration der Dehnübung bekommen die Schüler eine altersgemäße Information über den gedehnten Muskel/die gedehnte Muskelgruppe und dessen/deren Funktion beim Sprinten.

Pro Übung 20 sec Haltedauer → danach lockern

- Übung (1) → In Schrittstellung leicht nach unten absitzen.
- Übung (2) → Im Sitz die Fußsohlen aneinanderbringen und die Oberschenkel mit den Ellbogen Richtung Boden drücken.
- Übung (3) → Im Langsitz die Hände bei durchgedrückten Knien in Richtung der Fußspitzen bringen.
- Übung (4) → Einen Fuß am Knöchel fassen und Richtung Gesäß ziehen.

Materialbedarf: Keiner.

Aufstellung in Halbkreisformation.

Abb. 17: Aufstellung in Halbkreisformation

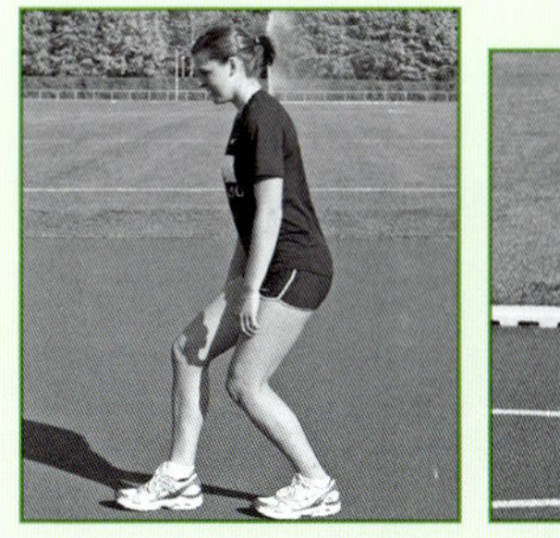
Bild 77: Untere Wadenmuskulatur

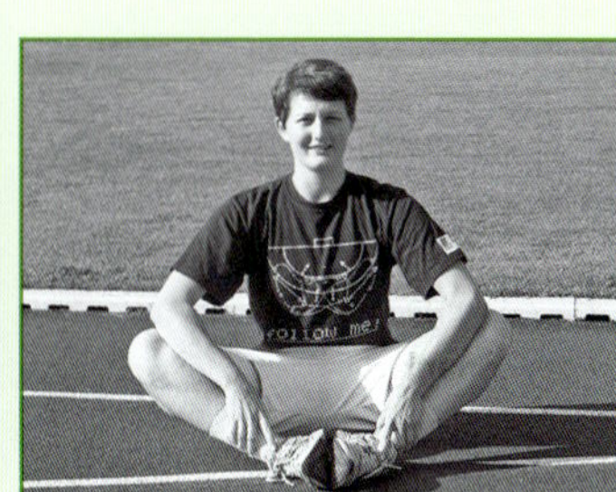
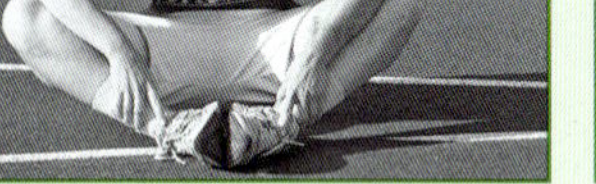
Bild 78: Adduktoren

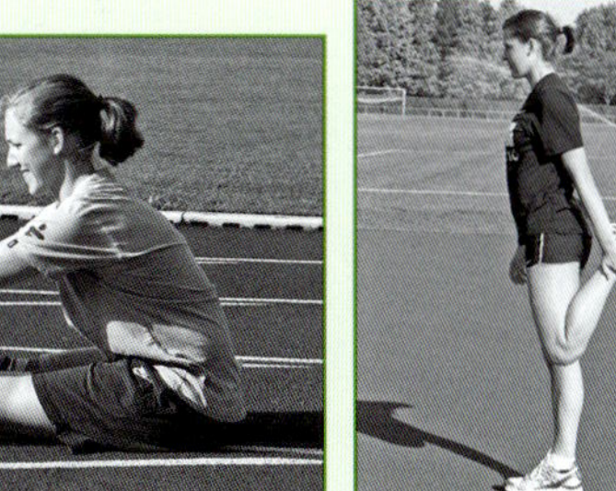
Bild 79: OS-Rückseite im Langsitz

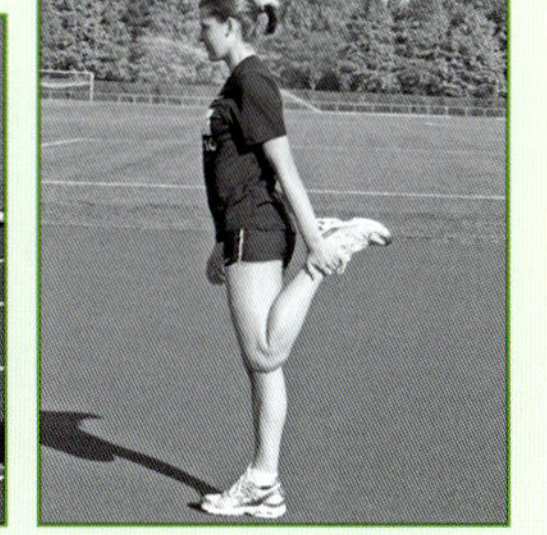
Bild 80: OS-Vorderseite

Hauptteil

Einführung in das Fahrtspiel und in das Messen der Herzfrequenz

Die Schüler sammeln sich beim Lehrer. Der Klasse wird kurz erklärt, dass der Puls etwas über die Art der Ausdauerbeanspruchung aussagt, was man anhand eines Fahrtspiels mit seinen schwankenden Intensitäten besonders gut erkennen kann und in der Pause nach dem Laufen reflektiert wird. Anschließend erklärt der Lehrer den Schülern, wie und an welchen Stellen am menschlichen Körper der Puls gemessen werden kann. Alternativ lässt er die Erklärung einen Schüler als Wiederholung aus dem Biologieunterricht geben.

Die Schüler erhalten ein Blatt ausgeteilt, in das sie ihre Herzfrequenzen an bestimmten Stellen eintragen sollen. Zwischen „Los“ und „Stopp“, das der Lehrer vorgeben wird, ist 10 Sekunden lang der Puls an der Halsschlagader zu messen, die Zahl mit sechs zu multiplizieren und zu notieren. Dann wird weitergelaufen. Nach dem jeweiligen Anhalten soll möglichst rasch die Halsschlagader gesucht werden.

Die Schüler führen nun eine erste Pulsmessung durch und notieren diese als *„Puls zu Beginn in Ruhe“* (Ruhepuls) auf ihrem Arbeitsblatt.

Materialbedarf: Für jeden Schüler ein Arbeitsblatt und einen Stift zum Notieren der Herzfrequenz an bestimmten Stellen. Das Arbeitsblatt ist in Abbildung 18 dargestellt und online verfügbar (s. S. 177) (Material „AB_Fahrtspiel“) zum Audrucken.

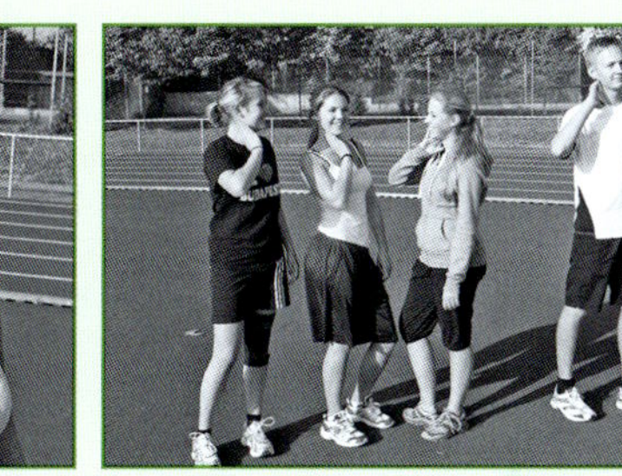

Bild 81: Messen an der Halsschlagader

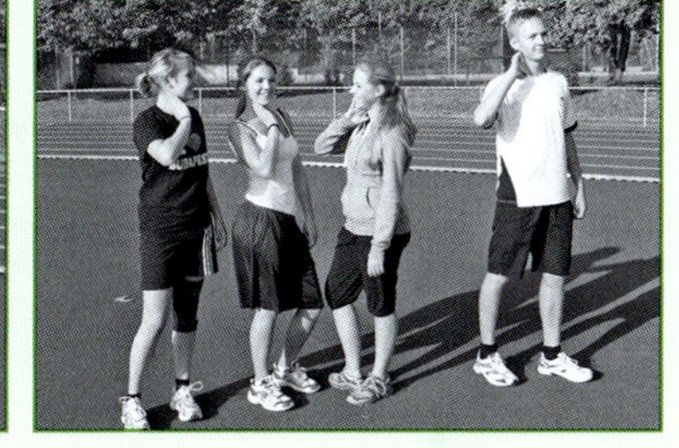

Bild 82: Schüler beim Pulsmessen

Fahrtspiel mit Notieren der Pulswerte

Der Lehrer erklärt der Klasse die selbstständige Durchführung des Fahrtspiels anhand des Arbeitsblattes und klärt ggf. noch offene Fragen.

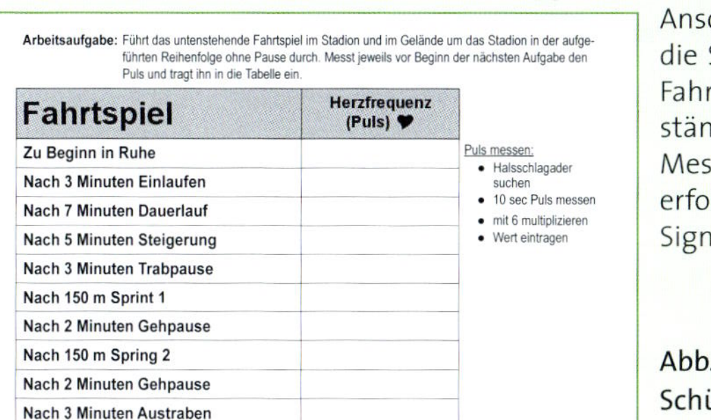

Arbeitsaufgabe: Führt das untenstehende Fahrtspiel im Stadion und im Gelände um das Stadion in der aufgeführten Reihenfolge ohne Pause durch. Messt jeweils vor Beginn der nächsten Aufgabe den Puls und tragt ihn in die Tabelle ein.

Fahrtspiel	Herzfrequenz (Puls) ♥
Zu Beginn in Ruhe	
Nach 3 Minuten Einlaufen	
Nach 7 Minuten Dauerlauf	
Nach 5 Minuten Steigerung	
Nach 3 Minuten Trabpause	
Nach 150 m Sprint 1	
Nach 2 Minuten Gehpause	
Nach 150 m Spring 2	
Nach 2 Minuten Gehpause	
Nach 3 Minuten Austraben	

Puls messen:
- Halsschlagader suchen
- 10 sec Puls messen
- mit 6 multiplizieren
- Wert eintragen

Abb. 18: Schülerarbeitsblatt zum Fahrtspiel

Anschließend führen die Schüler das Fahrtspiel selbstständig durch. Das Messen des Pulses erfolgt auf ein Signal des Lehrers.

Materialbedarf: Das Arbeitsblatt aus der Einführung wird weiter verwendet.

Hinweise: Das Fahrtspiel kann im Stadion und seinem Umfeld durchgeführt werden. Dieser Laufbereich ist für den Lehrer überschaubar und zur Pulsmessung kann er durch eine Trillerpfeife die notwendigen akustischen Signale (10-Sekunden-Intervalle) geben.

Im Gelände durchgeführt ist das Fahrtspiel allerdings schöner, denn dies ist auch die Wurzel des skandinavischen Fartleks. Nachteil der Durchführung im Gelände ist, dass die Klasse bei unterschiedlichen Lauftempi weit auseinandergezogen läuft. Eine zentral vom Lehrer gesteuerte Pulsmessung ist dann nicht möglich. Die Schüler müssen daher alle über eine Möglichkeit zur Kurzzeitmessung (Uhr oder Handy) verfügen und die Pulsmessung selbstständig durchführen.

Die Stunde läuft möglicherweise besser, wenn die Schüler sehen, dass der Lehrer auch mitmacht.

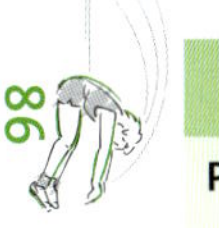

Pause und Reflexion

Alternative 1: fragend-entwickelnd im Plenum

Variierbare mögliche Fragen (Lösungen vgl. Material „Ausdauerfragen"):
- Wie hoch war der Puls an welcher Stelle der Laufstrecke?
- Decken sich unsere Werte grob mit diesen allgemeinen Fahrtspielangaben der Abbildung?
- Warum schwankt die Herzfrequenz?
- Warum haben wir den Puls am jeweiligen Belastungsende möglichst rasch gesucht, warum 10 Sekunden gezählt und mal sechs genommen, nicht 15 Sekunden mal vier?
- Wie viel ist sie in der Pause gesunken?
- Wie fühlte sich die Belastung welcher Stelle an (Atem, Muskeln)?
- Welche zwei wesentlichen Ausdauerarten wurden bei diesem Fahrtspiel angesprochen? Denkt an den 7-min-Dauerlauf und an die 150-m-Sprints?
- Wie könnte man sie trainieren?
- Hängen Belastung und Pausen zusammen?
- Wann Geh-, wann nur Trabpause?

Eventuell und abhängig von den Kenntnissen aus dem Biologieunterricht:
- Woher kommt die Energie?
- Bei welchen Distanzen (100, 400, 1000, 5000) könnte welche Art der Energiebereitstellung dominieren?

Hinweis: Zur Vertiefung der biologischen Grundlagen (vgl. Material „Fragen_Fahrtspiel").

Decken sich unsere Werte grob mit diesen Pulsangaben?

① Einlaufen
② Dauerlauf
③ Tempo-steigerung oder bergauf
④ Trab-pause
⑤ 150-m-Sprints
⑥ Geh-pausen
⑦ Austraben

Herzfrequenz/Minute
Trainingszeit in Minuten

Pulswerte der Graphik	
zu Beginn	70
nach 3min Einlaufen	140
nach 7 min Dauerlauf	140
nach 5min Steigerung	170
nach 3min Trabpause	130
nach 150-Sprint	190
nach 2min Gehpause	120
nach 150-m-Sprint	190
nach 2min Gehpause	120
nach 3min Austraben	130

Materialbedarf: Schülerarbeitsblatt und Abbildung 19 auf A3 hochkopiert.

Hinweise: Die durch die Schüler gemessenen Pulswerte werden unterschiedlich sein und mehr oder weniger vom idealtypischen Kurvenverlauf des Fahrtspielbeispiels abweichen. Das liegt allein schon an der Messungenauigkeit und möglichen Rechenfehlern. Aber der Unterschied zwischen Belastung und Erholung sowie zwischen aerob und anaerob wird auf alle Fälle erkennbar sein.

Fahrtspiel	Herzfrequenz (Puls) ♥
Zu Beginn in Ruhe	72
Nach 3 Minuten Einlaufen	138
Nach 7 Minuten Dauerlauf	144
Nach 5 Minuten Steigerung	168
Nach 3 Minuten Trabpause	132
Nach 150 m Sprint 1	186
Nach 2 Minuten Gehpause	120
Nach 150 m Spring 2	192
Nach 2 Minuten Gehpause	126
Nach 3 Minuten Austraben	132

Abb. 19: Von einem Schüler gemessene Werte während des 30-minütigen Fahrtspiels

Das genügt, um die wesentlichen Fragen besprechen zu können. Wichtig ist, dass sie praxisnah sind. „Die Theorie muss erfühlt worden sein". Nur das vermittelt Handlungswissen über die grundlegenden Zusammenhänge: Grundlagenausdauer bedeutet einen ruhigen Atem. Der nicht völlig Untrainierte empfindet sie als angenehm. Schnelligkeitsausdauer „tut weh", verlangt „Biss", meint Sauerstoffschuld, die hernach durch ein stark aktiviertes Atmungssystem abgedeckt wird und auch muskulär spürbar ist.

Und so werden die beiden Ausdauerarten im Hinblick auf die Intensität auch trainiert. Ist letztere hoch, sind die Distanzen kürzer, die Pausen länger und eher passiv; ist sie mittel, dann genügt eine Trabpause.

Abb. 20: Belastungstheorie eines 30-minütigen Fahrtspiels

Alternative 2: Gruppenarbeitsphase mit Vier-Felder-Schema und anschließender Zusammenführung der Ergebnisse im Plenum

Die Klasse wird in Vierergruppen aufgeteilt. Jede Gruppe erhält ein Arbeitsblatt nach der Vier-Felder-Methode (vgl. Bild 83). In jedem Außenfeld ist eine Frage formuliert. Aufgabe der Gruppe ist es nun, zunächst einzeln jeweils eine Frage zu bearbeiten und wesentliche Fakten im entsprechenden Feld festzuhalten.

Anschließend wird das Arbeitsblatt um 90° gedreht und jeder Schüler bearbeitet nun die nächste Frage. Da diese aber bereits von einem Schüler bearbeitet wurde, ergänzt er „nur noch“ fehlende Teile. Nach vier Durchläufen hat jeder Schüler sich intensiv mit allen vier (ausgewählten) Fragen auseinandergesetzt.

Die Antworten werden anschließend im Plenum besprochen.

Materialbedarf: Stifte für alle Schüler und für jeweils vier Schüler ein kopiertes Vier-Felder-Schema (vgl. Material „AB_Vier-Felder-Schema“).

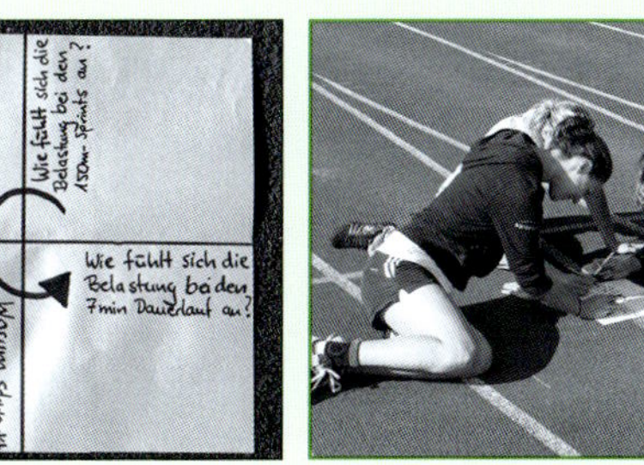

Bild 83: Vier-Felder-Schema

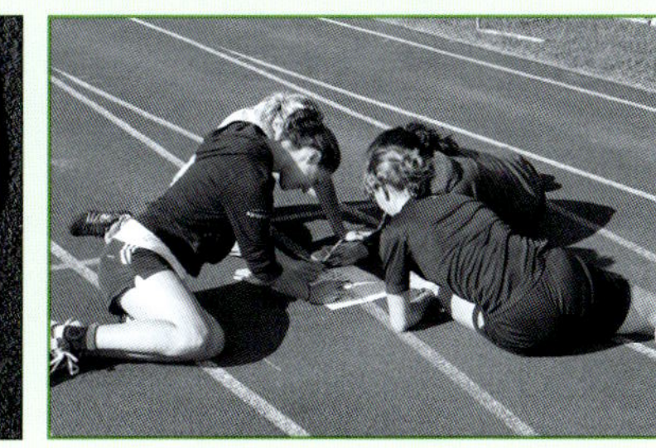

Bild 84: Schüler beim Bearbeiten eines Vier-Felder-Schemas

Plenum

Die Schüler können die mit dem Fahrtspiel gemachten Erfahrungen entweder untereinander besprechen und hernach berichten oder dies gleich mit dem Unterrichtenden tun. Die gruppenorientierte Vorgehensweise bedarf gewisser Aufgaben und eines anschließenden „Plenums“. Wird gleich im Plenum gearbeitet, empfiehlt sich eine fragend-entwickelnde Form.

Materialbedarf: Keiner.

Hinweis: Falls die Reflexion bereits im Plenum vorgenommen wurde, fällt die „Plenumsphase“ weg. Falls die Reflexion in einer gruppenorientierten Methode vorgenommen wird, muss zum Schluss für alle Schüler eine gemeinsame Wissensbasis im Plenum gesichert werden.

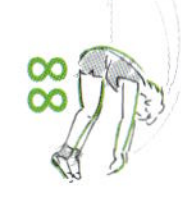

Stundenabschnitte und Unterrichtsinhalte	Organisatorische Hinweise

Schluss (Wettbewerbsform Mannschafts-Paarlauf)

Showdown: Staffel-Mannschafts-Paarlauf über 10 km als drei persönliche „kleine Mittelstrecken"

Die Klasse sammelt sich im Zielbereich der Laufbahn und wird nach folgendem Schema in Mannschaften eingeteilt:

16 bis 23 Schüler → zwei Teams zu je vier Paaren

24 bis 31 Schüler → drei Teams zu je vier Paaren

32 bis 40 Schüler → vier Teams zu je vier Paaren

Jedes Paar läuft dreimal eine Runde = 1200 m/Person = 2400 m/Paar x 4 Paare = 9,6 km pro Mannschaft als Motivation. Zwischendurch hat jedes Paar jeweils drei Runden Pause.
Die Übergabe des Laufrechts erfolgt durch Abschlagen mit der Hand.

Regeln

- Es wird immer paarweise (bzw. zu dritt) gelaufen.
- Der „Schwächere" bestimmt das gemeinsame Lauftempo.
- Ein Paar (Drilling) muss *gemeinsam* im Ziel sein, bevor das nächste Paar ablaufen kann.

Nach Klärung offener Fragen wird der Staffel-Mannschafts-Paarlauf gestartet.

Würdigung der Ergebnisse

Materialbedarf: Eine Stoppuhr für den Lehrer.

Hinweis: Bei Schülerzahlen zwischen den Idealwerten (16, 24, 32) werden die „überzähligen" Schüler jeweils einem Tandem zugeteilt, so dass dann aus diesen Tandems jeweils ein „Drilling" wird, der wie ein Tandem zählt.

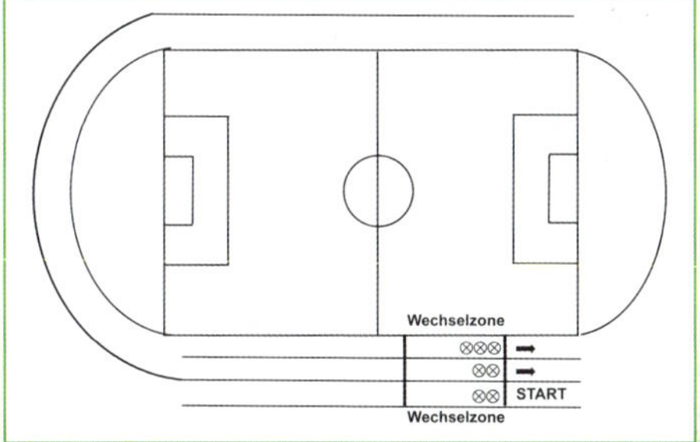

Abb. 21: Grundaufstellung

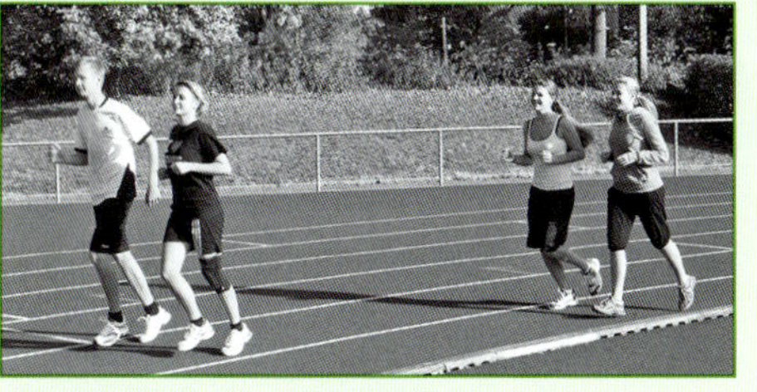

Bild 85: Tandems beim Laufen

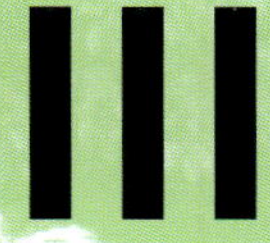

Springen – Vier Doppelstunden für die Klassen 10 bis 12

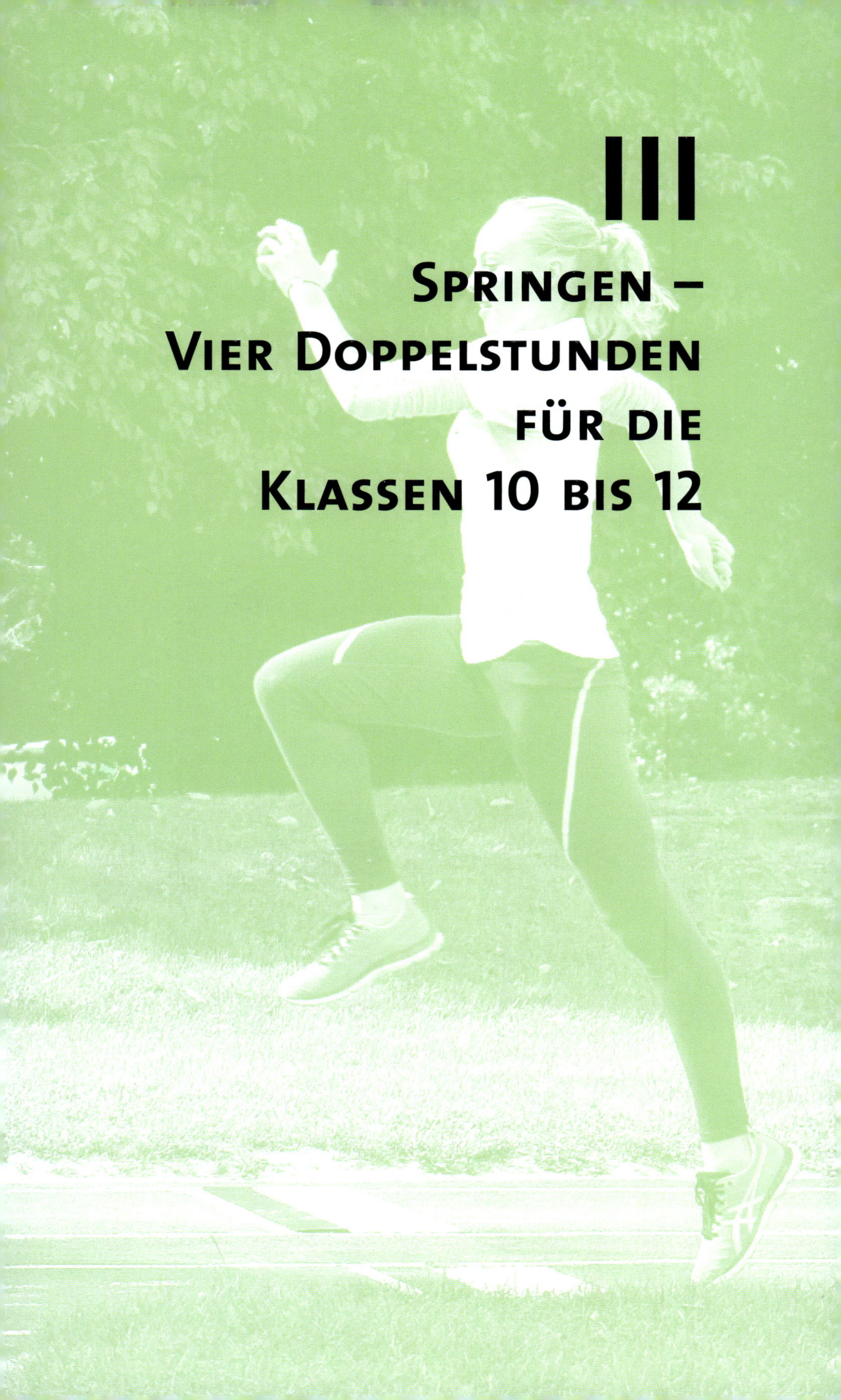

1 Doppelstunde 5: Theorie und Praxis des Sprungkrafttrainings – „Der Dehnungs-Verkürzungs-Zyklus“

Einführung

Die Vorbereitung des Absprungverhaltens stellt in der Schule eine ganzjährige Aufgabe dar. Es gibt fast keine Sportart, in der das Absprungverhalten nicht benötigt wird und sinnvoll geschult werden kann. Sprünge tauchen in allen vier großen Ballspielen auf. Diese machen nach wie vor den überwiegenden Anteil des schulischen Sports aus. Sprünge tauchen aber auch in der Leichtathletik, beim Turnen, beim Schwimmen und in der Gymnastik auf. Für den Sportlehrer macht es daher Sinn, die Sprungkraftschulung bei der

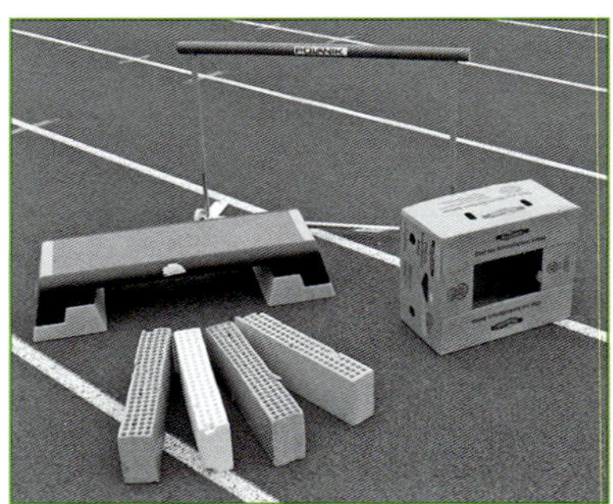

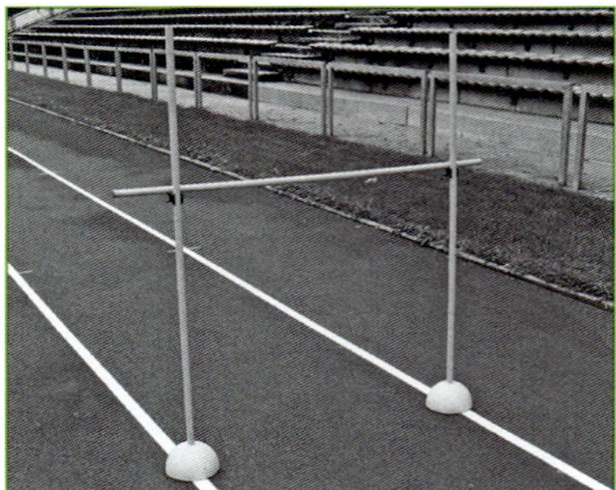

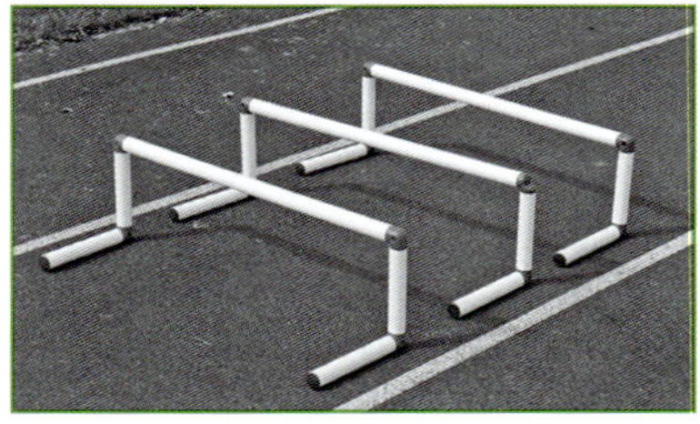

Bild 86/87/88:
Unterschiedliche Sprunghilfen

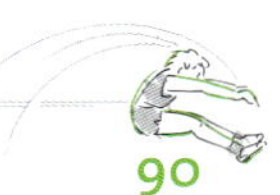

Jahresplanung sportartübergreifend in den Blick zu nehmen. Durch ein konsequentes und sinnvolles allgemeines Sprungkrafttraining können die konditionellen Grundlagen soweit entwickelt werden, dass davon in allen Sportarten profitiert werden kann. Das konsequente Wiederholen von Sprüngen in verschiedenen Sportarten lässt darüber hinaus selbst unter schulischen Bedingungen trainingsbedingte Verbesserungen erwarten.

Speziell in den Sprungdisziplinen der Leichtathletik werden die Anforderungen an das Absprungverhalten dann nochmals etwas spezifischer. Hier lohnt sich in der unmittelbaren Vorbereitung der Leichtathletikeinheit bzw. dem Einstieg in die Leichtathletikeinheit eine besondere Schwerpunktsetzung zur Sprungkraftschulung. Dazu soll die vorliegende Doppelstunde beitragen. In der Stunde geht es nach einem experimentellen Einstieg zunächst um eine knappe theoretische Einordnung des Sprungkrafttrainings. Mit Hilfe des Sprungkrafttests lernen die Schüler eine Möglichkeit kennen, die Intensität der Trainingsmittel im nachfolgenden Sprungkrafttraining sinnvoll einschätzen zu können. Danach geht es in die Praxis: Im zweiten Teil der Doppelstunde stehen verschiedene Übungen des allgemeinen Sprungkrafttrainings im Mittelpunkt.

Kompetenzen

Motorisch: Die Schüler können verschiedene Sprungkraftübungen ausführen und in einer Trainingssituation anwenden.

Kognitiv: Die Schüler kennen die wesentlichen Muskelgruppen; die an einer Absprungbewegung beteiligt sind.
Sie wissen, mit welchen Trainingsmitteln die Muskelgruppen speziell angesprochen werden und kennen eine Möglichkeit, die für sie passende Intensitätsstufe zu bestimmen.

Sozial-kommunikativ: Die Schüler können sich in der Gruppe selbstständig organisieren und eine komplexere Aufgabenstellung bearbeiten.

Theoretischer Hintergrund

Das Sprungkrafttraining wird in der trainingswissenschaftlichen Literatur unter verschiedenen Fachbegriffen geführt, z. B. explosiv-reaktives Training, plyometrisches Training, Schlagmethode, reaktives Training oder exzentrisches Training. Unstrittig ist dagegen die Zuordnung zum physischen Leistungsfaktor Kraft. Dort wird das Sprungkrafttraining meist als spezielle Form des Schnellkrafttrainings klassifiziert.

Beim „reaktiven Training“ kommt es nach WEINECK (2002, S. 285) zu einer komplexen Kopplung des Effekts des negativ dynamischen Trainings mit dem des positiv dynamischen. Auf muskelphysiologischer Ebene werden Momente der Vorinnervation, des Dehnungsreflexes *(„Dehnungs-Verkürzungs-Zyklus“)* und der elastischen Komponente des Muskels ausgenutzt.

Am Beispiel eines beidbeinigen Mehrfachsprunges soll dies verdeutlicht werden: Bei der Landung aus dem ersten (Auftakt-)Sprung werden die späteren für die Streckung der Muskulatur verantwortlichen Muskeln (Streckschlinge) durch die bremsenden Kräfte gedehnt. Das führt zu einer Rückmeldung über die Muskelspindeln, die den so genannten Dehnungsreflex auslösen. Dieser löst eine zusätzliche Innervation von ansonsten nicht aktivierten Muskelfasern aus und führt damit zu einer höheren und schnelleren Kraftentwicklung bei der anschließenden Kontraktion. Ab der zweiten Wiederholung in der Serie werden die Sprünge damit höher ausfallen als der erste Sprung.

Wird das Sprungkrafttraining unter dem Gesichtspunkt der speziellen Schnellkraftschulung in Serien mit mehreren Wiederholungen durchgeführt, so muss es als *reaktives Schnellkrafttraining* klassifiziert werden. Ein solches greift in der Regel auf Mehrfachsprungserien zurück und zielt vor allem auf die Verbesserung der Kontraktionsgeschwindigkeit und der *intramuskulären Koordination.* Dabei verbessert sich zwangsläufig, bei entsprechender Serien- bzw. Wiederholungszahl, auch das (schnelle) Zusammenspiel aller beteiligten Muskeln in der Streckschlinge, die *intermuskuläre Koordination.*

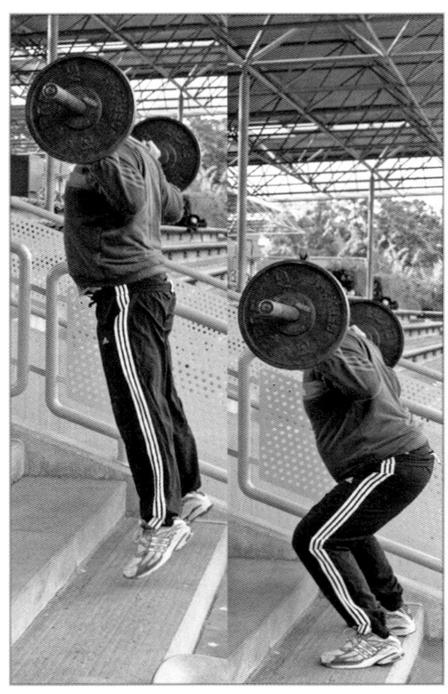

Bild 89: Könner beim Sprungkrafttraining

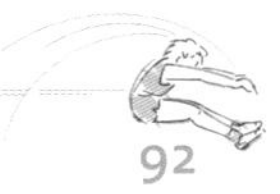

Didaktisch-methodische Anmerkungen

Die Stunde beginnt mit dem Parteiballspiel „Taktikball" zur allgemeinen Erwärmung. Im Rahmen des Spiels müssen die Schüler, wenn sie einen Punkt erzielen wollen, in die Endzone einspringen und in der Luft einen leichten Medizinball fangen. Neben der allgemeinen Aktivierung des Herz-Kreislauf-Systems stellt dies bereits erhöhte koordinative Anforderungen an das Timing und das Zusammenspiel in der Mannschaft. Darüber hinaus werden die Schüler durch das Einspringen bereits spielerisch auf den Stundenhauptteil hingeführt.

Der Hauptteil der Stunde startet mit einem Experiment bei dem der Frage nachgegangen wird, *welchen Einfluss die Einsprunghöhe auf die unmittelbar danach erzielbare Sprunghöhe hat?* Hierbei sollen die Schüler aus drei verschiedenen Höhen einspringen und direkt nach der Landung so hoch wie möglich abspringen.[16] Das Experiment ist nach einer naturwissenschaftlichen Arbeitsmethode aufbereitet und verlangt von den Schülern zunächst eine Hypothesenbildung: *„Aus Einsprunghöhe X lässt sich die größte Höhe erzielen, weil …".* Anschließend führen die Schüler in mehreren Gruppen das Experiment durch, werten es aus und versuchen es zunächst selbst zu analysieren.

Im Anschluss daran folgt eine Plenumsphase, in der die Einzelergebnisse der Gruppen durch den Lehrer zusammengeführt werden. Auf dieser Basis ergänzt der Lehrer dann wesentliche anatomische Grundlagen einer Absprungbewegung. Hierbei lernen die Schüler, welche Muskeln an der Bewegung beteiligt sind und wie der Einsatz der Muskeln normalerweise mit der Einsprunghöhe korreliert.

Das Versuchsergebnis wird abschließend dazu genutzt, die Klasse für die anstehende Praxis des Sprungkrafttrainings in drei leistungsdifferenzierte Teilgruppen aufzuteilen. Diese werden mit den

[16] Nach Weineck (2002, S. 286) ist die Trainingsspezifizität der beim Niedersprung beteiligten Muskeln von der Einsprunghöhe abhängig. Aus anatomischer Sicht ist festzuhalten, dass je nach Landung und Niedersprunghöhe unterschiedliche Muskelgruppen mehr oder weniger in den Trainingsprozess einbezogen werden. Bei einem Niedersprung von der untersten Stufe (ein Kastenteil) ist schwerpunktmäßig der musculus gastrocnemius an der Bewegung beteiligt. Beim musculus rectus femoris ist hierbei aufgrund der geringen Sprunghöhe und des damit verbundenen geringeren Kniebeugewinkels eine niedrigere Aktivität – und damit ein geringerer Trainingseffekt – zu erzielen (vgl. Schmidtbleicher & Gollhofer, 1982, S. 305 f.). Bei einer Landung aus größeren Höhen wird dagegen vor allem der musculus rectus femoris trainiert.

für Schüler normalerweise einleuchtenden Begriffen „Bezirksliga", „Regionalliga" und „Bundesliga" betitelt.

Jede Liga führt danach eigenverantwortlich ein, auf die durch den Test ermittelten Sprungkraftvoraussetzungen, abgestimmtes Training durch. Organisatorisch erfolgt dies über einen Katalog von je sechs Übungskarten, die in Form eines Zirkels in zwei Durchgängen nacheinander abgearbeitet werden sollen.

Hinweise zur Vorbereitung

Für diese Doppelstunde werden sowohl im praktischen Teil (z. B. Sprunghilfen, Bananenkartons, Hürden, Brixx, Meterstäbe, Klebeband) als auch im theoretischen Teil (Übungskarten, Arbeitsblätter, Stifte) Materialien benötigt. Dabei sollten die Übungskarten, die Plakate (vgl. Material „Streckschlinge", „Rectus femoris", „Gastrocnemius", „Soleus" und „Glutaeus maximus") und die Arbeitsblätter (vgl. Material „Sprungkrafttest") bereits am Vortag ausgedruckt werden.

Für die Ergebnissicherung sollte eine für die gesamte Gruppe gut einsehbare Fläche mit räumlicher Nähe zur Laufbahn zur Verfügung stehen. Dort sollten fünf Plakate aufgehängt werden könnten. Als Stellwand könnte man z. B. die überdachten Ersatzbänke der Fußballmannschaften oder die Außenwand eines Geräteschuppens nutzen.

Für die Durchführung des Sprungkrafttestes benötigt man neben den Aerobic Steps bzw. den dreiteiligen Kästen eine hohe Wand mit der Möglichkeit, daran einen Meterstab zu befestigen.

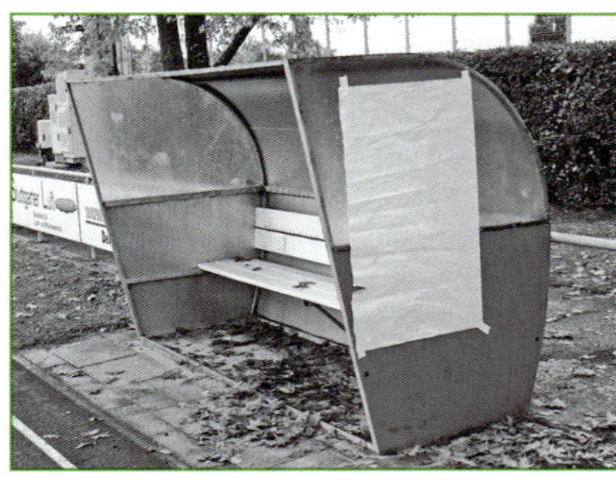

Bild 90: Fußball-Ersatzbank als Stellwand

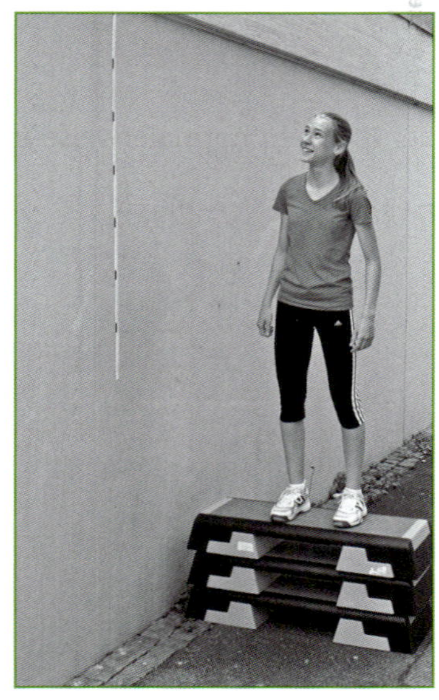

Bild 91: Aufbau Sprungkrafttest

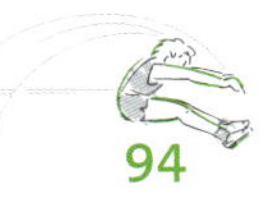

Stundenabschnitte und Unterrichtsinhalte	Organisatorische Hinweise

Einleitender Stundenteil (Aufwärmen)

***Allgemeines Aufwärmen* „Taktikball“**

Zur Vorbereitung markiert der Lehrer im Hochsprungsektor mit den Hütchen zwei etwa 10 m x 30 m große Felder mit je zwei Endzonen (vgl. Abb. 22). Die Klasse wird in vier Gruppen unterteilt, die sich jeweils in eine Hälfte der beiden Spielfelder begeben, wobei je eine Mannschaft mit den Markierhemdchen farbig gekennzeichnet wird. Pro Gruppe wird ein, gemessen an den körperlichen Kräften der Gruppen, leichter Medizinball benötigt.

Taktikball ist ein Parteiballspiel zwischen zwei Mannschaften. Ziel ist es, den Medizinball einem in die Endzone einspringenden Mitspieler der eigenen Mannschaft in der Luft zuzupassen. Fängt dieser den Ball noch in der Luft, gibt es einen Punkt. Gewonnen hat die Mannschaft mit den meisten Punkten.

Dabei gelten folgende Regeln:

- Mit dem Ball in der Hand darf nicht gelaufen werden.
- Innerhalb der Endzone darf sich kein Spieler der verteidigenden Mannschaft aufhalten.

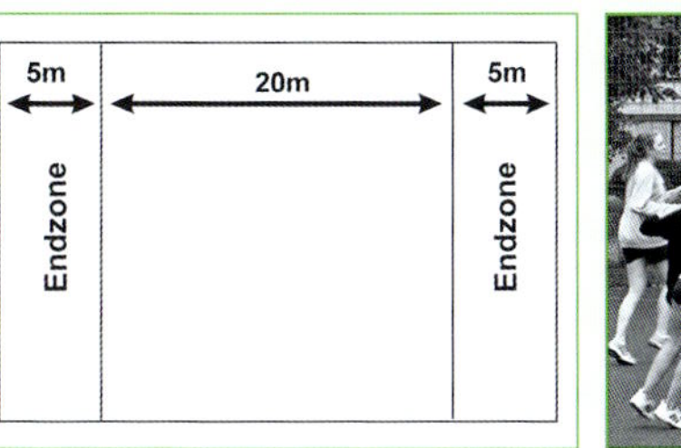

Abb. 22: Spielfeld Taktikball

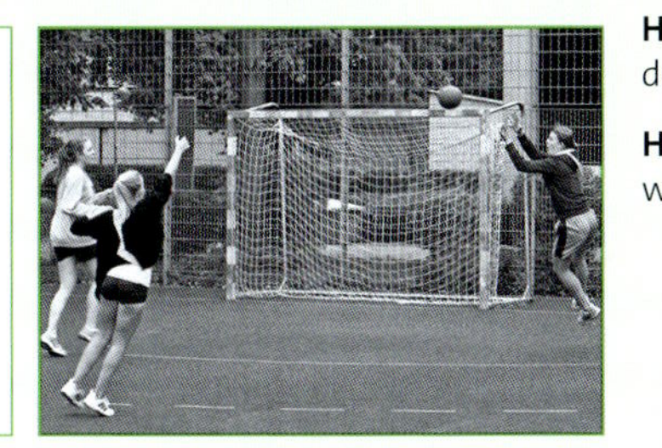

Bild 94: Fangen in der Endzone

Materialbedarf: Zwei leichte Medizinbälle (1,5 kg), acht Markierhütchen und Markierhemdchen in halber Klassenstärke.

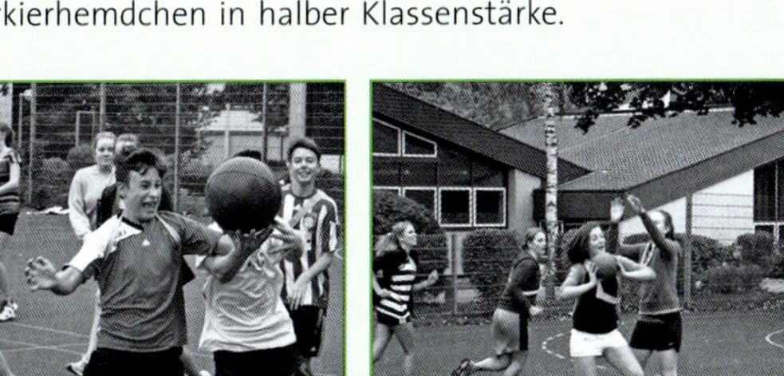

Bild 92: Kampf um den Ball

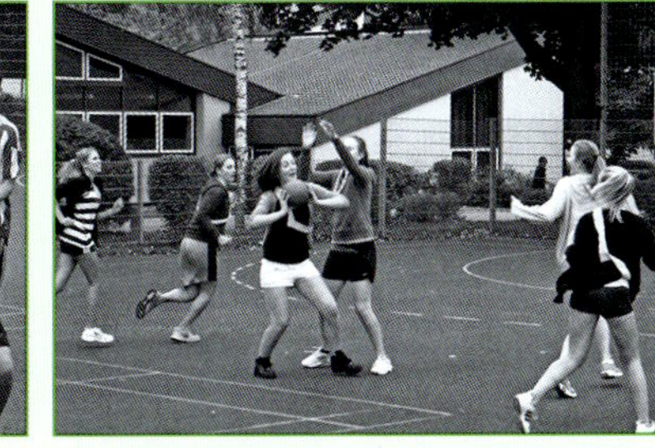

Bild 93: Abwehrsituation beim Taktikball

Hinweis: Das Spiel funktioniert am besten mit fünf bis sieben Schülern pro Mannschaft. Bei entsprechender Klassengröße muss daher ggf. die Anzahl der Spielfelder angepasst werden.

Hinweis: Durch die Größe des Spielfeldes lässt sich die (Lauf-)Intensität des Spiels beeinflussen.

Hinweis: Taktikball kann auch gut auf einem Kleinspielfeld gespielt werden; als Endzone dienen dann die Handballkreise.

Stundenabschnitte und Unterrichtsinhalte	Organisatorische Hinweise

Einführung Theoriephase

Die Klasse sammelt sich vor der Theoriewand. Der Lehrer gibt anhand des als Plakat ausgedruckten Versuchsblattes einen kurzen Überblick über das geplante Vorhaben: Von allen Schülern soll ein Sprungkrafttest durchgeführt werden, mit Hilfe dessen ermittelt werden soll, wie gut die Sprungkraft bei jedem einzelnen bereits ausgeprägt ist. Dazu gibt es drei Leistungskategorien „Bezirksliga", „Regionalliga" und „Bundesliga", denen alle Schüler je nach Ergebnis ihres Sprungkrafttests zugeordnet werden.

Den Abschluss der Stunde bildet dann ein Sprungkrafttraining für alle Schüler differenziert nach den drei Leistungskategorien.

Gruppenphase *„Durchführung des Sprungkrafttestes"*

Die vier Mannschaften aus dem Aufwärmspiel bleiben zusammen und bilden im Folgenden je eine Experimentalgruppe. Pro Gruppe gibt es drei Aerobic Steps, einen Meterstab, einen Kuli und Klebeband. Jeder Schüler erhält darüber hinaus ein persönliches Versuchsblatt.

Aufgabe der Gruppe ist es nun, zunächst wie auf dem Versuchsblatt angegeben, die Station für den Sprungkrafttest aufzubauen und danach für alle Gruppenmitglieder den Test durchzuführen.

Hinweis: Es empfiehlt sich, den Schülern einen Zeithorizont von ca. 20 min für die Durchführung und Auswertung des Sprungkrafttestes anzugeben.

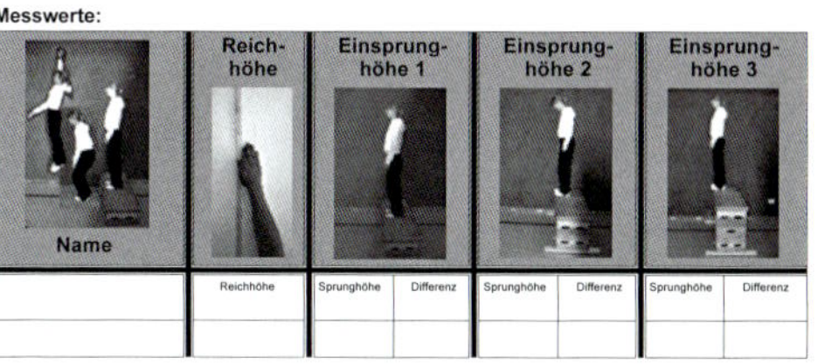

Versuch 1:

Fragestellung:
Welchen Einfluss hat die Einsprunghöhe auf die danach erzielbare Sprunghöhe?

Vorgehen:
Alle Schülerinnen Eurer Arbeitsgruppe versuchen hintereinander aus drei verschiedenen Einsprunghöhen so hoch wie möglich abzuspringen. Die Sprunghöhen werden gemessen, in die Tabelle eingetragen und anschließend ausgewertet. Vor der Durchführung des Versuchs überlegt Ihr Euch, aus welcher Ausgangsposition wahrscheinlich die größten Höhen erzielt werden dürften und formuliert daraus eine Hypothese.

Hypothese: Aus Einsprunghöhe ____ lässt sich die größte Höhe erzielen, weil ______

Materialbedarf:
1 Meterstab, Klebestreifen zum Befestigen, 1 fünfteiliger Kasten

Vorbereitung:
Der Meterstab wird mit den Klebestreifen an der Wand befestigt. Anschließend wird für jede Schülerin im Stehen mit ausgestrecktem Arm die Reichhöhe bestimmt und in die Tabelle eingetragen.

Messwerte:

Name	Reichhöhe	Einsprunghöhe 1		Einsprunghöhe 2		Einsprunghöhe 3	
	Reichhöhe	Sprunghöhe	Differenz	Sprunghöhe	Differenz	Sprunghöhe	Differenz

Abb. 23: Arbeitsblatt „Sprungkrafttest"

Materialbedarf: Versuchsblätter in Klassenstärke, pro Gruppe drei Aerobic Steps, ein Kuli, ein Meterstab und Klebeband.

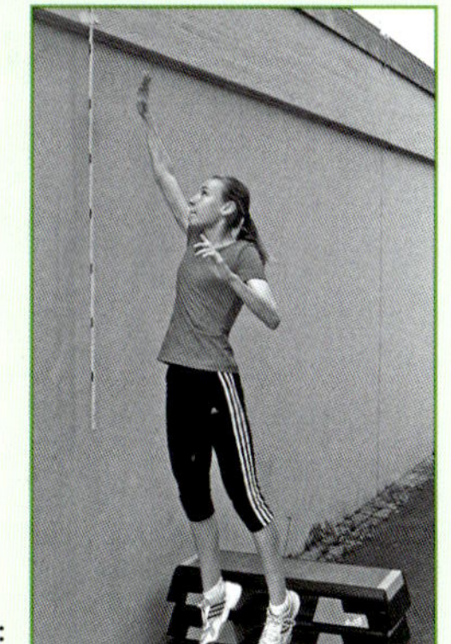

Bild 95: Aufbau Sprungkrafttest

Plenumsphase *„Auswertung des Sprungkrafttests“*

Die Klasse sammelt sich an der Theoriewand. Der Lehrer fragt die Gruppenergebnisse des Sprungkrafttests ab: „Aus welcher Einsprunghöhe habt ihr die besten Ergebnisse erzielen können?“ Aus den Antworten erstellt er auf einem Plakat eine Häufigkeitstabelle über alle Schüler für die drei Einsprunghöhen.

Zusammen mit den Schülern wird die Frage diskutiert, welche Muskeln im Einzelnen an einer vertikalen Absprungbewegung beteiligt sind.
Antwort: Wadenmuskulatur (bestehend aus musculus soleus und musculus gastrocnemius) und der vierköpfige Oberschenkelstrecker (musculus rectus femoris). Möchte man ganz genau sein, ist auch noch der große Gesäßmuskel (musculus glutaeus maximus) beteiligt.
Parallel zur Erörterung mit den Schülern klappt der Lehrer die vorbereiteten Anatomieplakate (vgl. Material „Soleus“, „Gastrocnemius“, „Rectus femoris“ und „Glutaeus maximus“) auf und erläutert kurz deren Funktion. Diese vier Muskeln bilden zusammen die so genannte Streckschlinge der unteren Extremitäten (vgl. Material „Streckschlinge“), die an jeder Absprungbewegung beteiligt ist.

Hinweis: Die Plakate lassen sich so anbringen (oberen Rand festkleben – unteren Rand anfangs nach oben klappen und dort befestigen), dass sie erst bei Bedarf sukzessive aufgeklappt werden können.

Anschließend wird nochmals auf den Test Bezug genommen und überlegt, welche Muskeln wohl in Abhängigkeit von der Einsprunghöhe am meisten beansprucht werden.
Antwort: Aus niedriger Einsprunghöhe sind gut trainierte Sportler im Extremfall in der Lage, fast ausschließlich mit der Wadenmuskulatur zu springen. Je höher die Einsprunghöhe wird, desto stärker ist der Oberschenkelstrecker beteiligt. Bei (untrainierten) Schülern dürfte in der Regel bereits aus der niedrigsten Einsprunghöhe der Oberschenkelstrecker teilweise mit eingesetzt werden.
Abschließend erläutert der Lehrer die vorbereitende Funktion eines allgemeinen Sprungkrafttrainings für die in ca. 3–4 Wochen geplante Sprungeinheit und den Plan, bis dorthin das Sprungkrafttraining in jeder Sportstunde zu wiederholen.

Materialbedarf: Theoriewand mit sechs vorbereiteten Plakaten.

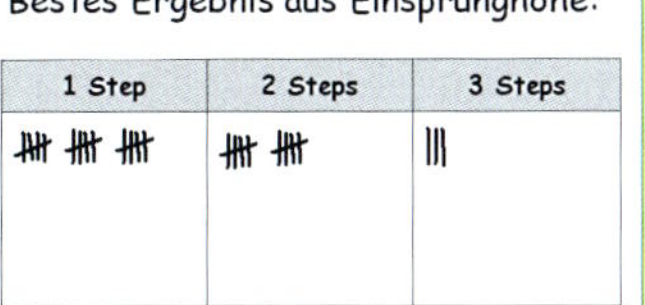
Bestes Ergebnis aus Einsprunghöhe:

1 Step	2 Steps	3 Steps
卌 卌 卌	卌 卌	|||

Abb. 24: Häufigkeitstabelle

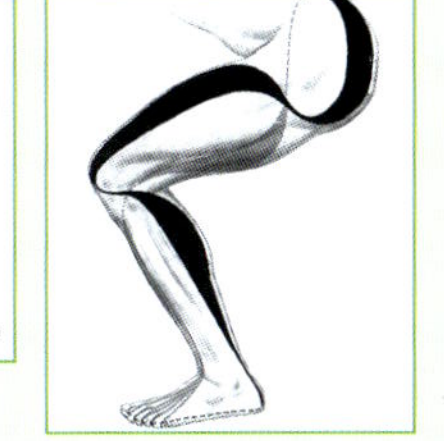
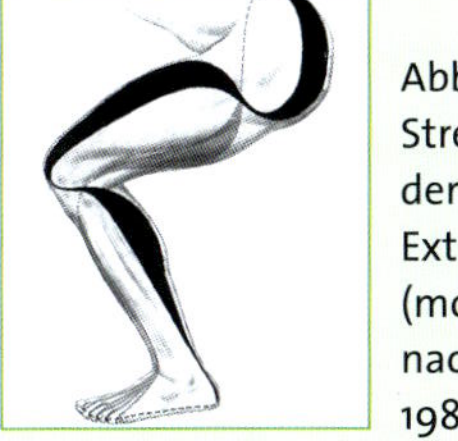
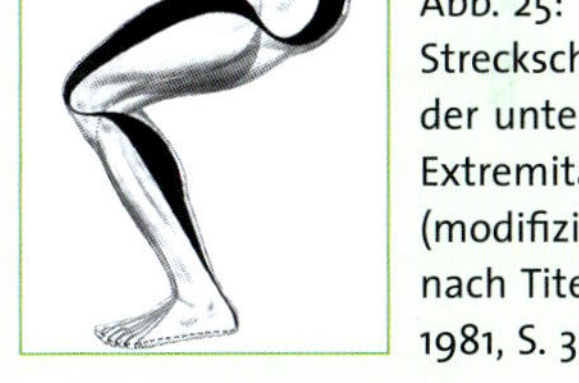
Abb. 25: Streckschlinge der unteren Extremitäten (modifiziert nach Titel, 1981, S. 330)

Drei Anteile des Oberschenkelstreckers:
vastus intermedius
vastus lateralis
vastus medialis

Abb. 26: Musculus Rectus femoris

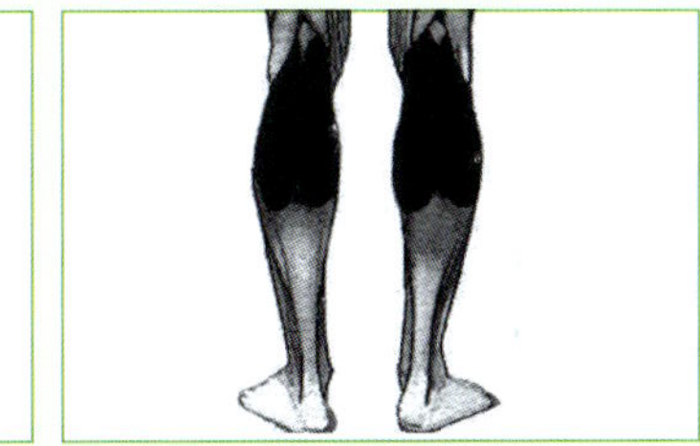
Abb. 27: Musculus Gastrocnemius

Abb.28: Musculus Soleus

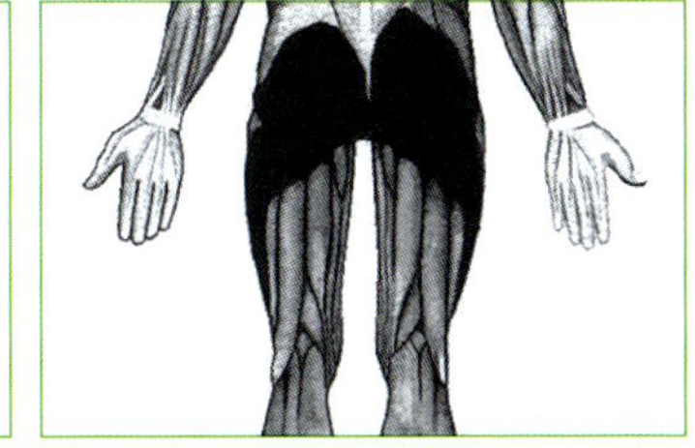
Abb. 29: Musculus Glutaeus maximus

Stundenabschnitte und Unterrichtsinhalte — Organisatorische Hinweise

Hauptteil (Praxis des allgemeinen Sprungkrafttrainings)

***Praxis* „Allgemeines Sprungkrafttraining“**

Die Schüler erhalten nun die Aufgabe, sich in Abhängigkeit vom Ausgang des Sprungkrafttestes in drei Leistungsgruppen „Bezirksliga“, „Regionalliga“ und „Bundesliga“ zusammenzufinden.
Jede Gruppe bekommt vom Lehrer einen Satz von sechs Aufgabenkarten mit je einer Übung aus dem allgemeinen Sprungkrafttraining.* Aufgabe ist es, die sechs Übungen in Eigenverantwortung durchzuführen.

Hinweis zum Belastungsumfang: Hintereinander sechs verschiedene Übungen als Zirkel
á 10 WH mit 1 min Pause
Serienpause dazwischen: 3 min
Zwei Durchgänge

Daraus errechnet sich ein Zeitbedarf für die Durchführung von ca. einer halben Stunde.

Hinweis zur Durchführung: Die Übungen werden mit Schülern abwechselnd hintereinander im Sinne eines Sprungkraftzirkels absolviert.

Materialbedarf: Drei Sätze Übungskarten, mehrere Sprunghilfen.

Abb. 30: Übungskarte Bundesliga „Schrittwechselsprünge im Sand“

Hinweis: Im Sinne einer gelungenen Theorie-Praxis-Verknüpfung kann der Lehrer die zuvor theoretisch erarbeiteten Punkte an geeigneter Stelle nochmals aufgreifen. *„Welcher Muskel wird bei dieser Übung hauptsächlich beansprucht? Warum machen wir 10 WH? Warum ‚nur‘ 1 min Pause?“*

* Die Aufgabenkarten für Bezirksliga, Regionalliga und Bundesliga unterscheiden sich in erster Linie hinsichtlich der Intensität. Die ausgewählten Übungen sind vom Trainingsmittel aus betrachtet möglichst ähnlich gehalten, werden aber durch die Ausführungsbedingungen intensiver bzw. weniger intensiv gemacht. Beispielsweise führen die Bundesligisten die Übung Steigesprünge über Hürden durch, während die Regionalligisten ihre Steigesprünge über im Vergleich niedrigere Bananenkisten bzw. Brixx ausführen.

***Übung 1 Bezirksliga:* „Beidbeinige Sprünge“**

Beschreibung: In der Ausgangsposition steht der Schüler in etwa hüftbreiter paralleler Fußstellung auf der Tartanbahn. Aus einer kleinen Auftaktbewegung springt er nach vorne oben ab. Die zehn Sprünge werden möglichst flüssig nacheinander durchgeführt (vgl. Material „Beidbeinige_Sprünge“).

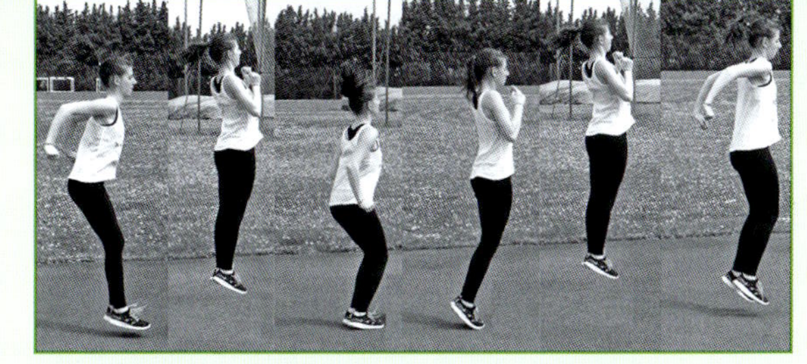

Material bedarf: Keiner.

Bild 96: Beidbeinige Sprünge

***Übung 2 Bezirksliga:* „Einbeinige Sprünge“**

Beschreibung: In der Ausgangsposition steht der Schüler in leichter Schrittstellung mit dem vorderen (Sprung-)Bein auf der Tartanbahn. Aus dieser Position springt der Schüler aus einer leichten Ausholbewegung nach hinten, nach vorne oben ab. Die zehn Sprünge werden möglichst flüssig nacheinander durchgeführt (vgl. Material „Einbeinige_Sprünge“).

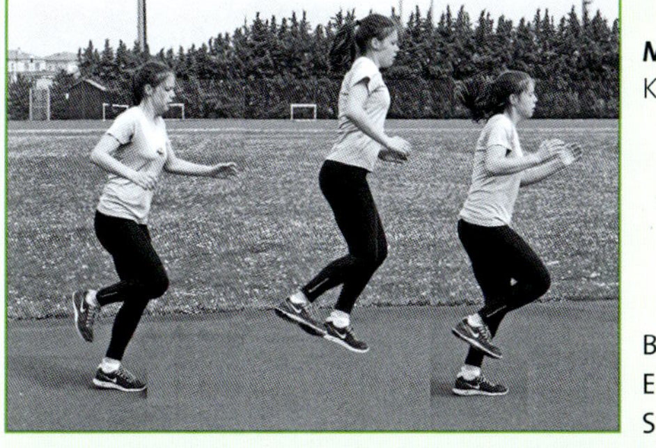

Materialbedarf: Keiner.

Bild 97: Einbeinige Sprünge

***Übung 3 Bezirksliga:* „Schrittsprünge“**

Beschreibung: In der Ausgangsposition steht der Schüler in leichter Schrittstellung (rechtes Bein vorne) auf der Tartanbahn. Aus dieser macht er zwei Gehschritte („links“ – „rechts“) und springt mit dem rechten Fuß möglichst kräftig nach vorne ab. Dabei wird das linke Knie kräftig nach vorne oben gezogen. Anschließend landet man wieder auf dem anderen Fuß und springt mit diesem direkt wieder nach vorne ab. Alle zehn Sprünge werden möglichst flüssig nacheinander durchgeführt (vgl. Material „Schrittsprünge“).

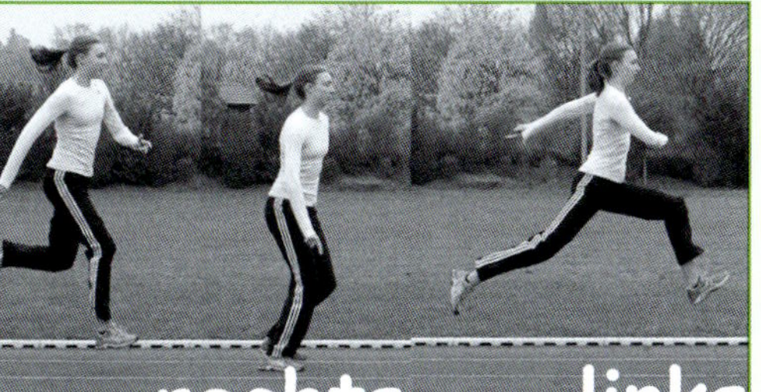

4

Materialbedarf: Keiner.

Bild 98: Schrittsprünge

Stundenabschnitte und Unterrichtsinhalte	Organisatorische Hinweise

Übung 4 Bezirksliga: „Schrittwechselsprünge“

Beschreibung: In der Ausgangsposition befindet sich der Schüler in einer leichten Schrittstellung mit dem linken Fuß vorne auf der Tartanbahn. Aus dieser springt er nach oben ab. In der Flugphase werden beide Beine in der Luft gewechselt, d. h. das vordere linke Bein wird nach hinten, das hintere rechte Bein nach vorne gebracht. Anschließend landet man wieder in der Schrittstellung, diesmal allerdings mit dem rechten Fuß vorne (vgl. Material „Schrittwechselsprünge“).

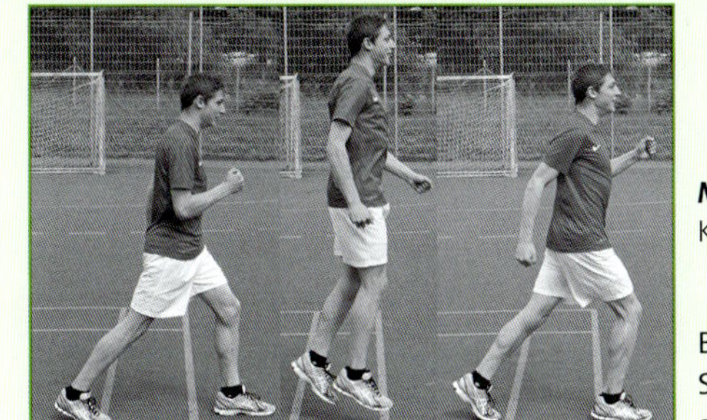

5

Materialbedarf:
Keiner.

Bild 99: Schrittwechselsprünge

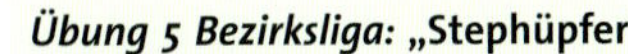

Übung 5 Bezirksliga: „Stephüpfer“

Beschreibung: In der Ausgangsposition steht der Schüler in paralleler Fußstellung auf der Tartanbahn. Aus dieser Position springt er nach oben ab und zieht zur Unterstützung ein Knie explosiv in die waagrechte Position und blockiert es dort kurzzeitig, um den Impuls für die Aufwärtsbewegung zu nutzen. Bis zur wiederum parallelen Landung beider Beine auf der Bahn führt er das Knie wieder entsprechend schnell nach unten. Der Kontakt auf der Bahn ist prellend. Anschließend findet wieder der beschriebene Absprung statt – nunmehr aber mit Hochziehen des anderen Knies. Es werden zehn Sprünge möglichst flüssig nacheinander durchgeführt (vgl. Material „Stephüpfer“).

6

Materialbedarf:
Keiner.

Bild 100: Stephüpfer

Variation: Die Stephüpfer können statt auf der Stelle auch in einer leichten Vorwärtsbewegung absolviert werden.

Übung 6 Bezirksliga: „Spreizsprünge“

Beschreibung: In der Ausgangsposition steht der Schüler in geschlossener paralleler Fußstellung auf der Tartanbahn. Aus dieser springt er nach oben ab und landet wieder beidbeinig mit einer etwa hüftbreit geöffneten parallelen Fußstellung. Es werden mehrere Sprünge möglichst flüssig nacheinander durchgeführt (vgl. Material „Spreizsprünge“).

Variation: Die Spreizsprünge können auch mit Armunterstützung als „Hampelmannsprünge“ durchgeführt werden.

„Eng“
„Breit“
„Eng“

Abb. 31: Fußfolge Spreizsprünge

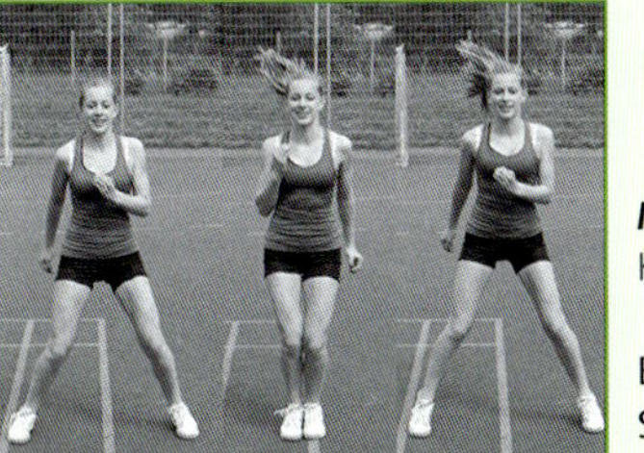

7

Materialbedarf:
Keiner.

Bild 101: Spreizsprünge auf der Stelle

***Übung 1 Regionalliga:* „Beidbeinige Sprünge an der Hindernisbahn“**

Beschreibung: In der Ausgangsposition steht der Schüler ca. einen halben Meter vor dem ersten Hindernis. Aus einer kleinen Auftaktbewegung springt der Schüler nach vorne oben ab. Über dem Hindernis zieht er die Knie ggf. leicht nach oben in Richtung Brust und streckt sie anschließend wieder zur Landung. Gute Schüler springen mit durchgestreckten Knien durch die Hindernisbahn. Es werden mehrere Sprünge möglichst flüssig nacheinander durchgeführt (vgl. Material „Beidbeinige_Sprünge_Brixx“). Keine Zwischenhüpfer! Fußspitzen anziehen!

Hinweis: Der Abstand von Brixx zu Brixx beträgt etwa drei bis fünf Fußlängen.

Materialbedarf: Mindestens fünf niedrige Hindernisse.

8

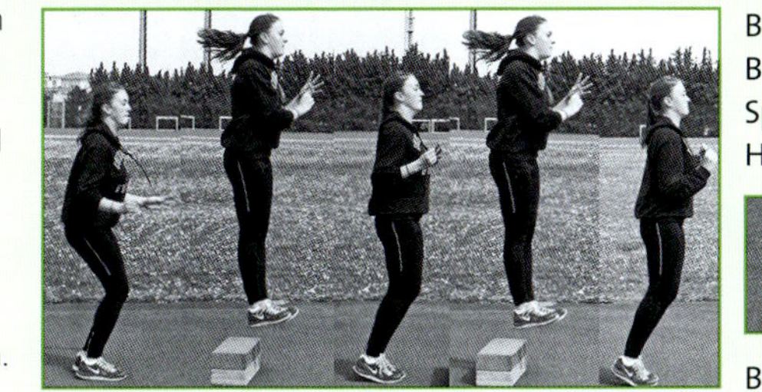

Bild 102: Beidbeinige Sprünge an der Hindernisbahn

Bild 103: Alternative Step

***Übung 2 Regionalliga:* „Einbeinige Sprünge an der Hindernisbahn“**

Beschreibung: In der Ausgangsposition steht der Schüler in leichter Schrittstellung mit dem vorderen (Sprung-)Bein ca. einen halben Meter vor dem ersten Hindernis. Aus dieser Position springt der Schüler nach vorne oben ab. Über dem Hindernis zieht er das Knie ggf. leicht nach oben in Richtung Brust und streckt es anschließend wieder zur Landung. Gute Schüler springen mit fast durchgestrecktem Knie durch die Hindernisbahn. Es werden mehrere Sprünge möglichst flüssig nacheinander durchgeführt (vgl. Material „Einbeinige Sprünge_Brixx“).

Hinweis: Der Abstand von Brixx zu Brixx beträgt etwa drei bis fünf Fußlängen.

Materialbedarf: Mindestens fünf niedrige Hindernisse.

9

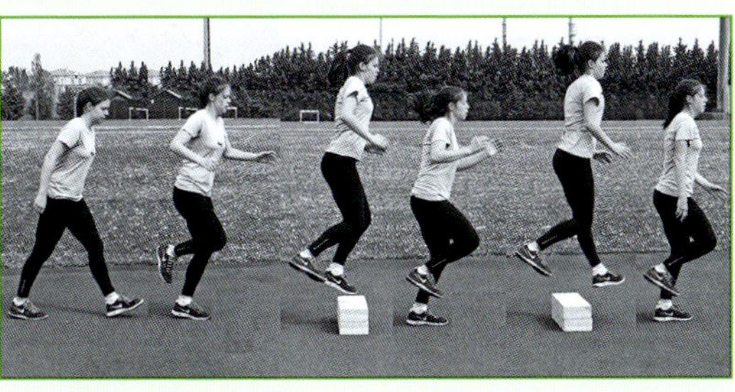

Bild 104: Einbeinige Sprünge an der Hindernisbahn

***Übung 3 Regionalliga:* „Steigesprünge an der Hindernisbahn“**

Beschreibung für Rechtsspringer: In der Ausgangsposition steht der Schüler etwa zwei bis drei Meter vor dem ersten Hindernis. Aus dieser macht er zwei Gehschritte („links“ – „rechts“) und springt mit dem rechten Fuß möglichst kräftig nach oben ab. Dabei wird das linke Knie explosiv nach vorne oben gezogen. Über der Hürde wird das linke Bein zur Landung nach vorne gebracht. Anschließend landet man wieder auf dem linken Fuß. Es werden mehrere Sprünge möglichst flüssig nacheinander durchgeführt (vgl. Material „Steigesprünge_Steps“).

Hinweis: Der Abstand von Step zu Step beträgt bei dieser Übung etwa 10 bis 12 Fußlängen (doppelter Abstand wie bei Übung 2).

Materialbedarf: Mindestens fünf niedrige Hindernisse.

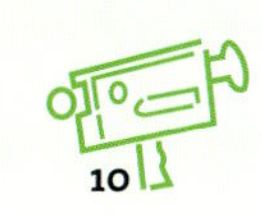

10

Bild 105: Steigesprünge an der Hindernisbahn

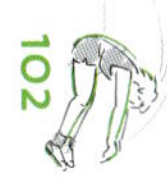

Stundenabschnitte und Unterrichtsinhalte	Organisatorische Hinweise

***Übung 4 Regionalliga:* „Beidbeinige Treppensprünge“**

Beschreibung: In der Ausgangsposition steht der Schüler direkt vor der ersten Treppenstufe. Aus einem leichten Tiefgehen springt er nach vorne oben ab und landet wieder mittig auf der nächsten Treppenstufe. Gute Schüler springen aus einer leichten Beugestellung wieder in eine leichte Beugestellung. Es werden mehrere Sprünge möglichst flüssig nacheinander durchgeführt (vgl. Material „Beidbeinige_Treppensprünge“).

Hinweis: Falls das Stadion nur über wenige Treppenstufen verfügt, empfehlen sich drei statt zwei Durchgänge, also dreimal 10 Sprünge.

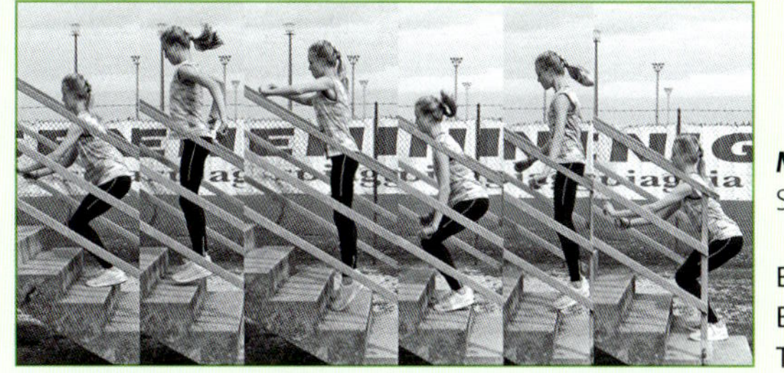

Materialbedarf: Stadiontreppe.

Bild 106: Beidbeinige Treppensprünge

***Übung 5 Regionalliga:* „Einbeinige Treppensprünge“**

Beschreibung: In der Ausgangsposition steht der Schüler in einer leichten Schrittstellung mit dem Sprungbein (= vorderes Bein) direkt vor der ersten Treppenstufe. Mit einer leichten Rück-Vorbewegung holt der Schüler Schwung, springt mit dem Sprungbein nach vorne oben ab und landet wieder mit dem Sprungbein mittig auf der nächsten Treppenstufe. Gute Schüler bewegen das Schwungbein im gegengleichen Takt mit und unterstützen so den Bewegungsrhythmus. Es wird aus einer leichten Beugestellung wieder in eine leichte Beugestellung gesprungen.
Es werden mehrere Sprünge möglichst flüssig nacheinander durchgeführt (vgl. Material „Einbeinige_Treppensprünge“).

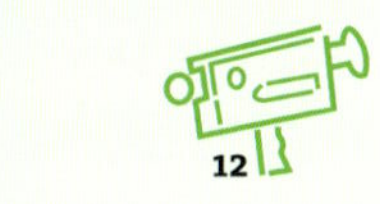

Materialbedarf: Stadiontreppe.

Bild 107: Einbeinige Treppensprünge

***Übung 6 Regionalliga:* „Nieder-Hochsprünge an der Treppe“**

Beschreibung: In der Ausgangsposition steht der Schüler in paralleler Fußstellung etwa einen halben Meter vor der ersten Treppenstufe.
Aus dieser springt er mit einer kleinen Ausholbewegung nach vorne oben ab, landet beidbeinig auf der ersten Treppenstufe, springt von dort unmittelbar wieder nach rückwärts oben ab und landet wieder auf dem Boden vor der Treppe. Es werden mehrere Sprünge möglichst flüssig nacheinander durchgeführt (vgl. Material „Nieder_Hochsprünge_Treppe“).

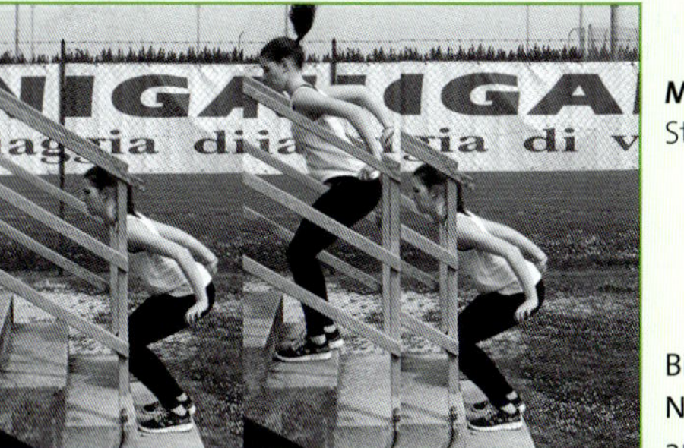

Materialbedarf: Stadiontreppe.

Bild 108: Nieder-Hochsprünge an der Treppe

Übung 1 Bundesliga: „Schrittwechselsprünge im Sand“

Beschreibung: In der Ausgangsposition befindet sich der Schüler in einer tiefen Schrittposition (linker Fuß vorne) in der Weitsprunggrube. Aus dieser springt er möglichst hoch nach oben ab. In der Flugphase werden beide Beine in der Luft gewechselt, d. h. das vordere linke Bein wird nach hinten, das hintere rechte Bein nach vorne gebracht. Anschließend landet man wieder im Sand, diesmal allerdings mit dem rechten Fuß vorne (vgl. Material „Schrittwechselsprünge_Sand“).

Hinweis: Als Orientierung für die optimale Tiefe der Hockposition kann den Schülern der Hinweis gegeben werden, „dass die Fingerspitzen bei gestreckten Armen gerade den Sand berühren sollen“.

Materialbedarf: Keiner.

13

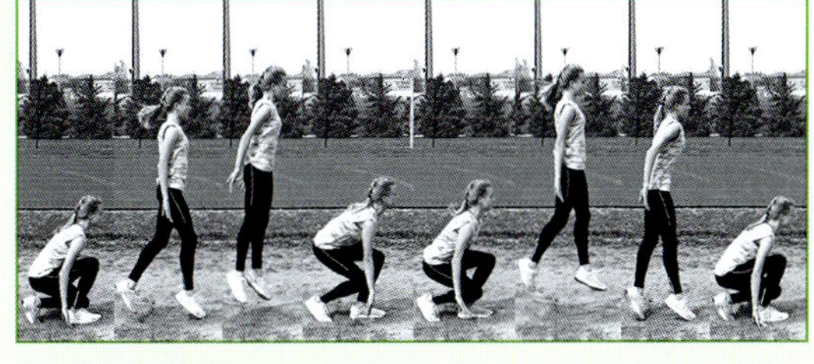

Bild 109: Schrittwechselsprünge in der Weitsprunggrube

Übung 2 Bundesliga: „Hockstrecksprünge im Sand“

Beschreibung: In der Ausgangsposition befindet sich der Schüler in einer tiefen Hockposition in der Weitsprunggrube. Die Hände werden auf Höhe der Schultern mit Handflächen nach oben gehalten (vergleichbar mit der Stoßauslage einer Langhantel). Aus dieser springt er möglichst hoch nach oben ab. Dabei werden die Arme explosiv nach oben gestreckt. Anschließend landet man wieder in der tiefen Hockstellung im Sand (vgl. Material „Hocksprünge_Sand“).

Materialbedarf: Keiner.

14

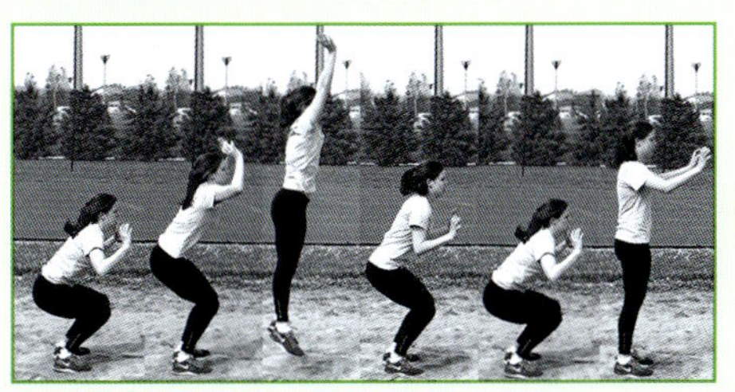

Bild 110: Hockstrecksprünge in der Weitsprunggrube

Übung 3 Bundesliga: „Tiefe Hocksprünge“

Beschreibung: In der Ausgangsposition befindet sich der Schüler in einer tiefen Hockposition auf der Bahn. Aus dieser springt er möglichst hoch nach vorne oben ab und landet wieder in der tiefen Hockstellung. Die Arme unterstützen dabei die Bewegung. Es werden mehrere Sprünge möglichst flüssig nacheinander durchgeführt (vgl. Material „Tiefe_Hocksprünge“).

Hinweis: Als Orientierung für die optimale Tiefe der Hockposition kann den Schülern der Hinweis gegeben werden: „Geht genau so tief in die Hocke, dass Eure Oberschenkel parallel zur Bahn sind“.

Materialbedarf: Keiner.

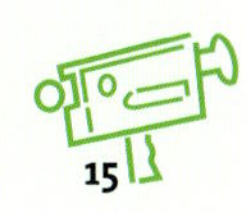

Bild 111: Tiefe Hocksprünge

Stundenabschnitte und Unterrichtsinhalte	Organisatorische Hinweise

***Übung 4 Bundesliga:* „Hürdensprünge“**

Beschreibung: In der Ausgangsposition steht der Schüler ca. einen Meter vor der ersten Hürde. Aus einer kleinen Einsprungbewegung springt der Schüler nach vorne oben ab. Über der Hürde zieht er die Knie Richtung Brust und streckt sie anschließend wieder zur Landung. Dabei macht der Oberkörper eine gegenläufige Bewegung. Es werden mehrere Sprünge möglichst flüssig nacheinander ohne Zwischenhüpfer durchgeführt (vgl. Material „Hürdensprünge“).

Hinweis: Der Abstand von Hürde zu Hürde beträgt etwa fünf bis sechs Fußlängen.

Materialbedarf: Pro Übungsgruppe fünf Hürden.

16

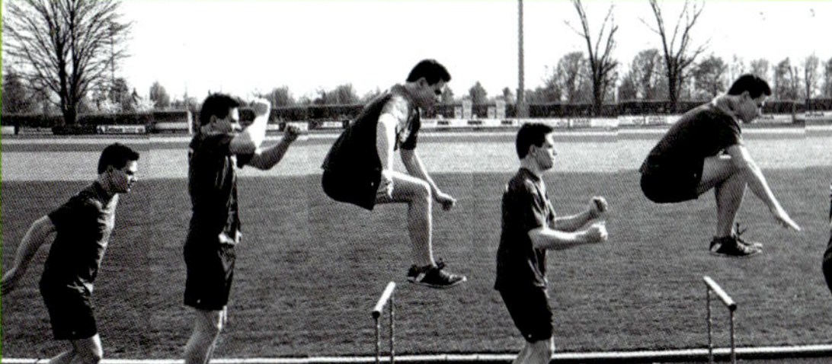

Bild 112: Hürdensprünge

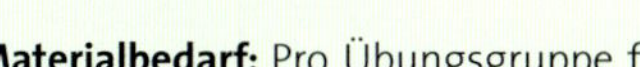

***Übung 5 Bundesliga:* „Steigesprünge an der Hürde“**

Beschreibung für Rechtsspringer: In der Ausgangsposition steht der Schüler etwa zwei bis drei Meter vor der ersten Hürde. Aus dieser macht er zwei Gehschritte („links“ – „rechts“) und springt mit dem rechten Fuß möglichst kräftig nach oben ab. Dabei wird das linke Knie explosiv nach vorne oben gezogen. Über der Hürde wird das linke Bein zur Landung nach vorne gebracht. Anschließend landet man wieder auf dem linken Fuß. Es werden mehrere Sprünge möglichst flüssig nacheinander durchgeführt (vgl. Material „Steigesprünge_Hürde“).

Hinweis: Der Abstand von Hürde zu Hürde beträgt bei dieser Übung etwa 10 bis 12 Fußlängen (doppelter Abstand wie bei Übung 4).

Hinweis: Linksspringer machen die Übung gerade umgekehrt.

Materialbedarf: Pro Übungsgruppe fünf Hürden.

17

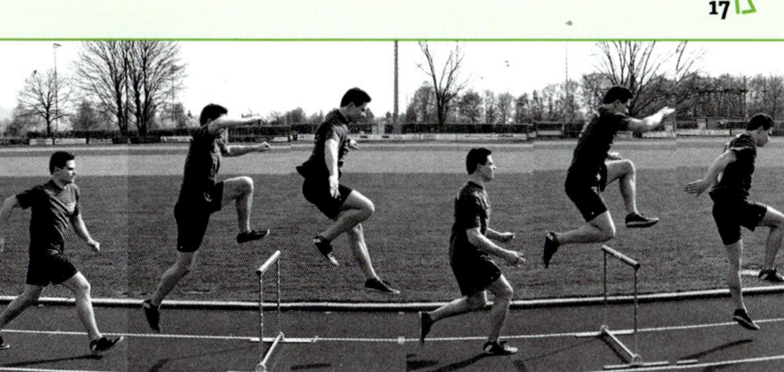

Bild 113: Steigesprünge

Stundenabschnitte und Unterrichtsinhalte	Organisatorische Hinweise

***Übung 6 Bundesliga:* „Nieder-Hochsprünge am Kasten"**

Beschreibung: In der Ausgangsposition steht der Schüler in paralleler Fußstellung etwa einen halben Meter vor dem Kasten auf der Bahn. Aus dieser springt er mit einer kleinen Ausholbewegung nach vorne oben ab, landet beidbeinig auf dem Kasten, springt von dort unmittelbar wieder rückwärts nach oben ab und landet wieder auf dem Boden vor dem Kasten. Es werden mehrere Sprünge möglichst flüssig nacheinander durchgeführt (vgl. Material „Nieder_Hochsprünge_Kasten").

Hinweis: Die Übung kann auch mit mehreren Kästen in der Bewegung durchgeführt werden. In diesem Fall beträgt der Abstand von Kasten zu Kasten je nach Sprungvermögen etwa fünf bis sechs Fußlängen.

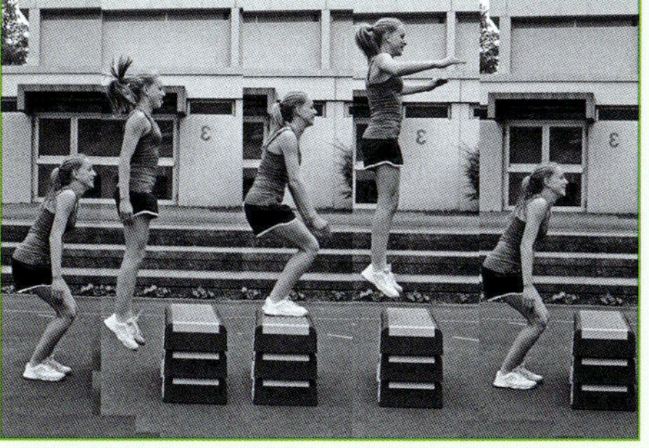

18

Materialbedarf:
Pro Übungsgruppe ein dreiteiliger Kasten oder drei Steps.

Bild 114: Nieder-Hochsprünge am Kasten

Schluss (Wettbewerbsform)

Hüpf-Umkehr-Staffel

Die Klasse sammelt sich auf der Zielgeraden der Laufbahn und wird in mehrere gleich große Gruppen von drei bis fünf Schülern eingeteilt. Überzählige Schüler werden gleichmäßig auf die Gruppen verteilt.

Die Gruppen legen intern eine Reihenfolge fest (1 – 2 – 3 – 4 – 5) und sammeln sich hinter ihrem Starthütchen (vgl. Abb. 32).

Danach beginnt der Wettbewerb: Auf das Kommando des Lehrers springt jeweils der nächste Schüler gemäß Startreihenfolge auf dem Hinweg beidbeinig über die Hindernisbahn, sprintet außen wieder zurück und schlägt den nächsten Schüler seiner Mannschaft ab. Gewonnen hat die Mannschaft, die als erstes im Ziel ist.

Hinweis: Bei Berührung eines Hindernisses gibt es drei Strafsekunden, in denen der Lehrer den betreffenden Schüler kurz festhält.

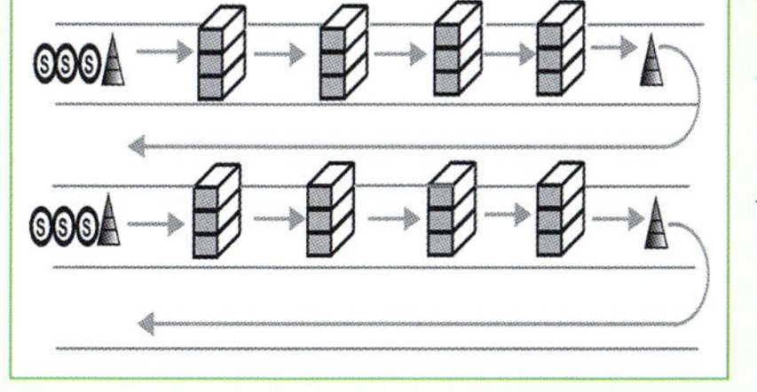

Abb. 32: Grundaufstellung Hüpf-Umkehr-Staffel

Materialbedarf:
Pro Mannschaft ein Markierhütchen und fünf Hindernisse.

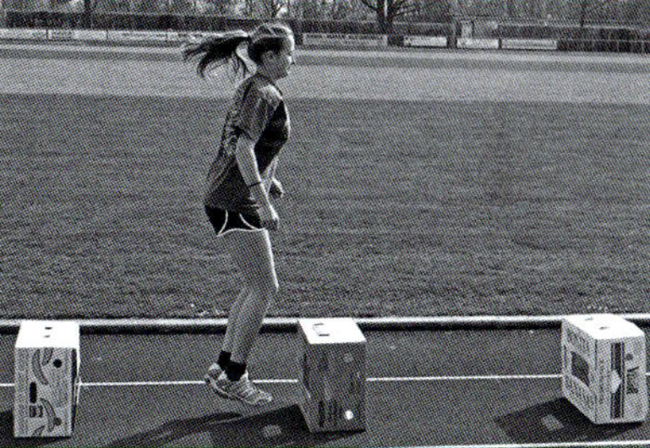

Bild 115: Schülerin bei der Hüpf-Umkehr-Staffel

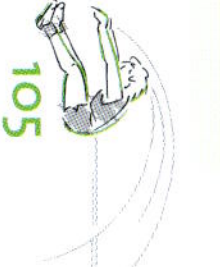

2 Doppelstunde 6: Theorie und Praxis des Hochsprungs – „Vom Hock- und Schersprung über Rollsprung und Straddle zum Flop“

Einführung

Standen in der Unterstufe das Erfahrungsfeld „Hoch springen“ sowie der vorbereitende Schersprung aus dem bogenförmigen Anlauf und in der Mittelstufe der Flop im Vordergrund, wobei zu dieser Technik nicht nur eigenes Können, sondern auch latent Kenntnisse über den Bewegungsablauf vermittelt wurden, so spielen in der Oberstufe nun auch vermehrt und vor allem gezielt die kognitiven Anteile der Praxis eine Rolle. Dabei geht es nicht nur um eine Art vereinfachter Biomechanik des Flops als einziger Technik, sondern darum, welche Techniken es vorher gab und aus welchen Gründen es zur Dominanz des Flops kam: „Was dachte sich der Mensch alles physikalisch Sinnvolle aus, um in Verbindung mit Training unglaubliche 2,45 Meter hoch springen zu können?“ Ein Vorteil ist es hierbei, dass in der Unterstufe unter der Zielsetzung der Vielfalt und des Erkundens die alten Hochsprungtechniken der Vergangenheit schon einmal angesprochen wurden. Auf sie kann jetzt zurückgegriffen werden.[17]

Die **Doppelstunde Leichtathletik** versucht, den beschriebenen Weg in die Praxis umzusetzen. Alle wichtigen methodischen Schritte zum Hochsprung sind in Abbildung 33 schematisch dargestellt.

[17] Vgl. Doppelstunde Leichtathletik Band 1: „Hoch Springen: Alte Techniken wieder entdeckt“ (S. 90–97).

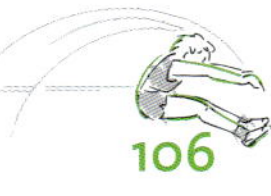

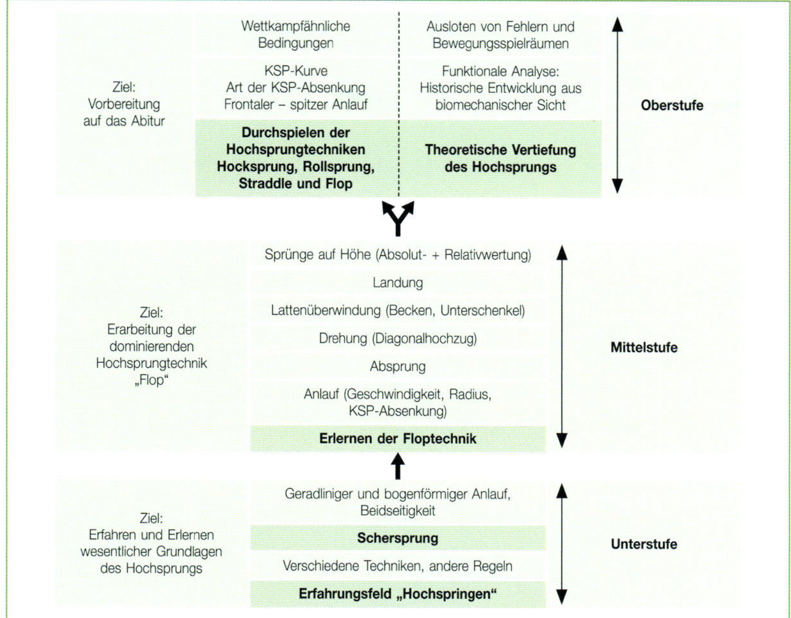

Abb. 33: Lehrweg zum Hochsprung in der Doppelstunde Leichtathletik

Kompetenzen

Motorisch: Die Schüler können in verschiedenen historischen Techniken eine Höhenmarkierung überqueren und sicher landen.

Kognitiv: Die Schüler haben verstanden, warum es von einem frontalen zu einem spitzwinkligen Anlauf kam, warum die Entwicklung stets in Richtung einer möglichst ökonomischen Schwerpunktskurve über der Latte tendierte und dass die Schwerpunktsabsenkung beim Anlauf die Voraussetzung jeglichen Springens ist.

Sozial-kommunikativ: Die Schüler sind in der Lage, in der Gruppe eine Mannschaftspräsentation zu den verschiedenen Hochsprungtechniken durchzuführen.

Didaktisch-methodische Anmerkungen

Die Schüler sollen unter der fragend-entwickelnden Hilfestellung des Lehrers oder in Gruppen und auch aufgrund eines als Hausaufgabe gesuchten Videos verstehen lernen, wie es zum Flop kam und warum wir heute nur noch diese Technik kennen. Im Unterricht wird die historische Entwicklung durchgespielt, reflektiert und die heutige Hochsprungtechnik auf der Basis biomechanischer Grundlagen begründet.

Angesichts eines interessanten Stundenhauptteils beginnt die Stunde mit einem klassischen Aufwärmen. Zusammen mit dem Lehrer bewegen sich die Schüler nach dem Motto „Laufen – Dehnen – Sprinten – Springen“ über das Fußballfeld.

Im Hauptteil der Stunde wird die Entwicklung der Hochsprungtechniken ausgehend vom Hocksprung bzw. Kreuzschnepper zusammen mit den Schülern nachvollzogen. Nach der jeweiligen praktischen Durchführung der historischen Technik muss der Lehrer versuchen, im Reflexionsgespräch „die passenden Fragen“ zum jeweiligen mechanischen Hintergrund aufzuwerfen. Daraus ergibt sich dann im Idealfall die nächste Entwicklungsstufe, die wiederum praktisch erprobt und anschließend reflektiert wird.

Zum Abschluss der Stunde sollen die Schüler in Kleingruppen noch eine kleine Praxispräsentation „Quer durch die Geschichte“ mit allen bearbeiteten Hochsprungtechniken vorführen: Hocksprung – Schersprung – Rollsprung – Straddle – Flop. Dabei wird die historische Entwicklung quasi im Zeitraffer nachgestellt. Für diese Aufgabe bekommen sie einen detaillierten Ablaufplan, der eingeübt und anschließend gezeigt werden soll.

Hinweise zur Vorbereitung

Das für die Praxis der Doppelstunde notwendige Material kann problemlos erst zu Unterrichtsbeginn zusammen mit der Klasse bereitgestellt werden. Die für die Theorie-Praxis-Verknüpfungen notwendigen Schaubilder müssen bereits im Vorfeld ausgedruckt und auf A3 hochkopiert werden (s. S. 177).

Hausaufgaben für diese Stunde: „Google Videos“

In der Sportstunde vor dieser Hochsprungeinheit werden die Schüler auf Folgendes hingewiesen: „Sucht bei ‚Google Videos (YouTube)‘ nach ‚Valery Brumel‘. Ihr werdet beeindruckt sein. Diese Hochsprungtechnik versuchen wir in der nächsten Sportstunde auch. Ihr solltet folgende Frage beantworten können: ‚Mit welchem Bein springt Brumel ab? Auf welchem Bein bzw. auf welcher Körperseite landet er? Wo befindet sich die Latte während der Überquerung‘?“

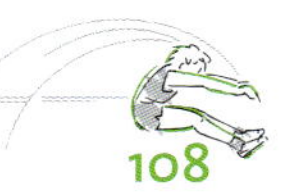

Stundenabschnitte und Unterrichtsinhalte	Organisatorische Hinweise

Einleitender Stundenteil (Aufwärmen)

***Allgemeines und spezielles Aufwärmen* „Laufen, Dehnen, Sprinten, Springen"**

Zur Aktivierung machen die Schüler zusammen mit dem Lehrer mehrere Läufe auf dem Rasen des Fußballfeldes. Nach jeder Laufbelastung wird in der kurzen Pause dazwischen gedehnt.
Pro Übung 20 sec Haltedauer → danach lockern

Laufwege
- Längs über das Fußballfeld traben – Dehnübung 1 – zurück über das Feld traben – Dehnübung 2 – wieder in die Gegenrichtung joggen – Dehnübung 3 – zurück – Dehnübung 4.
- Steigerungs- bzw. Sprintlauf über den Rasenplatz – Austrudeln.
- Sprunglauf über das Feld bis hinter die Mitte hinauf.

Dehnübungen im Detail
- Übung (1) → Rumpfkreisen.
- Übung (2) → Seitlicher Ausfallschritt.
- Übung (3) → Einen Fuß am Knöchel fassen und Richtung Gesäß ziehen.
- Übung (4) → Im Langsitz bei gestreckten Beinen den Oberkörper nach vorne absenken.

Materialbedarf: Keiner.

Abb. 34: Laufwege mit Dehnpausen

Bild 116: Übung (1) Rumpfkreisen

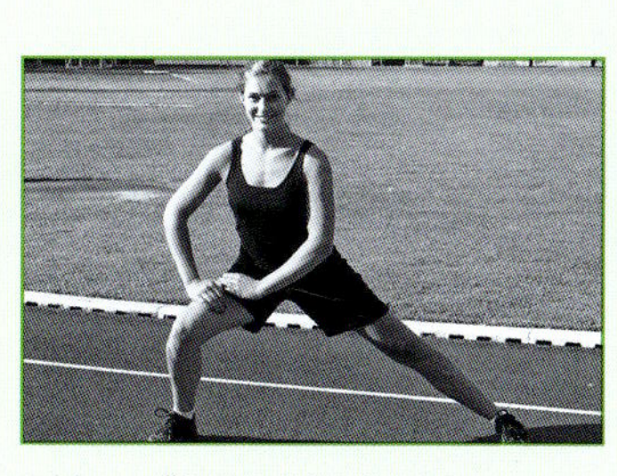
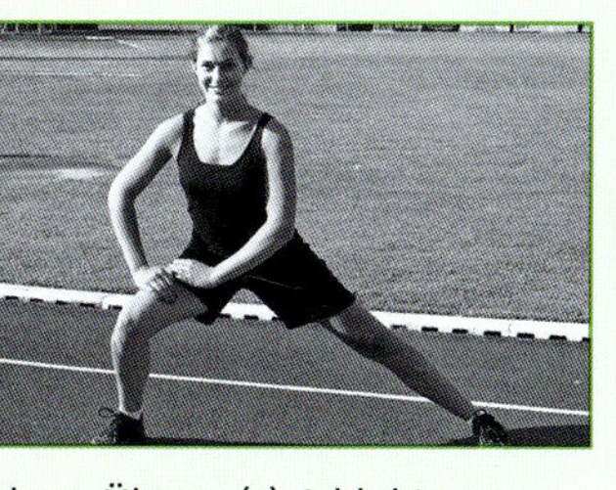

Bild 117: Übung (2) Adduktoren

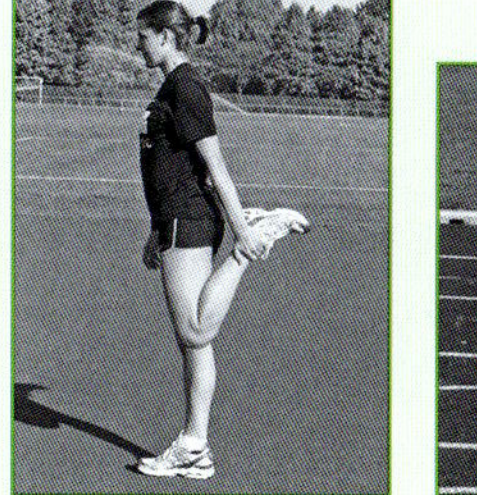

Bild 118: Übung (3) OS-Vorderseite

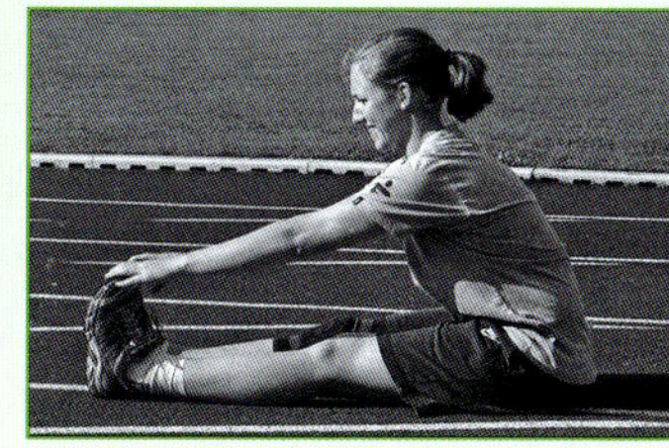

Bild 119: Übung (4) OS-Rückseite

Einführung des Themas: „Flop: Wie kam es zu ihm? Ehemals gab es viel mehr und ganz andere Hochsprungtechniken. Warum springt man heute so? Warum gibt es nur noch diese eine Technik?"

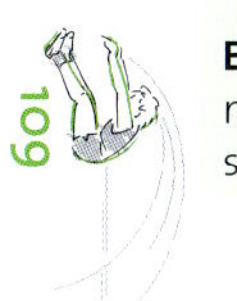

Stundenabschnitte und Unterrichtsinhalte	Organisatorische Hinweise

Hauptteil (Wie kam es zu der Technik, die wir heute Hochsprung nennen?)

Frontaler Anlauf: „Hocksprung" und „Kreuzschnepper"

Der Lehrer erklärt und demonstriert die Technik des Hocksprungs. Die Schüler sollen rechtwinklig (frontal) zur Latte anlaufen und abspringen.

Hinweis: Zwei- bis besser dreimal die Höhe steigern.

Hinweis: Die sich bei größeren Höhen als „Endtechnik" ergebende Sprungart ist der „Kreuzschnepper": Die Schüler schieben irgendwann das Becken vor und ziehen dann das Kinn zur Brust = „Flop vorwärts".

Materialbedarf: Hochsprunganlage.

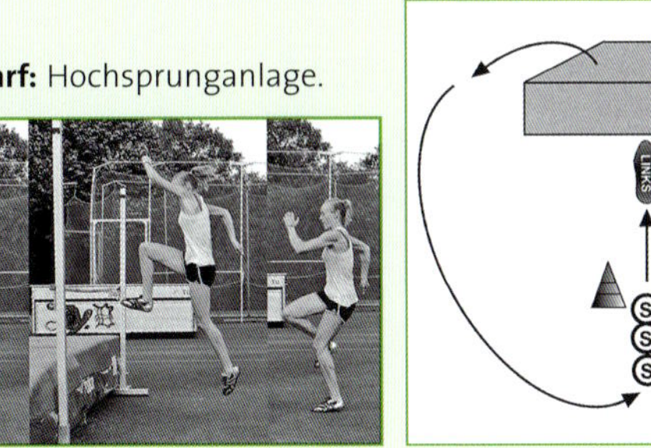

Bild 120: Hocksprung

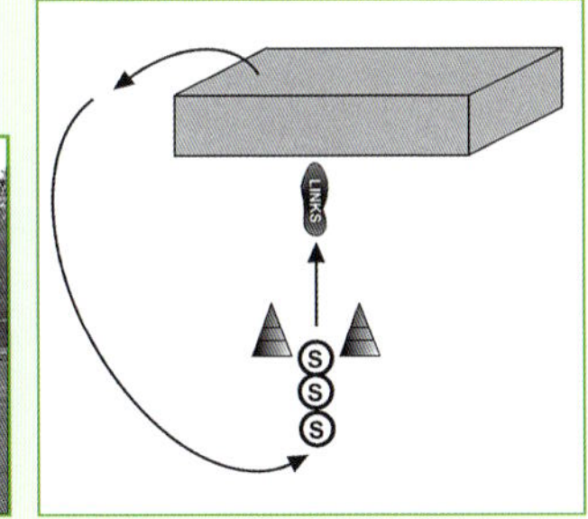

Abb. 35: Anlauf zum Hocksprung

Bild 121: Großer Abstand zur Latte bei größerer Höhe

Reflexion

„Warum konnte man so nur 1,70 m hoch springen? Was ist der Nachteil, wenn es höher wird"?
Antwort: *Durch den frontalen Anlauf muss die Horizontalkomponente groß sein, da eine relativ große Distanz vom Absprungpunkt nach vorne überwunden werden muss.*
→ *Die Vertikalkomponente wird entsprechend kleiner. Mit zunehmender Lattenhöhe wird das immer problematischer.*

Den Schülern wird ein DIN-A3- oder A2-Blatt mit einem Kräfteparallelogramm mit stets größer werdender horizontaler Komponente bei immer weiter zurückverlegtem Absprungpunkt und damit geringerer Vertikalkomponente gezeigt (vgl. Material „Kräfteparallelogramm"). Alternativ kann man das Ganze mit einfachen Worten in der Oberstufe auch erklären oder mit dem Finger in den Sand oder Kreide auf die Bahn zeichnen.

Hinweis: Das Überdenken der Problematik eines frontalen Anlaufs zur Latte kann lehrerzentriert oder in Gruppen geschehen.

Frage: „Was liegt in Bezug auf den Anlauf nahe"?
Antwort: *Schräg anlaufen.*

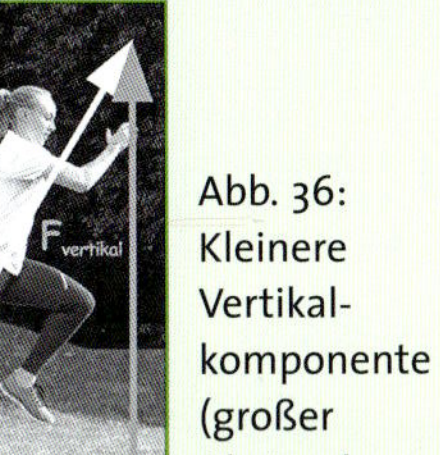

Abb. 36: Kleinere Vertikalkomponente (großer Abstand zur Latte)

Abb. 37: Große Vertikalkomponente (näher an der Latte)

Schräger Anlauf aus spitzem Winkel: „Schersprung“

Die Schüler springen dreimal den Schersprung. Linksspringer kommen von rechts, springen mit dem lattenfernen Bein von links auf rechts. Und umgekehrt.

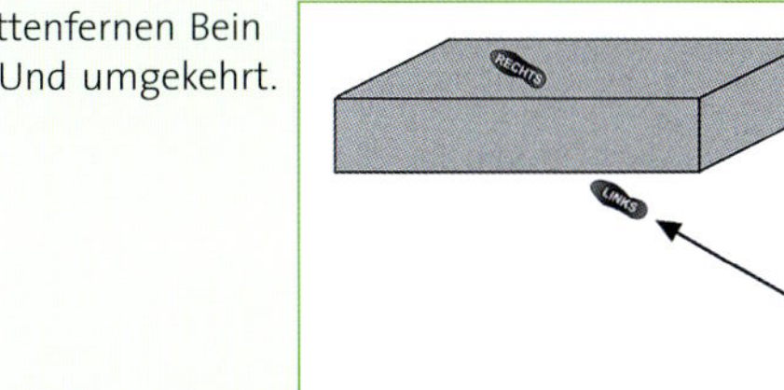

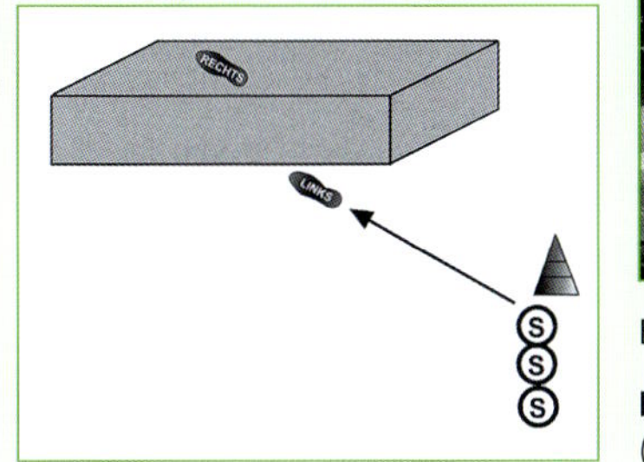

Abb. 38: Anlaufsituation beim Schersprung

Bild 122: Schersprung

Hinweis: Das Reihenbild 122 ist auch als Kopiervorlage online verfügbar (s. S. 177) (vgl. Material „Schersprung“).

Schräger Anlauf aus spitzem Winkel: „Rollsprung“

Die Schüler springen dreimal den Rollsprung. Linksspringer kommen von links, springen mit dem lattennahen Bein von links auf links. Und umgekehrt. Abstützen mit den Armen.

Abb. 39: Anlaufsituation beim Rollsprung

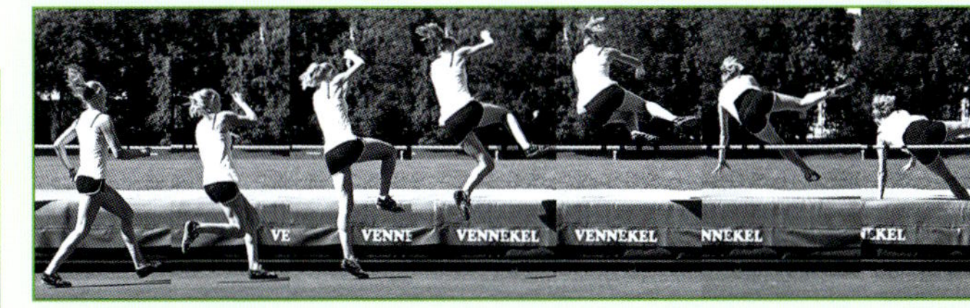

Bild 123: Rollsprung

Hinweis: Das Reihenbild 123 ist auch als Kopiervorlage online verfügbar (s. S. 177) (vgl. Material „Rollsprung“).

19

Reflexion

„Welchen Nachteil hat die Schersprung- bzw. Rollsprungtechnik?“
Möglicherweise kommt gleich die richtige Antwort: Beim Schersprung muss das Gesäß zwischen KSP und Latte hindurch. Beim Rollsprung muss der Oberschenkel zwischen KSP und Latte hindurch.

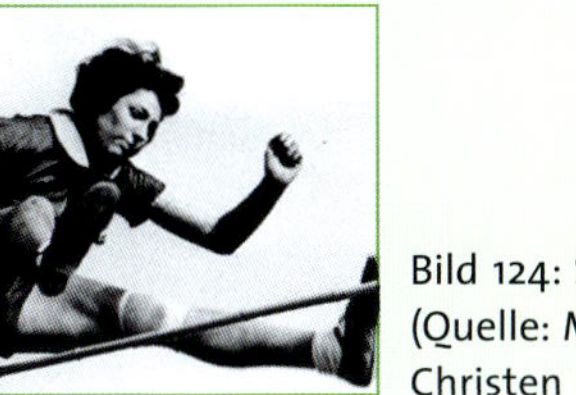

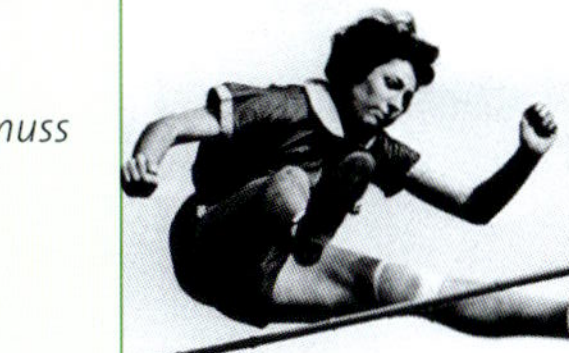

Bild 124: Schersprung aus den 30er-Jahren (Quelle: Museum zur Geschichte von Christen und Juden, Schloss Großlaupheim)

Stundenabschnitte und Unterrichtsinhalte	Organisatorische Hinweise

Hinweis: Das Überdenken der Problematik einer weit über der Latte verlaufenden Körperschwerpunktskurve kann lehrerzentriert oder in Gruppen geschehen. Durch gezielte Beobachtung während eines Demonstrationsspringens kann der Sachverhalt veranschaulicht werden.

Die Schüler erhalten die Aufgabe, noch einmal zu springen und sich gegenseitig von schräg hinten zu beobachten: „Wo überquert der Körperschwerpunkt die Latte?" „Wo aber wird die Sprunghöhe gemessen?" „Weshalb ist diese Sprungtechnik also nicht ideal?" „Hat der vorherige Schersprung ähnliche Nachteile wie der Rollsprung?"
Antwort: *Die Schüler finden in der Gruppe heraus, dass beim Schersprung mit seiner zudem aufrechten Haltung der Gesäßmuskel und beim Rollsprung der Oberschenkel zwischen KSP und Latte hindurch müssen.*

Hinweis: An die Hochsprunglatte wird vorübergehend ein Plakat mit historischen Sprüngen gehängt. Die biomechanischen Nachteile sind offensichtlich. Das Plakat ist online verfügbar (s. S. 177) (vgl. Material „KSP-Überhöhung").

Fragend-entwickelnd wird zum nächsten Stundenteil übergeleitet

„Was lag nahe"? Gegebenenfalls: „Mit welchem Bein seid ihr abgesprungen, mit welchem gelandet"? „Was könnte man anders machen, damit der Schwerpunkt die Latte nahe überquert"?
Als Konsequenz müssten die Schüler Folgendes erkennen: „Nicht von links auf links, sondern von links auf rechts! Die Latte überwälzen, zwischen Beine und Arme nehmen. Große Muskelteile sind dann beim Überqueren darunter. Der KSP geht knapp über die Latte".

Hinweis: Die Schüler werden die Fragen dann schnell beantworten können, wenn sie ihre „Hausaufgaben" der letzten Stunde gemacht und das Google Video über den Straddle von Valery Brumel gesehen haben.

Hinweis: Natürlich kann man den Straddle (vgl. Material „Straddle") ausgedruckt zeigen (online verfügbar, s. S. 177) oder aber mittels Laptop das Google-Video oder das online verfügbare Video abspielen.

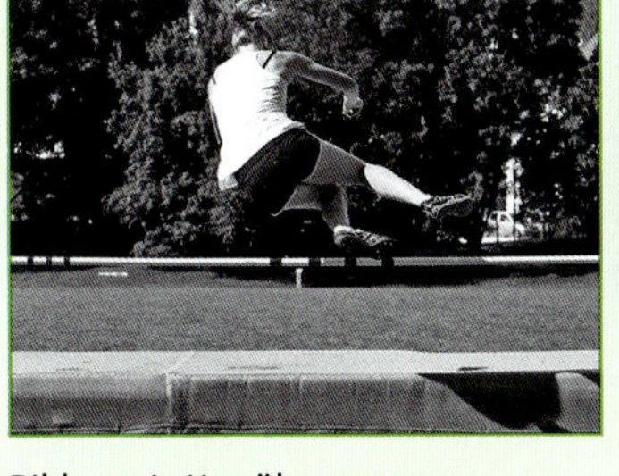
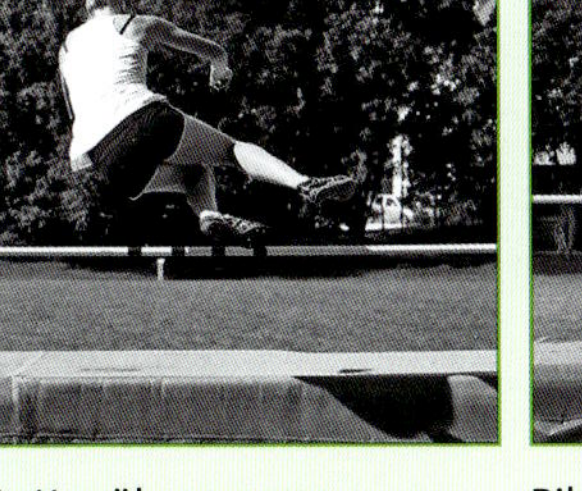

Bild 125: Lattenüberquerung Rollsprung

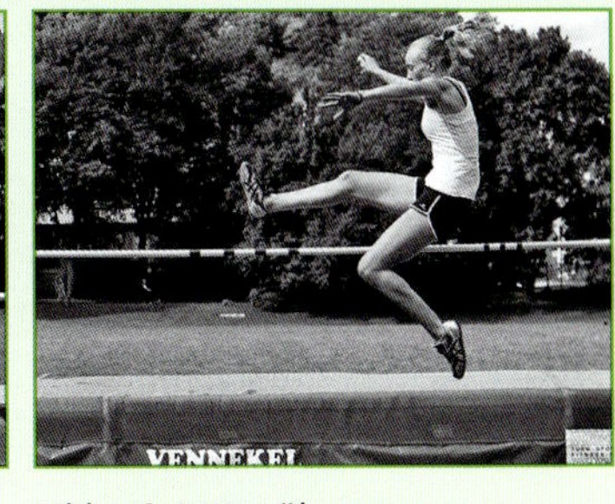

Bild 126: Lattenüberquerung Schersprung

Abb. 40: Anlaufsituation beim Straddle

Bild 127: Straddle = Latte zwischen den Beinen

Günstige Körperschwerpunktskurve: „Straddle“ und „Flop“

Die Schüler springen zweimal den Straddle (Wälzer) aus drei Schritten Anlauf, dann zweimal aus fünf, dann aus sieben. Linksspringer kommen von links, springen mit dem lattennahen Bein von links auf rechts. Und umgekehrt. Abtauchen wie bei der Judorolle.

Hinweis: Einmal demonstrieren, den Ausdruck zeigen oder fragen: „Wie war das im Video?“ Dann ganzheitlich nachvollziehen lassen.

Zwei Tipps

(1) „Den inneren Arm nicht über die Latte schieben; sonst wird es ein Hecht. Das Schwungbein aber führt zur Latte hin!“

(2) „Nicht rennen wie beim Flop. Der Anlauf ist ein eher verhaltenes rhythmisches Auf und Ab. Vor allem beim zweitletzten Schritt kommt das Ab durch ein Laaang“.

Materialbedarf: Keiner.

20

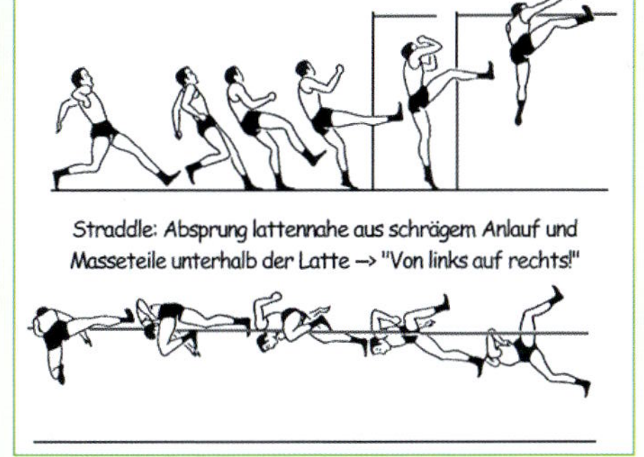

Abb. 41: Straddle (modifiziert nach Schmolinsky, 1977, S. 309)

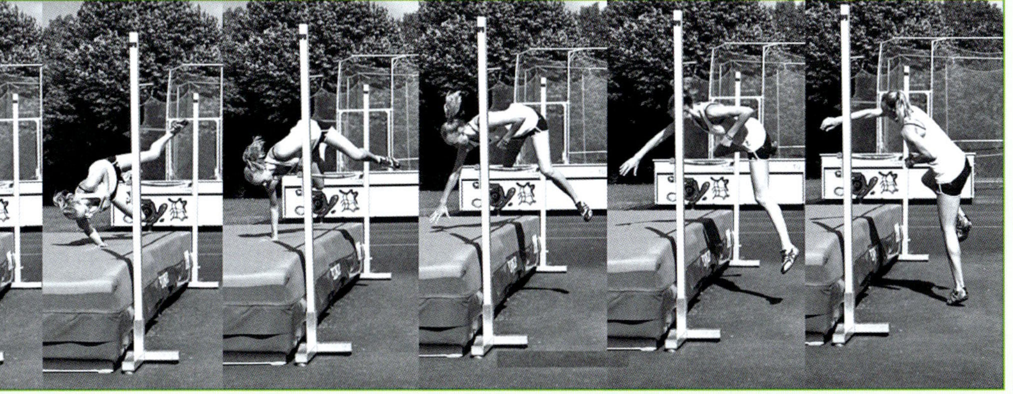

Bild 128: Straddle

Hinweis: Das Reihenbild 128 ist auch als Kopiervorlage online verfügbar (s. S. 177) (vgl. Material „Straddle“).

Stundenabschnitte und Unterrichtsinhalte	Organisatorische Hinweise

Nach ein paar Sprüngen stellt der Lehrer die Frage: „Weshalb machen wir den zweitletzten Schritt länger als die anderen“?
Antwort: *„Runter, den zweitletzten Schritt ziehen = Absenken des Körperschwerpunkts als Voraussetzung jeglichen Hochspringens“.*

Hinweis: Hier muss man, obwohl das Kräfteparallelogramm im Zusammenhang mit dem frontalen Anlauf der Urtechniken und die Körperschwerpunktskurve bei den unterschiedlichen Techniken mit schrägem Anlauf erarbeitet worden sind, die biomechanische Antwort wohl vorgeben.

Frage: „Wie geschieht das beim Flop“?
Antwort: *„Anlaufsgeschwindigkeit + Radius der Impulskurve = Zentrifugalkraft nach außen = Kurveninnenlage = Absenkung des Körperschwerpunkts“.*

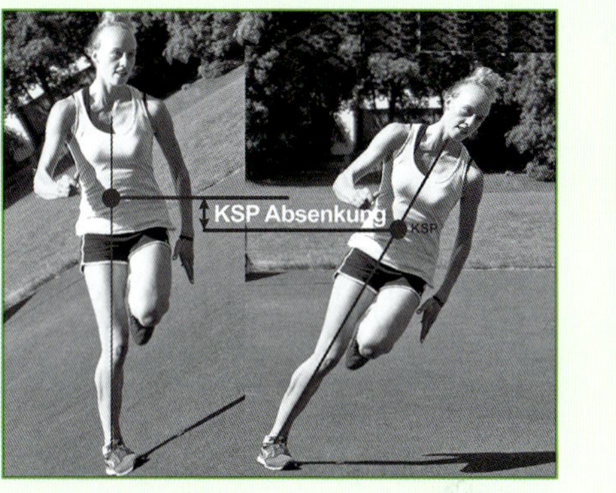

Bild 131: Schwerpunktabsenkung beim Flop

Automatische Schwerpunktsabsenkung „Flop“
Die Schüler führen zwei bis drei der bekannten Flopsprünge durch. Achten auf Fliehkraft und Kurveninnenlage.

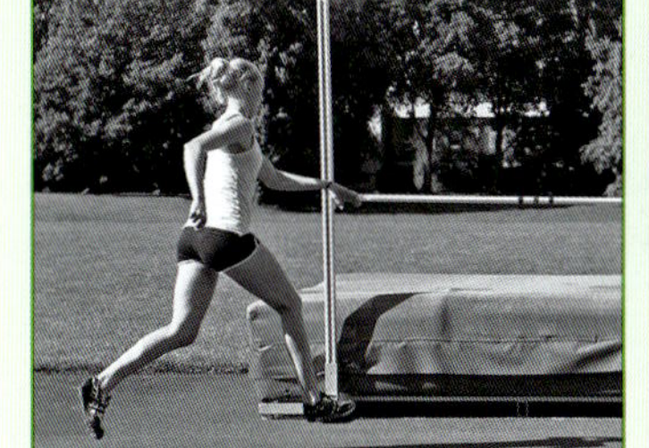

Bild 129: Längerer zweitletzter Schritt

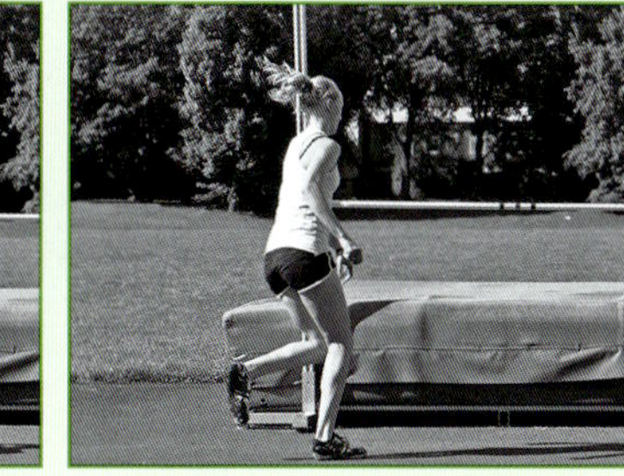

Bild 130: Absenken des KSPs

Materialbedarf: Keiner.

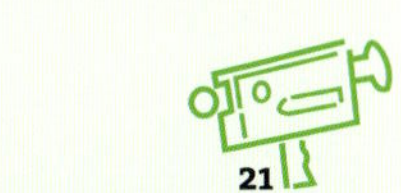

Bild 132: Flop

Hinweis: Die biomechanischen Zusammenhänge wurden in der Mittelstufenstunde erläutert (Seite 99–109).

Hinweis: Das Reihenbild 132 ist auch als Kopiervorlage online verfügbar (s. S. 177) (vgl. Material „Flop“).

Stundenabschnitte und Unterrichtsinhalte	Organisatorische Hinweise

Reflexion oder Zusammenfassung des Lehrers

Frage: „Wer kann den wesentlichen Gesichtspunkt der technischen Entwicklung beim Hochsprung nochmals verdeutlichen?“
Antwort: „Ein schräger Anlauf ist günstiger als ein frontaler“. „Die KSP-Absenkung ist Voraussetzung für das Hochspringen“. „Bei der Lattenüberquerung sollte der KSP möglichst tief liegen“.

Hinweis: Die Abbildung 42 ist auch als Kopiervorlage (vgl. Material „KSP-Überhöhung“) online verfügbar (s. S. 177).

Materialbedarf: Keiner bzw. A3-Kopie der Abbildung 42.

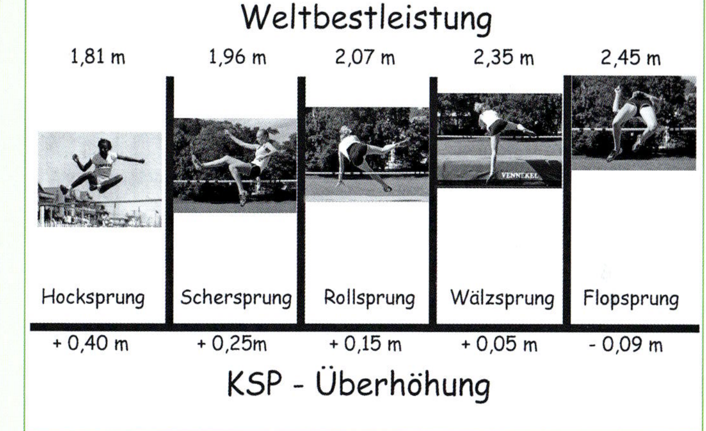

Abb. 42: KSP-Überhöhung bei verschiedenen Hochsprungtechniken

Danach wird noch reflektiert: „Von welcher Seite seid ihr angelaufen“? „Bei welchen Techniken war das gleich? Bei welchen war es anders“?

Antwort: Schersprung Anlauf von rechts, Absprung lattenfern
Rollsprung Anlauf von links, Absprung lattennahe
Straddle Anlauf von links, Absprung lattennahe
Flop Anlauf von rechts, Absprung lattenfern

Eine kleine Umstellung in der Reihenfolge und los geht’s mit dem Klassen-Reißverschluss!

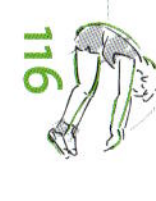

Stundenabschnitte und Unterrichtsinhalte	Organisatorische Hinweise

Schluss (Wettbewerbsform)

Showdown „Quer durch die Geschichte“

Im Reißverschlussverfahren werden nacheinander die Techniken „Schere – Schere“ – „Roll – Roll“ – „Straddle – Straddle“ – „Flop – Flop“ jeweils mit raschem Aufstehen im Weichboden, Weiterlaufen und Einfädeln zum erneuten Sprung von zwei Seiten, durchgeführt: Nur 2 Meter Abstand! Tempo!

Das gilt, wenn die Klasse aus halbwegs gleich vielen Links- und Rechtsspringern besteht und ein paar wenige „auffüllend anders herum“ können.
Ansonsten, d. h. bei nur Linksspringern, können die beiden selben Techniken nicht unmittelbar hintereinander in den Reißverschluss einfließen. Sie wechseln sich ab.

Variante: Die Schüler erhalten in Kleingruppen die Aufgabe, eine kleine Präsentation zum Thema „Geschichte des Hochspringens“ vorzubereiten und der gesamten Gruppe im Anschluss zu präsentieren.

Materialbedarf: Präsentationsanleitung (vgl. Material „Präsentationsanleitung“).

1 Schere Rechtspringer
2 Rollsprung Linksspringer
3 Flop Rechtsspringer
4 Straddle Linksspringer
1 Schere Linksspringer
2 Rolllsprung Rechtspringer
3 Flop Linkspringer
4 Straddle Rechtsspringer
Die Gruppe besteht halftig aus Rechts- und Linksspringern: Schere – Schere – Rollsprung – Rollsprung – Flop – Flop – Straddle – Straddle.

Abb. 43: Präsentation „Mit Links- und Rechtsspringern“

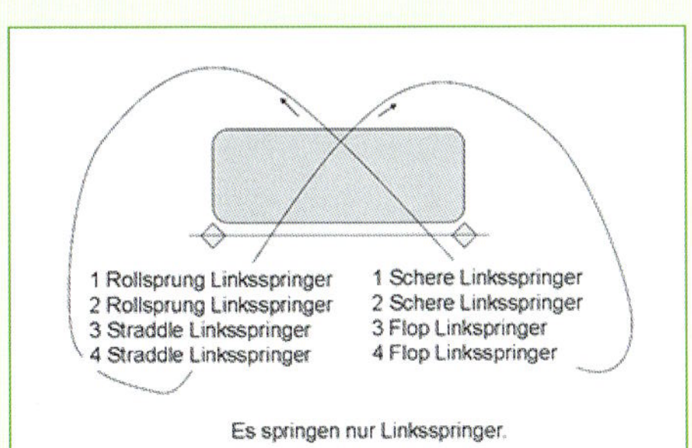

Abb. 44: Präsentation „Nur mit Linksspringern“

3 Doppelstunde 7: Theorie und Praxis des Stabhochsprungs – „Die Sache mit der Hebelaufrichtung und der Energie“

Einführung

Erfahrungsgemäß sind Schüler recht schnell für das „Springen mit dem Stab“ zu begeistern. Die „Karten“ liegen im Gegensatz z. B. zum Weitsprung nicht von vorneherein rein physisch bedingt „auf dem Tisch“: „Wie schnell laufe ich an?“ „Welche Sprungkraft habe ich?“. Stattdessen dominieren anfangs koordinative Lernprozesse mit raschen Entwicklungsmöglichkeiten. Schüler und Lehrer haben hier genauso Erfolgserlebnisse wie beispielsweise beim rhythmischen Laufen über Hindernisse oder beim Zielwerfen.

Das Springen mit dem Stab den Schülern freudvoll nahezubringen, das war das Ziel der beiden Sportstunden aus Band 1 und 2: In der Unterstufe (Band 1, S. 115–121) standen vorwiegend das aus biomechanisch-methodischer Sicht unschwierige Runterspringen und das den Anstellwinkel zwischen Stab und Anlaufebene vergrößernde leichte „Rüberspringen“ in die Weitsprunggrube im Vordergrund. In der Mittelstufe (Doppelstunde Leichtathletik Band 2, s. S. 119) folgte das etwas anspruchsvollere „Raufspringen“ in das Sprungkissen mit Drehung. Wenn ein Lehrer mit dieser Disziplin auch nur halbwegs umgehen und sie in der Grobform mit dem starren Stab demonstrieren kann – ein Unterschwung mit halber Drehung – dann ist die Stunde ein „Selbstläufer“. Auch das erforderliche Material ist in der Regel kein Hinderungsgrund (siehe Vorbereitung).

Die Freude an der Bewegung ist auch in der Oberstufe neben dem Vermitteln theoretischen Wissens ein tragendes Unterrichtsziel.

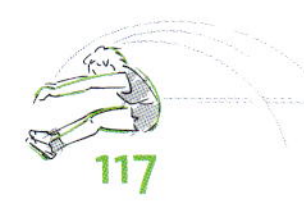

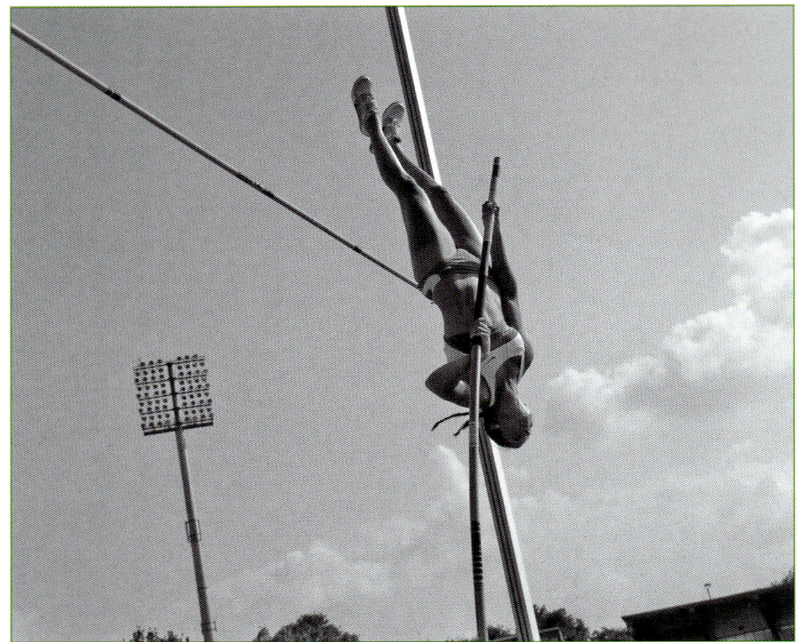

Bild 133: Stabhochspringerin kurz vor der Lattenüberquerung

In dieser dritten Stunde für die Oberstufe wird das bisherige methodische Vorgehen aber quasi zum Thema gemacht: „*Welche Rolle spielt der Anstellwinkel zwischen Stab und Anlaufebene? Warum sind wir zunächst runtergesprungen? Warum müssen wir beim Raufspringen zunächst niedriger greifen?*“ Und wer neugierig ist, der interessiert sich für den Stab: „*Warum ist er hohl? Warum springt man mit dem Glasfiberstab viel höher als mit dem Metallstab? Warum braucht ein schnellerer/schwererer Springer einen härteren Stab als ein langsamerer/leichterer?*“

Im Gegensatz z. B. zur Ausdauerstunde mit ihrem physiologisch-biologischen Zugang ist es bei dieser Thematik eher ein biomechanischer. In der Stunde dominiert das Springen, aber das *nur wiederholende* Springen, damit es ein *reflektiertes* Springen sein kann. Wenn der Schüler koordinativ erst noch alles komplett erlernen muss, ist wenig Spielraum für die Vermittlung theoretischer Hintergründe. Zweifellos ist es ein Vorteil, wenn die oben zitierten Unter- und Mittelstufenstunden vorher gemacht worden sind.

Die Texte und Fotos in diesem Buch sind ausreichend, doch gibt es zu Länge und Härte der Stäbe bei YouTube ein recht anschauliches Video (siehe Vorbereitung).

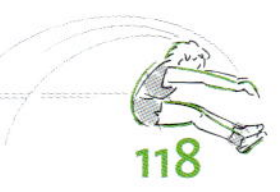

Kompetenzen

Motorisch: Die Schüler können mit Hilfe eines Stabes aus dem Anlauf in die Höhe springen und sich zur Anlaufrichtung drehen. Dabei können sie zum richtigen Zeitpunkt eine Höhenmarkierung überwinden und den Stab wegstoßen.

Kognitiv: Die Schüler können die Bedeutung eines günstigen Anstellwinkels zwischen Anlaufebene und Stab erklären.
Die Schüler kennen die Bedeutung einer verkürzten Stabsehne durch Biegung und den Vorgang der Energieumwandlung von Bewegungsenergie in Lage- und Spannungsenergie und wieder in Bewegungsenergie bei der Stabstreckung.

Didaktisch-methodische Anmerkungen

Die Stunde beginnt mit einem kurzen „Eintraben", mit Richtungswechseln und Steigerungen. Als Raumorientierung dienen Punkte des Fußballfeldes. Am Anspielkreis spielen sich im Rasen auch das Dehnen und die spezielle Vorbereitung der Partnerübungen und des „stabsprungaffinen Turnens" ab.

Obwohl es sich um die insgesamt dritte Stunde handelt, beginnen wir im Hauptteil wieder mit Niedersprüngen von irgendwelchen Erhöhungen (z. B. Metallabdeckung der Hochsprunganlage oder Weichboden). Schließlich wird das unser erstes Thema (Anstellwinkel, Lageenergie); zweitens liegt ja ein längerer Zeitraum zwischen der Unter-, Mittel- und Oberstufenstunde. Tiefsprünge erleichtern hier das Wieder-Hineinfinden in die Bewegung. Dabei muss auch angesprochen werden, welcher Arm oben, welcher unten ist und an welcher Seite warum vorbeigesprungen wird.

Dem kleinen Themenkomplex von Anstellwinkel und Lageenergie folgt unmittelbar der der kinetischen Energie, denn mit der Bewegungsenergie ist der Anlauf gemeint. Dieser weitere „Theorieeinschub" leitet nach dem Runterspringen nun das Raufspringen aus dem Anlauf in den Weichboden ein. (Auf das Rüberspringen in die Weitsprunggrube wie in den beiden vorausgegangenen Schulstufen wird jetzt verzichtet).

Zuerst muss allerdings die Griffhöhe bestimmt werden. Die darf nicht wahllos sein! Zwar muss der Hebel etwa einen halben Meter länger sein als die Reichhöhe, weil er sonst nicht wirkt, aber er kann nicht beliebig lang sein. Sonst richtet er sich nicht mehr auf und es geht nach dem Anspringen, wenn der Schüler nicht los lässt, wieder rückwärts oder seitlich aus der Matte. Auf die Griffhöhe ist also anfangs besonders zu achten. Höher greifen kann man dann immer noch, wenn die Bewegung sehr schnell wird und wenig nach oben geht. Man kann diese Zusammenhänge genauso fragend entwickeln wie die bisherigen.

„Theorie" und Praxis wechseln sich immer ab. Passt die Griffhöhe und ist die Händigkeit klar, nehmen die Schüler die Griffhand an die Schulter, schieben den Stab nach dem kurzen Anlauf in den Einstichkasten und strecken beim Absprung die Arme. Recht schnell ergibt sich der „richtige" Einstich von der Hüfte aus, weil man so später schneller anlaufen kann und wir in der Mittelstufenstunde schon länger geschoben haben und damit der Einstich halbwegs klar sein müsste. Und es wird ansatzweise in die L-Position „eingerollt".

Danach setzen sich vier Schülergruppen kurz in den Sektor und überlegen, welche Kriterien des Bewegungsablaufes für einen günstigen Anstellwinkel wichtig sind (z. B. Stab vor das Gesicht) bzw. welche Fehler nicht gemacht werden sollten (z. B. Klimmzüge). Natürlich lässt sich dies auch im Klassenrahmen kurz erfragen und besprechen. Eine Hilfe zur Veranschaulichung liefert das online verfügbare Plakat (s. S. 177).

Es folgen wieder ein praktischer Teil des Springens und der partnerunterstützten Beobachtung, ob solche „anstellwinkelabträglichen" Fehler gemacht werden und dann das Springen mit Drehung.
Es wird mit der Griffhand gezogen und zum Stab in die Anlaufrichtung gedreht, später der Stab noch weggestoßen. Anfangs hält der Lehrer einen Gymnastikstab in die Anlage, dann folgen Zauberschnur oder Latte.

Bevor es zum abschließenden Springen mit dem Stab auf Höhe kommt – mit Theorie sollte die Stunde nicht enden – erhalten die Schüler ein Arbeitsblatt (vgl. Material „AB_starrer Stab").

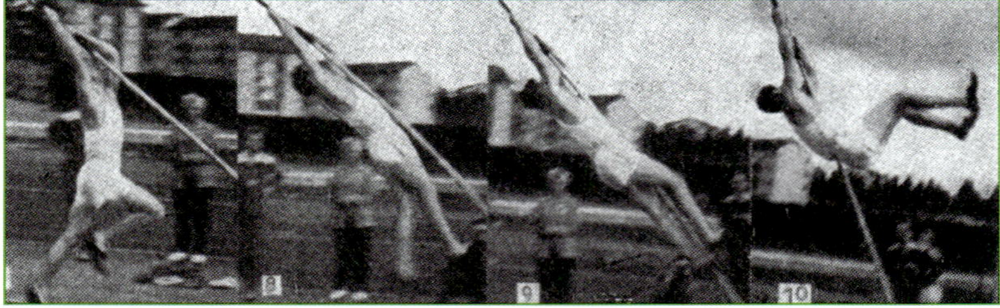

Bild 134: Stabhochsprung mit starrem Stab

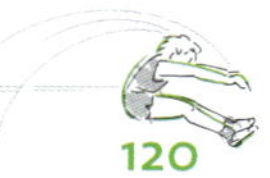

Zu sehen ist darauf ein Springer früherer Zeiten mit Metallstab. *„Weshalb springt man heute über einen Meter höher als früher?“ „Finde je einen mechanischen Grund und einen aus Sicht der Energetik. Begründe Deine Meinung“.* Es geht im Wesentlichen um die Verkürzung der Stabsehne bei der Hebelaufrichtung und um die Umwandlung der kinetischen Energie des Anlaufs in potentielle und Spannungsenergie und wieder zurück in kinetische bei der Stabstreckung. Dabei lässt sich auch auf Stablänge und Stabhärte eingehen. Das kann recht interessant sein.

Abschlussspringen mit dem starren Stab: „Schaffe ich meine Hochsprungbestleistung oder gar meine Körpergröße“?

Hinweise zur Vorbereitung

Erforderlich sind Einstichkasten, Sprungkissen, Ständer, Latte und eine Zauberschnur. Außerdem benötigt man etwa vier Stäbe, die man über einen Kontakt zum Verein in der Regel ausleihen kann. Die Stäbe können alt und abgebrochen sein. Davon gibt es im Verein oft genug. Diese reichen für die Schule vollkommen aus. Sie werden starr gesprungen, und die volle (ursprüngliche) Länge ist bei weitem nicht notwendig.

Für den Lehrer empfiehlt sich in der Vorbereitung der Stunde ein sehr anschauliches **Video** bei YouTube: „Warum bricht ein Stab beim Stabhochsprung nicht?“, gesendet unter „Wissen macht Ah!“ – Das Erste – WDR. Den Schülern gibt man diesen Hinweis erst nach der Stunde.

Doppelstunde 7: *Theorie und Praxis des Stabhochsprungs*

Stundenabschnitte und Unterrichtsinhalte	Organisatorische Hinweise

Einleitender Stundenteil (Aufwärmen)

***Allgemeines Aufwärmen* „Kurzes Eintraben/Steigern“ mit integriertem *speziellen Aufwärmen* „Dehn- und Mobilisationsübungen“**

Die Klasse joggt mit dem Lehrer zusammen zum Anspielpunkt des Fußballfeldes, anschließend zur Eckfahne, steigert an der Torauslinie zur anderen Ecke, dann wieder langsam zum Anspielkreis und zur Ecke, Steigerungslauf zur anderen Ecke, langsam wieder zur Mitte. Im Mittelkreis werden die ersten sechs Dehn- und Mobilisationsübungen absolviert. Wiederholen des Trabens und Steigerns. Anschließend wieder im Mittelkreis: Dehnen und mobilisieren Teil 2.

Ergänzend zur Erklärung und Demonstration der Dehnübung bekommen die Schüler eine altersgemäße Information über den gedehnten Muskel/ die gedehnte Muskelgruppe und deren Funktion.

- Übung (1) → Arme seitlich ausstrecken, Handflächen nach oben aufdrehen und aktiv nach hinten ziehen.
- Übung (2) → Einen Arm in Schulterhöhe an die Wand oder einen Partner legen und die Gegenschulter möglichst weit aufdehnen.
- Übung (3) → Einen Arm angewinkelt hinter den Kopf führen und mit der anderen Hand nach unten drücken.
- Übung (4) → Armkreisen vorwärts und rückwärts.
- Übung (5) → Rumpfkreisen.
- Übung (6) → Im Stand die Hüfte möglichst weit vorschieben.
- Übung (7) → In Rückenlage mit abgespreizten Armen ein Bein anwinkeln und dieses über das gestreckte Bein auf dem Boden ablegen.
- Übung (8) → In Rückenlage mit abgespreizten Armen beide Beine anwinkeln und im Wechsel rechts und links ablegen.
- Übung (9) → Seitlicher Ausfallschritt.
- Übung (10) → Einen Fuß am Knöchel fassen und Richtung Gesäß ziehen.
- Übung (11) → Im Langsitz bei gestreckten Beinen den Oberkörper nach vorne absenken.
- Übung (12) → Im Langsitz ein Knie zur Seite drücken.

Materialbedarf:
Keiner.

Abb. 72: Streckenplan „Eintraben“

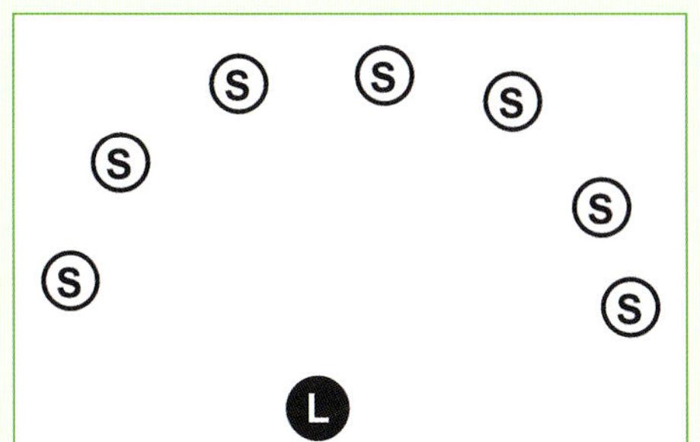

Materialbedarf:
Keiner.

Aufstellung in Halbkreisformation.

Abb. 73: Aufstellung in Halbkreisformation

Hinweis: Da die Anläufe zum Stabspringen noch kurz und nicht maximal sind, sind Dehnübungen im Arm- und Schultergürtel noch wichtiger als im Bereich der unteren Extremitäten. Ansonsten ist Muskelkater in der vorderen Achselfalte (Sehne Brust – Oberarm) die Folge.

Hinweis: Pro Übung 20 sec Haltedauer → danach lockern.

Stundenabschnitte und Unterrichtsinhalte	Organisatorische Hinweise

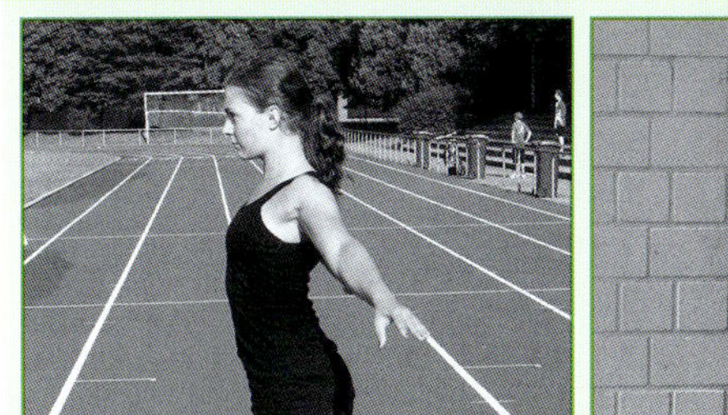

Bild 135: Übung (1)
Arme nach hinten (Brust)

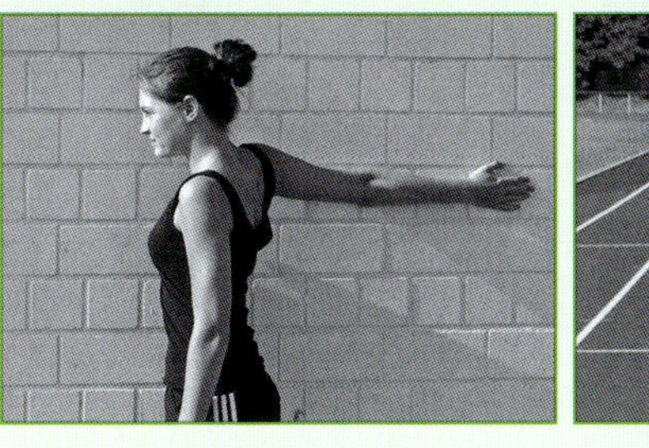

Bild 136: Übung (2)
Arm an der Wand (Brust)

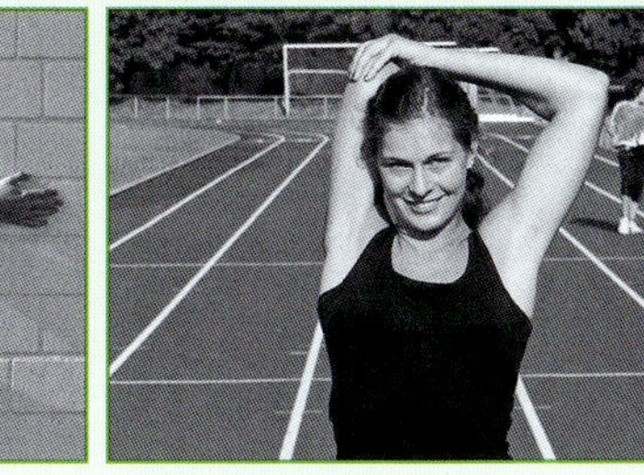
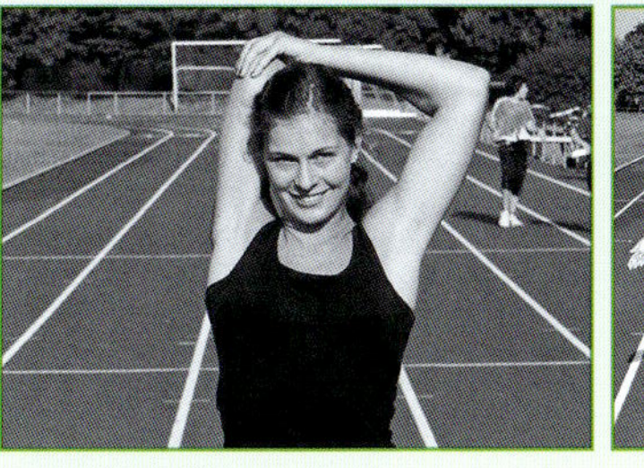
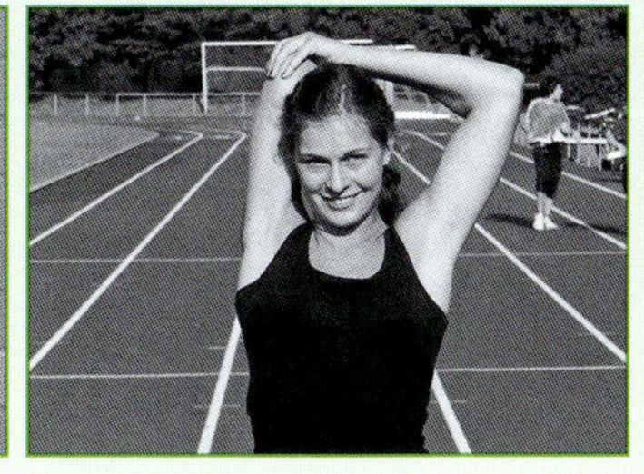
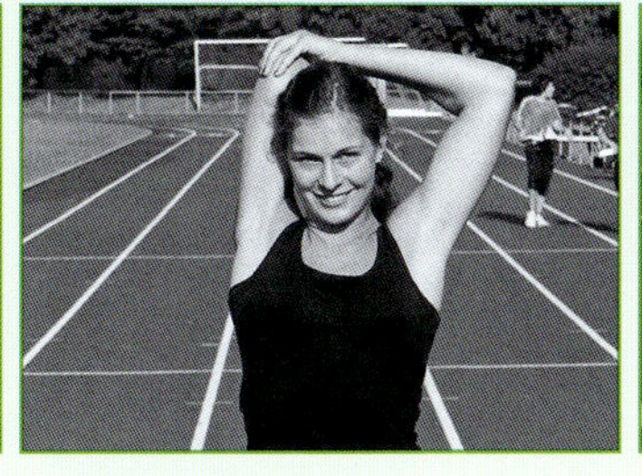
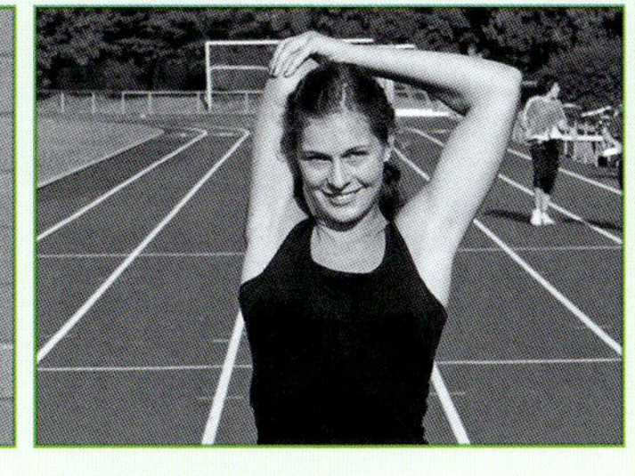

Bild 137: Übung (3)
Trizeps dehnen

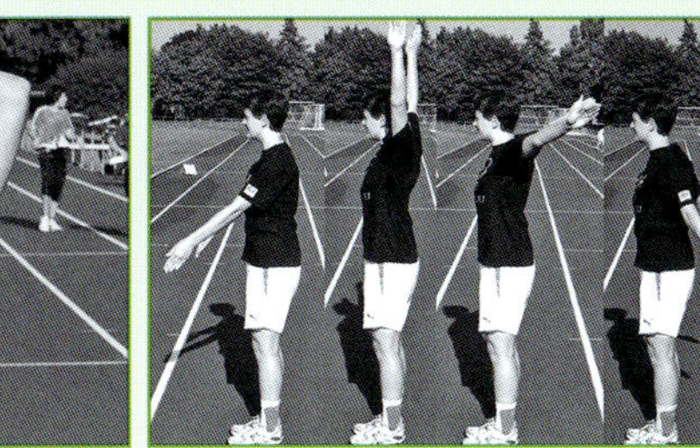

Bild 138: Übung (4)
Armkreisen vorwärts

Bild 139: Übung (5) Rumpfkreisen

Bild 140: Übung (6) Hüfte vorschieben

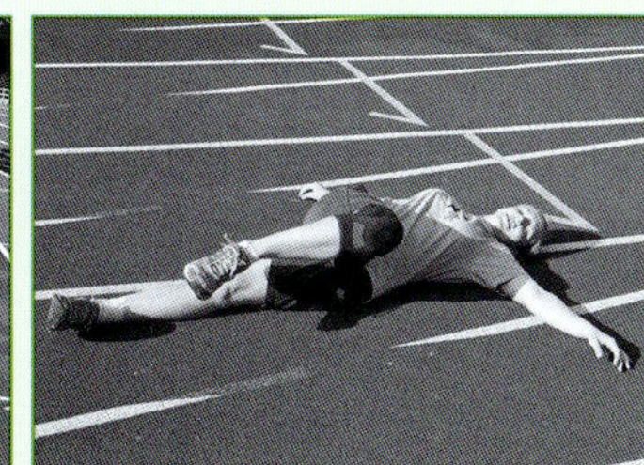
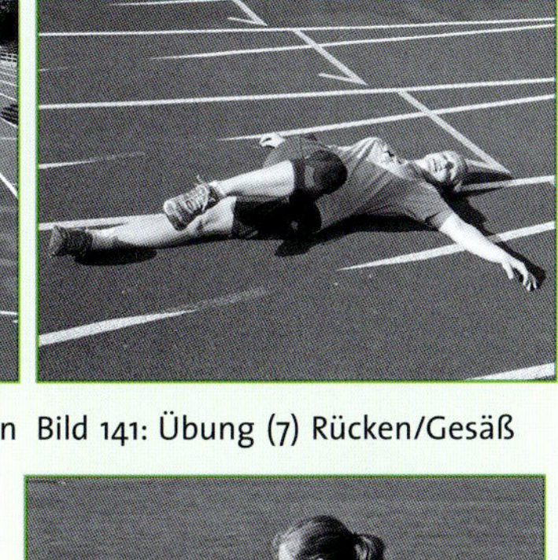

Bild 141: Übung (7) Rücken/Gesäß

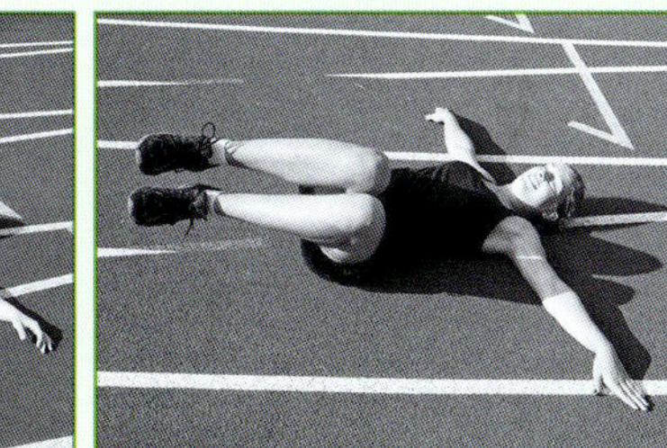

Bild 142: Übung (8) Beine ablegen

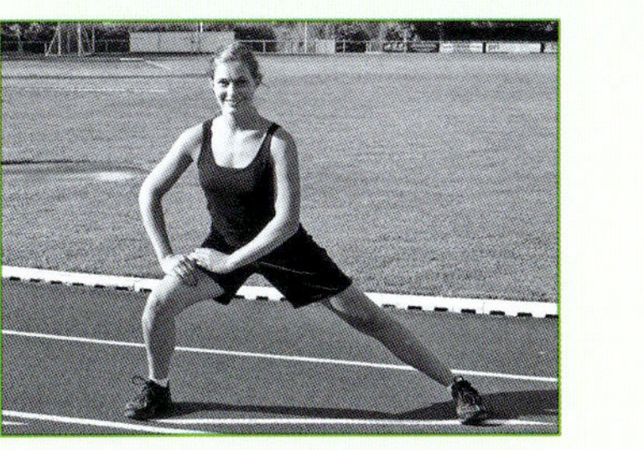
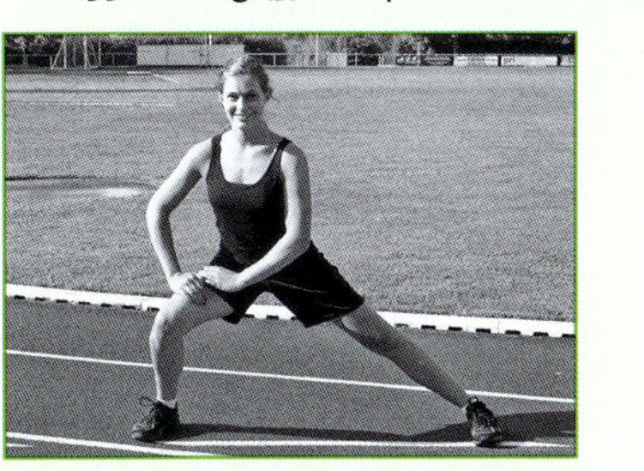

Bild 143: Übung (9) Adduktoren

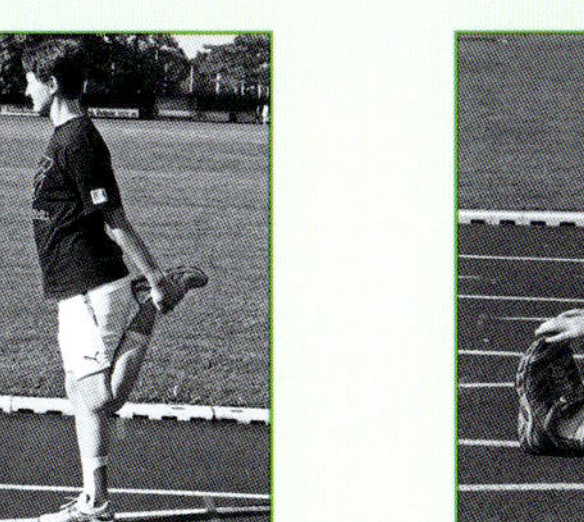
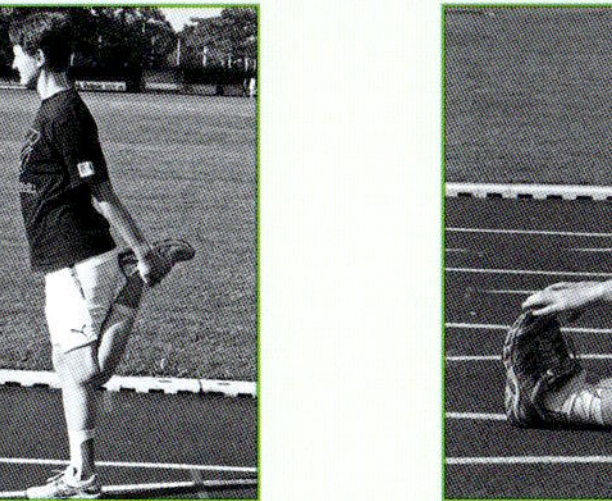
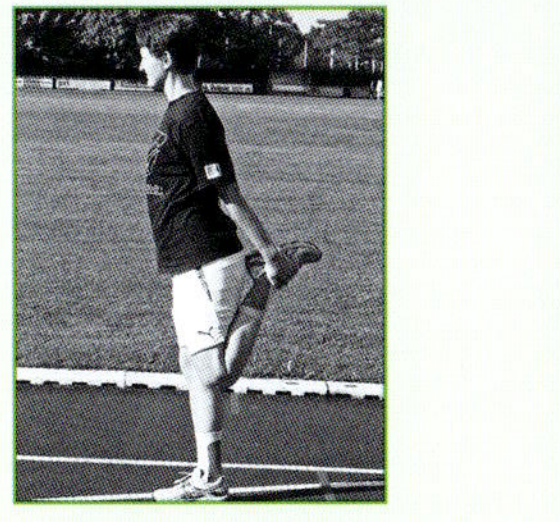
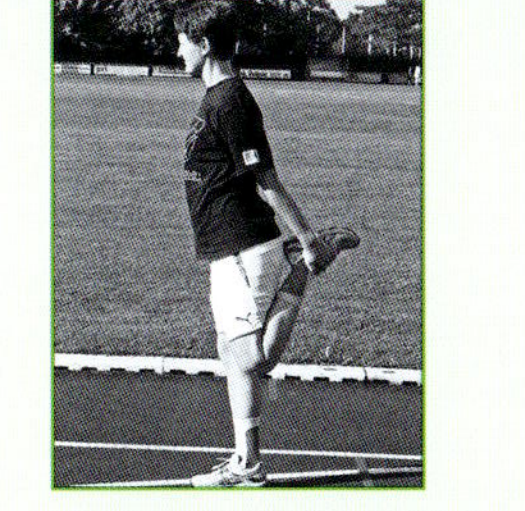

Bild 144: Übung (10) OS-Vorderseite

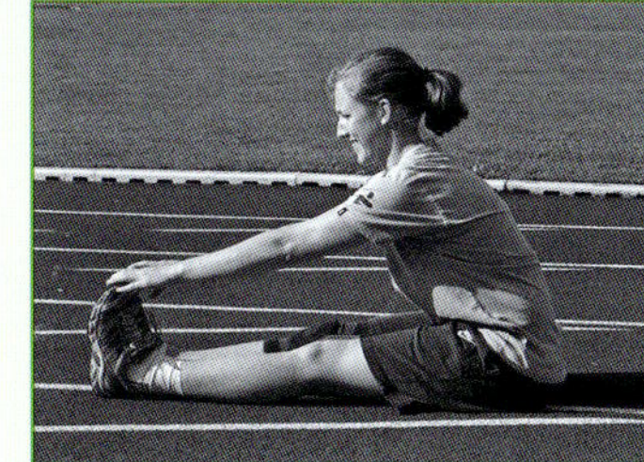

Bild 145: Übung (11) OS-Rückseite

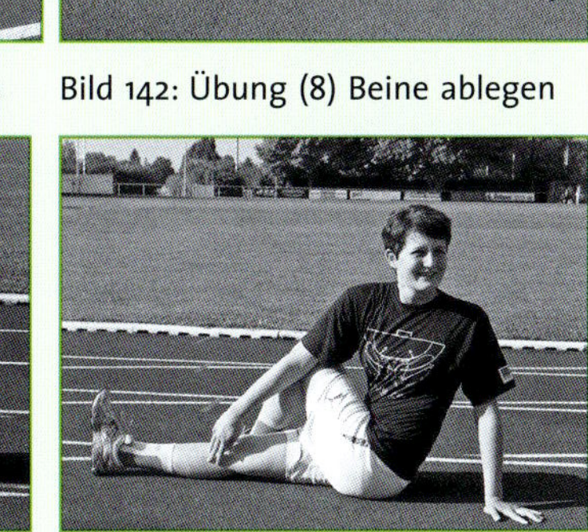

Bild 146: Übung (12) Gesäß

Stundenabschnitte und Unterrichtsinhalte	Organisatorische Hinweise

***Spezielles Aufwärmen* „Partnerübungen und Turnen“**
Je zwei Schüler gehen nun zusammen und absolvieren die vom Lehrer angesagten Partnerübungen.

Partnerübungen
- Übung (1) → Die Partner halten sich an den Armen, hängen leicht zurück und drehen sich im Kreis.
- Übung (2) → Die Partner fassen sich, hängen sich zurück und gehen unter leichtem Zug langsam hoch und runter.
- Übung (3) → Die Partner stellen sich nebeneinander und versuchen, sich gegenseitig mit der Schulter nach vorne wegzudrücken.
- Übung (4) → Die Partner haken mit der Schulter im Liegestütz ein und drücken gegeneinander (nicht aufrichten).
- Übung (5) → Die Partner gehen in den Liegestütz und versuchen sich durch Zug mit einem Arm aus dem Gleichgewicht zu bringen.

Einzelübungen
- Übung (6) → Liegestütz beidarmig.
- Übung (7) → Rolle vorwärts.
- Übung (8) → Rolle rückwärts.
- Übung (9) → Rolle rückwärts über den flüchtigen Handstand.
- Übung (10) → Rolle rückwärts über den flüchtigen einarmigen Handstand.

Hinweis: Pro Übung 30 sec Übungsdauer → danach lockern.
Hinweis: Die Einzelübungen sind statt im Gras auch in der Matte möglich.

Materialbedarf: Keiner.

Hinweis: Die Partnerübungen sind kein „Gegeneinander“, sondern ein „Miteinander“. Man muss sich etwas aufeinander einstellen; sonst sind die Übungen nicht effektiv.

Bild 147: Übung (1) Im Kreis drehen

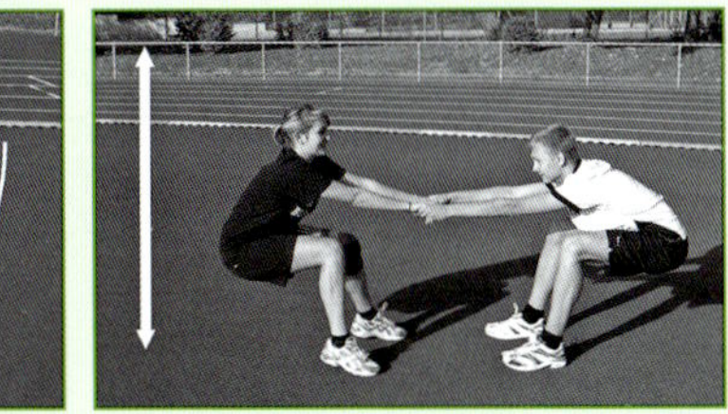

Bild 148: Übung (2) Hoch und runter

Bild 149: Übung (3) Schulter drücken

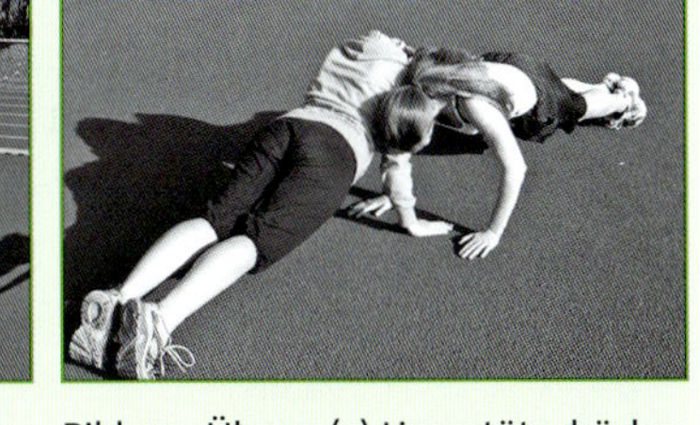

Bild 150: Übung (4) Liegestütz drücken

Bild 151: Übung (5) Zug und Druck

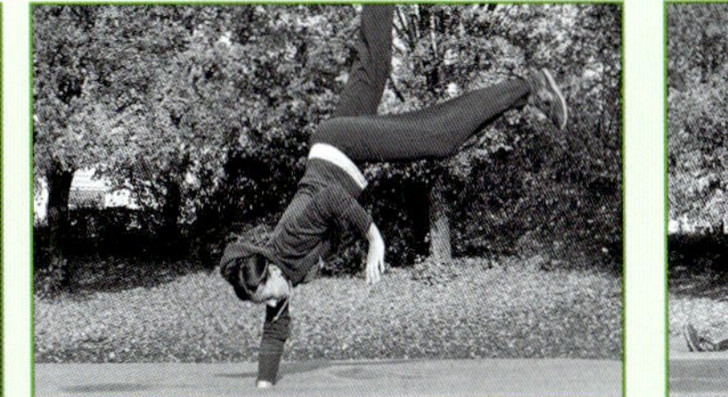

Bild 152: Übung (10) einarmig

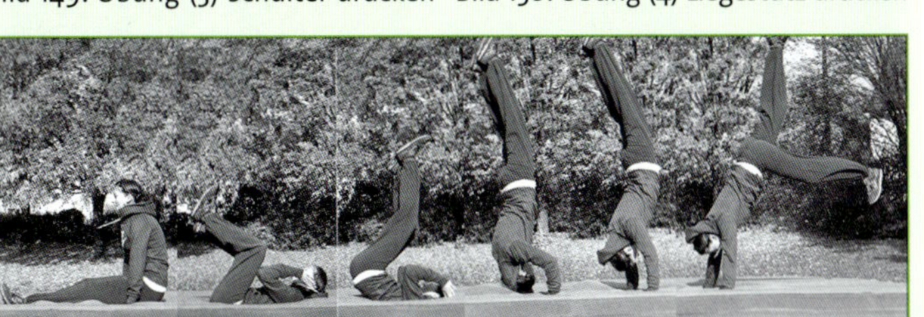

Bild 153: Übung (9) Rolle rückwärts über den flüchtigen Handstand

Stundenabschnitte und Unterrichtsinhalte | Organisatorische Hinweise

Hauptteil (Hebelaufrichtung und Energie beim Springen)

Runterspringen zum Wieder-Hineinfinden und als erster Theorieaufhänger

Runterspringen von Aerobic Steps oder vom Kasten. Das haben wir in der Unterstufe eventuell bereits gemacht.

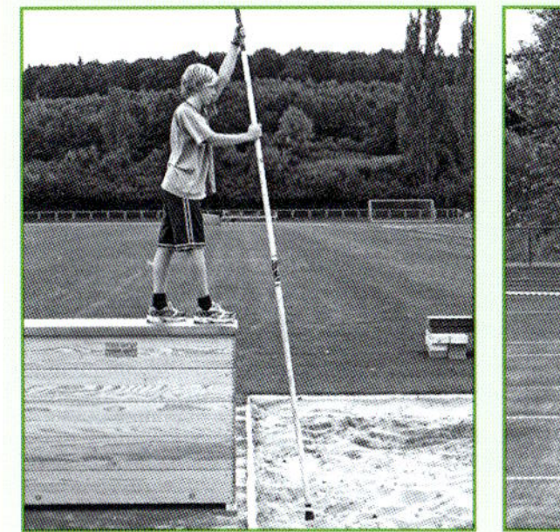

Bild 154: Runterspringen vom Kasten

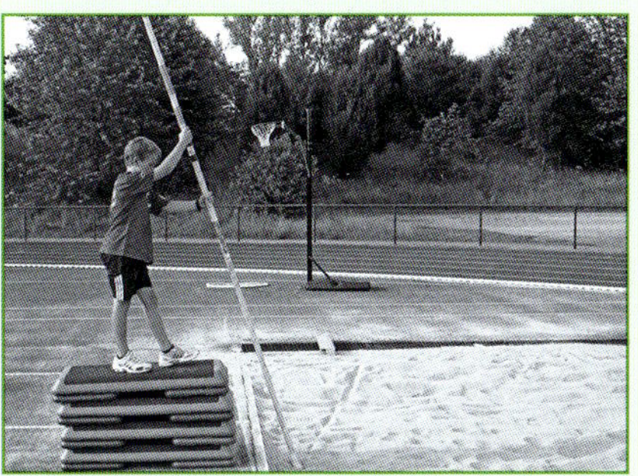

Bild 155: Runterspringen von Aerobic Steps

Hinweis: Zur Einleitung der Oberstufenstunde werden den Schülern die Niedersprünge gleich an der Hochsprunganlage oder am Weichboden angeboten.

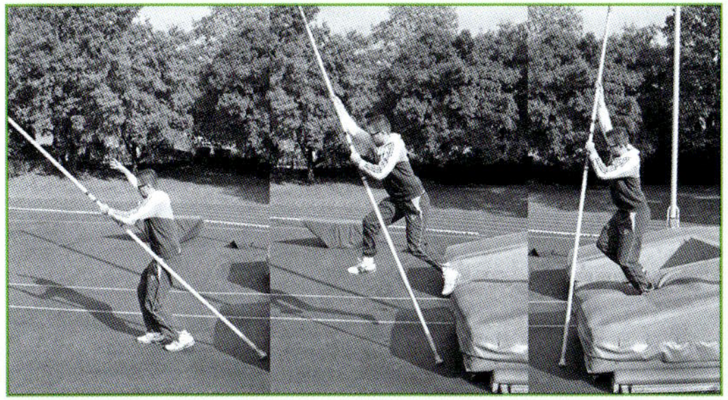

Bild 157: Niedersprünge vom Weichboden vorne (niedriger) mit Landung auf den Beinen.

Materialbedarf: Falls vorhanden, Hochsprunganlage mit Metallabdeckung, Stabhochsprunganlage, ein bis vier Stäbe. Fehlt die Metallabdeckung wird gleich an der Stabhochanlage begonnen. Man muss dann aber auf den Beinen landen.

Hinweis: Rechtshänder: rechter Arm oben, linkes Bein drückt ab, rechts am Stab vorbeispringen (vgl. Bild 156). Linkshänder: linker Arm oben, rechtes Bein drückt ab, links am Stab vorbeispringen.

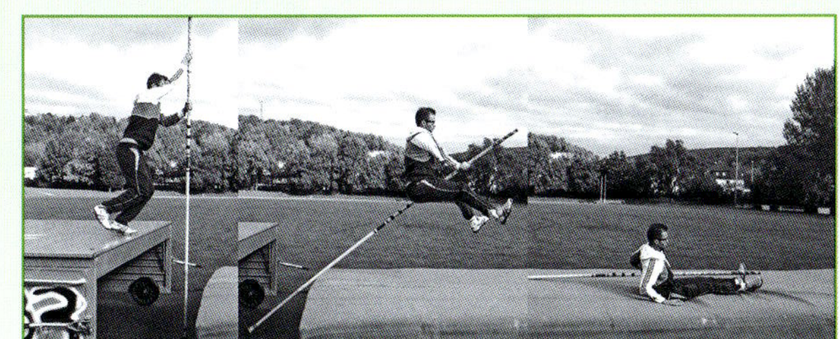

Bild 156: Niedersprünge von der Hochsprungabdeckung sind leicht, spaßig und sicher

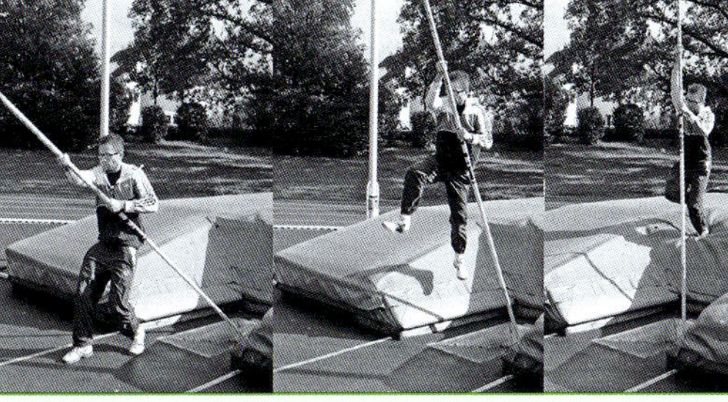

Bild 158: Niedersprünge vom Weichboden Mitte (höher) mit Landung auf den Beinen

Stundenabschnitte und Unterrichtsinhalte	Organisatorische Hinweise

Reflexion der zentralen Hebelaufrichtung und Überleitung zum nächsten Praxisteil der Griffhöhenwahl beim Anlaufen

Frage: „Warum ist das Runterspringen relativ leicht?“
Antwort: „Der Stab als Hebel ist bereits aufgerichtet und die Masse des Schülers hat aufgrund der Erhöhung Lageenergie“.

Frage: „Was ist bei unserem nächsten Schritt des Raufspringens in den Weichboden oder gar über eine Latte notwendig?“
Antwort: „Anlauf, Anlaufgeschwindigkeit als kinetische Energie, die das System Springer/Stab in die Senkrechte aufrichtet.“

Frage: „Wovon hängt die Sprunghöhe ab?“
Antwort: „Von der Griffhöhe.“

Frage: „Wovon hängt die Griffhöhe ab?“
Antwort: „Von der Anlaufgeschwindigkeit, der kinetischen Energie, denn bei zunehmender Griffhöhe wird der Anstellwinkel zwischen Stab und Anlaufebene immer kleiner. Der Hebel des Stabes ist schwieriger aufzurichten.“

Hinweis: Die Schüler können sitzen, während der Lehrer fragend-entwickelnd mit ihnen die wichtigsten Zusammenhänge erarbeitet. Um möglicherweise zu den physikalischen Begriffen, die später noch eine Rolle spielen werden, zu kommen, muss man natürlich etwas steuern, doch genügen Grundkenntnisse.

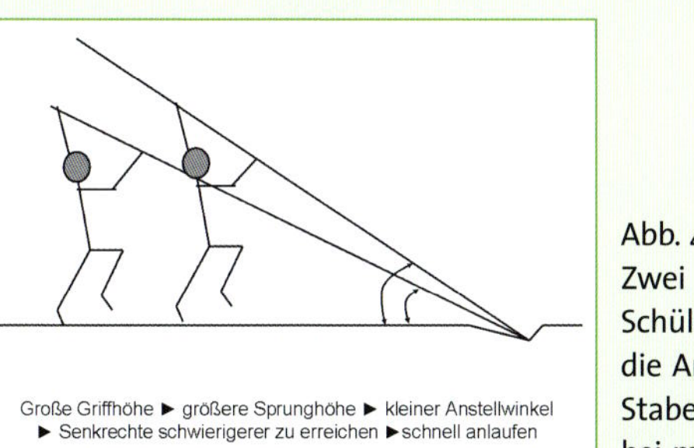

Abb. 47:
Zwei etwa gleich große Schüler demonstrieren die Anstellwinkel des Stabes bei großer und bei mittlerer Griffhöhe

Den Stab richtig greifen und ihn schiebend geradeaus in den Weichboden springen

Die Schüler stellen den Stab senkrecht und fassen ihn einen halben Meter über der Reichhöhe, die Rechtshänder mit der rechten, die Linkshänder mit der linken Hand. Dann drehen sie sich zur Anlaufrichtung und nehmen die Griffhand auf die Schulter, die andere Hand auf Höhe des Brustbeines an den Stab.

Sicherheitshinweis: Hier sollten wir nicht experimentieren, sondern das Richtige vorgeben: Das Stabfassen einen halben Meter über Reichhöhe bedeutet, dass er als Hebel wirkt (unterhalb der Reichhöhe ist das nicht der Fall), aber auch, dass es dem Schüler mit geringer Anlaufgeschwindigkeit in die Anlage reicht. Zu Beginn nicht höher greifen!

Materialbedarf: Zwei bis vier Stabhochsprungstäbe.

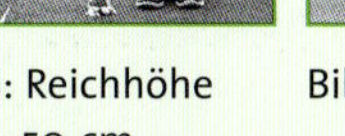

Bild 159: Reichhöhe plus 30–50 cm

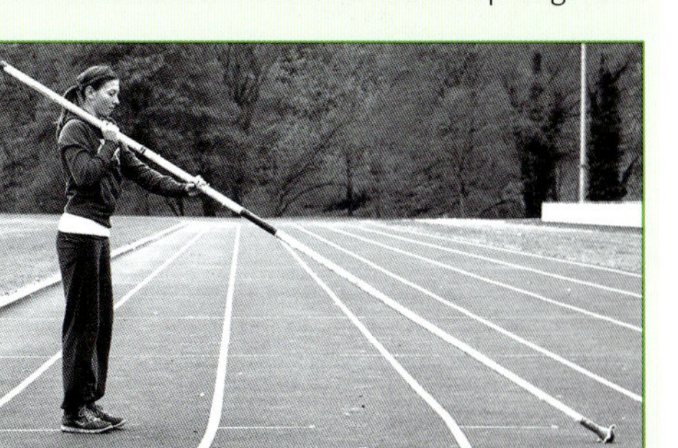

Bild 160: Stab auf der Schulter

Stundenabschnitte und Unterrichtsinhalte	Organisatorische Hinweise

Man läuft nun sieben bis elf Schritte an, streckt kurz vor dem Absprung die Arme und springt als Rechtshänder mit dem linken Bein ab. Am Stab rechts vorbei. Frage: *„Warum nicht links“*? (Arm)

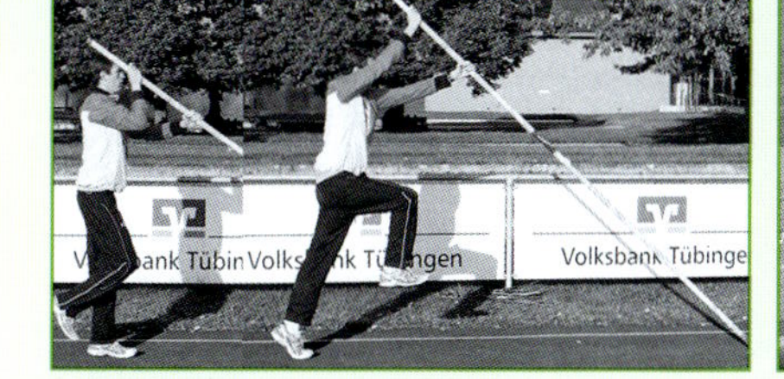

Bild 161: Schiebend anlaufen, Arme strecken

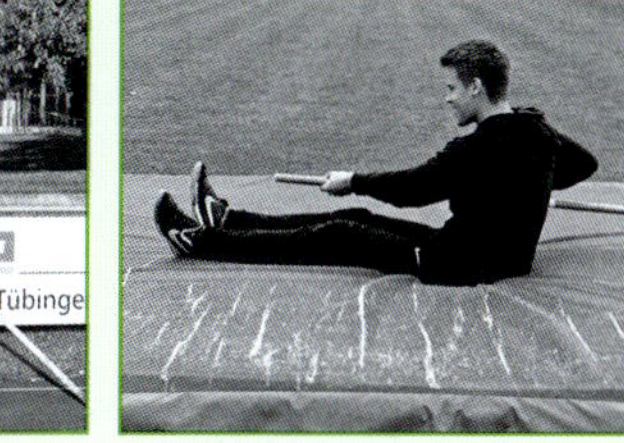

Bild 162: Sitzlandung

Materialbedarf: Zwei bis vier Stabhochsprungstäbe.

Springen mit Orginaleinstich in die L-Position

Die Schüler nehmen den Stab an der Seite von der Schulter zur Hüfte herunter. Die obere Griffhand ist am Gesäßmuskel. Bei den Schritten „links – rechts – links“ (Rechtshänder) bzw. „rechts – links – rechts“ (Linkshänder) wird die Stabspitze gesenkt, der Stab vorgeschoben und hinten angehoben.

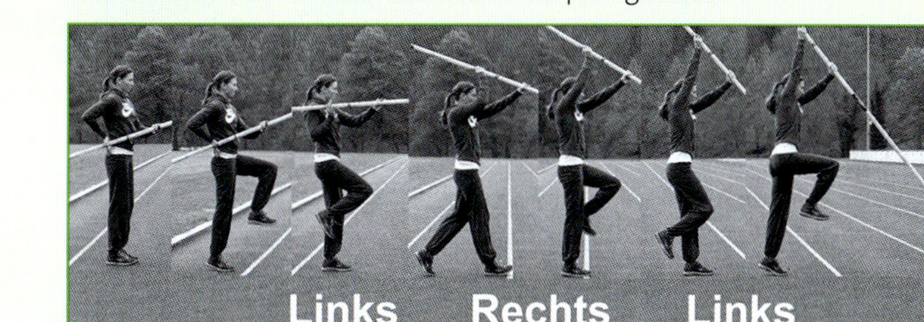

Bild 163: Einstichimitation

Materialbedarf: Zwei bis vier Stabhochsprungstäbe.

Rasch folgen der verkürzte Anlauf und das Landen in der L-Position mit angehobenen Beinen.

Bild 164: Anlaufen

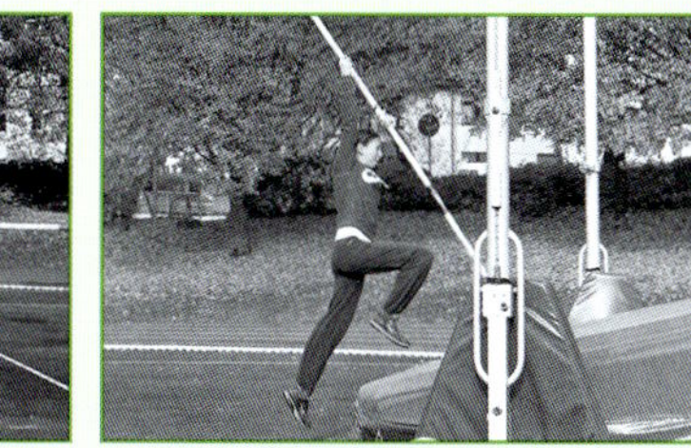

Bild 165: Abspringen

Bild 166: L-Position

Hinweis: Zum Wiedereinfinden machen wir zwar alle diese genannten und kommenden Schritte, doch zügig. Wenn man sie von Grund auf neu erlernen muss, dann wird es schwierig, den theoretischen Hintergrund auch noch aufzuarbeiten. Und das ist die eigentliche Intention dieser Stunde.

Stundenabschnitte und Unterrichtsinhalte	Organisatorische Hinweise

Reflexion: Welche Fehler können wir bei Anlauf, Einstich und Absprung im Hinblick auf den Anstellwinkel und die Hebelaufrichtung machen?

„Was ist einem bei der jeweiligen Griffhöhe günstigen Anstellwinkel abträglich?“

1. Die Arme beim Einstich nicht vollständig zu strecken, das verkleinert den Anstellwinkel. Der Hebel ist schlechter aufzurichten, er kommt nicht in die Senkrechte.
   Ein kleinerer Winkel plus ein dabei seitlich sich neben dem Kopf befindender Stab führt zudem zu einer zu frühen Drehung bevor die Beine angehoben werden können. Der Grund sind ein verkrampfter Oberkörper, keine „lockeren Arme“ bei Anlauf und Einstich.
2. Anzulaufen und die Griffhand nicht am kleinen Gesäßmuskel zu haben, das bewirkt einen langen Weg des Stabes bis vor das Gesicht. Bevor er da ist, kommt meistens Widerstand vom Einstichkasten und der Absprung führt ebenfalls in die Position von Bild 168.

Hinweis: Fragend-entwickelnd lassen sich nun die schlimmsten Fehler bzw. die wichtigsten Kriterien für das Gelingen des Bewegungsablaufes herausstellen. Sie können der um den Einstichkasten stehenden Klasse demonstriert werden, doch online verfügbar (s. S. 177) finden sich auch sechs Beobachtungskarten der nebenstehenden sechs Bilder (vgl. z. B. Material „Karte_langer_Arm“).

„Was bremst die Hebelaufrichtung ab?“

3. Bei Klimmzügen am Stab anstelle eines „Langen Armes“ können erstens die Beine nicht mehr angehoben werden und zweitens wird das Pendel verkürzt. Das Gewicht wird am Hebel nach oben verlagert. Dieser richtet sich kaum noch auf.

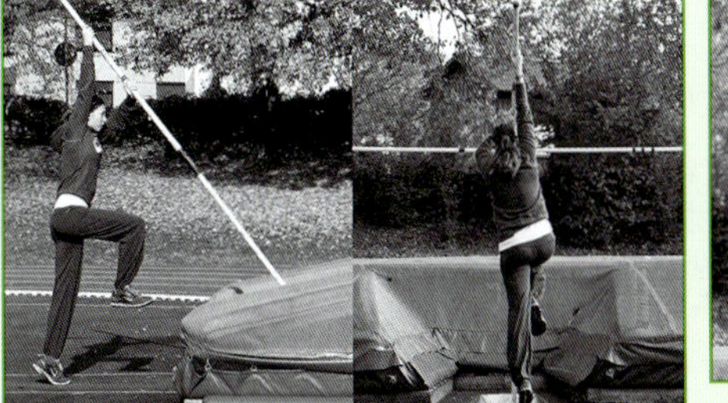

Bild 167: Stab vor das Gesicht bringen

Bild 168: Fehlerbild „Stab seitlich und hinten“

Bild 169: Obere Griffhand vorne am Gesäßmuskel

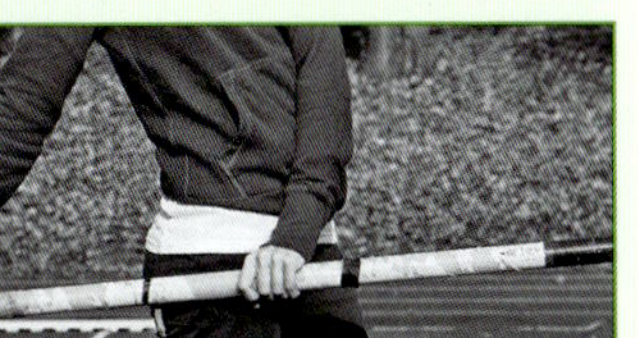

Bild 170: Falsch: Stab hinten, an ihm vorbeilaufen

Materialbedarf: Zwei bis vier Stabhochsprungstäbe.

Bild 171: Langer Arm

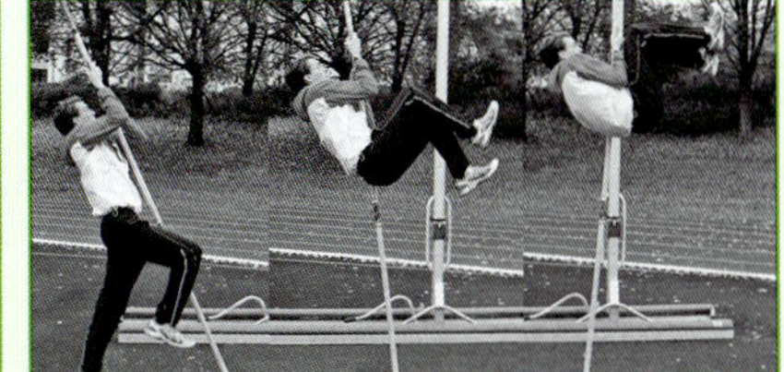

Bild 172: Falsch: Klimmzüge am Stab

Beobachtung des Springens durch den Partner mit Fehlerkorrektur

Zwei Schüler tun sich zusammen und springen abwechselnd.
Einer springt, der andere beobachtet, ob die genannten Fehler auftreten.
Dabei die Beine immer mehr anheben.

Hinweis: Drei Beobachtungskarten zu je einem unterschiedlichen Merkmal sind online verfügbar (s. S. 177) (vgl. Material „Karte_Stab vor Gesicht“, „Karte_Armhaltung“ bzw. „Karte_Langer Arm“).

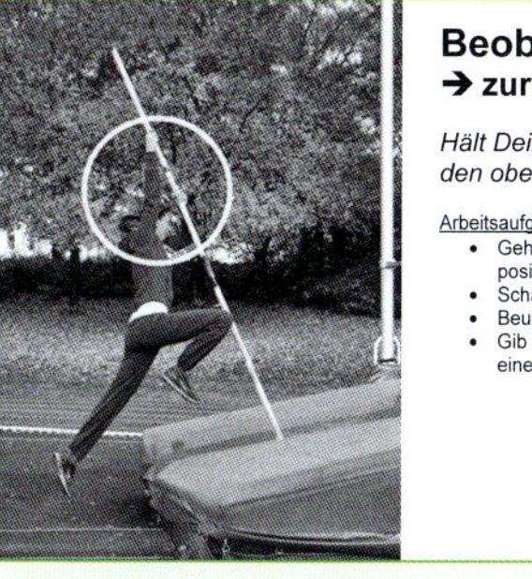

Abb. 48: Beobachtungskarte „Langer Arm“

Materialbedarf:
Zwei bis vier Stabhochsprungstäbe.

Zug-Druck-Drehumstütz ohne und dann mit Schnur/Latte

Die Schüler sollen folgende Aufgaben erfüllen:
(1) „Griffhand an den Gesäßmuskel und sie während des Anlaufs dort auch lassen, nicht zurückführen!“
(2) „Im Oberkörper trotz des Anlaufens locker bleiben: Arme strecken, Stab vor die Nase!“
(3) „Einrollen und Kopf zurück, Fußspitzen Richtung obere Griffhand!“
(4) „Ziehen, drehen, Blick zur Anlaufrichtung!“
(5) „Stab wegstoßen!“

Materialbedarf:
Zwei bis vier Stabhochsprungstäbe.

22

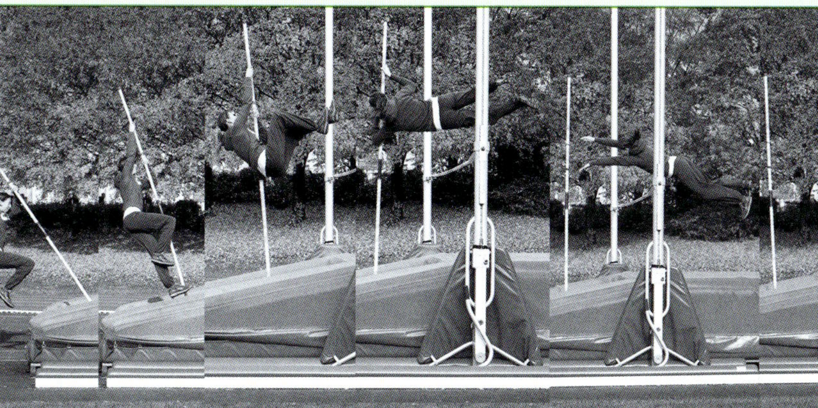

Bild 173: Springen mit Drehung über der Latte

Stundenabschnitte und Unterrichtsinhalte	Organisatorische Hinweise

„So ginge es weiter“ oder „Für kundige Fernsehzuschauer“: Systemverkürzung und potentielle Energie

Die Schüler bilden vier Gruppen. Sie erhalten ein Blatt mit einem Sprung des Olympiasiegers von 1952: Bob Richards (USA), Bestleistung 4,69 m. Die Frage ist, warum man heute über 6 Meter springen kann.
Die Schüler sollen drei Gründe herausfinden, die mit der Hebelaufrichtung, der Energie und dem Umfeld der Sportler zusammenhängen.

Hinweis: Die Lösungen werden im Plenum vorgestellt und durch den Lehrer mit historischen Daten oder physikalischen Begriffen ergänzt. Zweckdienlich können dabei größere Ausdrucke sein (online verfügbar, s. S. 177).

Materialbedarf: Arbeitsblätter in Klassenstärke (vgl. Material „AB_starrer Stab“).

Bild 174: Sprung des Olympiasiegers von 1952 (Nett, 1960, S. 196)

1. Der Springer muss den Stab in die Senkrechte aufrichten. Ein langer Hebel (größere Sprunghöhe) ist dabei schwerer aufzurichten als ein kürzerer. Hebel ist aber die Stabsehne, nicht der Stab. Und diese Sehne ist bei einem biegsamen Glasfiberstab viel kürzer als bei einem Metallstab, den Bob Richards 1952 verwendete. Erst zu Beginn der 60er Jahre begann die Ära der Glasfiberstäbe. Die bei der Aufrichtung verkürzte Sehne steht in der Senkrechten aber dem Springer wieder in voller Länge zur Verfügung – ein großer Vorteil.

Materialbedarf: A3-Plakat (vgl. Material „Plakat_Systemverkürzung“).

Hauptvorteile des flexiblen Stabes

(1) Höhere Griffhöhe durch Systemverkürzung bei der Hebelaufrichtung
(2) Energiespeicherung und katapultartige Abgabe
(3) Abstimmung auf Körpergewicht und Anlaufgeschwindigkeit

Metallstab
S_{max}
Glasfiberstab
Jetzt!
Laaaang!
Komm!
Zug!
Druck!
Fliiiieg!

Unterlegter Bewegungsablauf aus DLV (Hrsg.): Rahmentrainingsplan Sprung. Aachen 1993.

Abb. 49: Die Systemverkürzung S_{max} als Vorteil bei der Hebelaufrichtung des Glasfiberstabes

Stundenabschnitte und Unterrichtsinhalte	Organisatorische Hinweise
2. Im Anlauf wird kinetische Energie geschaffen. Diese Bewegungsenergie, d. h. die im Anlauf geleistete Arbeit, wird beim Eindringen in den flexiblen Stab als Spannungsenergie gespeichert bzw. als Lageenergie umgewandelt. Der quasi gespannte Bogen ist bereit, Arbeit zu verrichten. Die Spannungsenergie wird bei der Stabstreckung wieder als Lage- und Bewegungsenergie abgegeben. Zunächst entsprach der Zunahme der Lage- und Spannungsenergie die Abnahme der kinetischen Anlaufenergie; jetzt während der Stabstreckung entspricht die Abnahme der Spannungsenergie der Zunahme der Lage- und kinetischen Energie, die den Springer unterstützt (Energieerhaltungssatz).	**Materialbedarf:** A3-Plakat (vgl. Material „Plakat_Energie“). 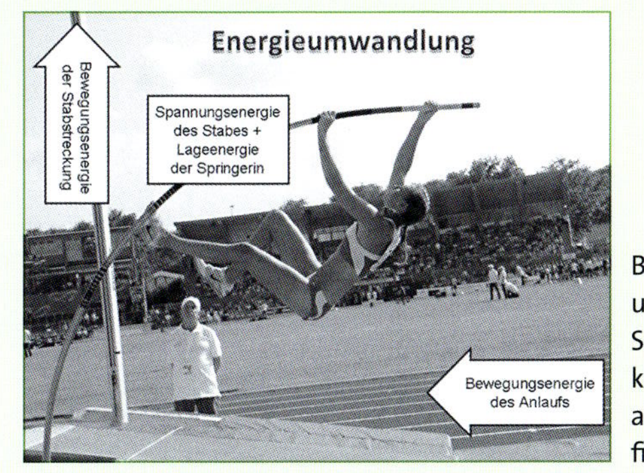 Bild 175: Energieumwandlung bzw. Speicherung und katapultartige Abgabe als Vorteil des Glasfiberstabes
3. Vom Bambus-, Holz- und Metallstab zum Glasfiberstab; von Weitsprunggruben und Sandhügeln mit und ohne Schnitzelsäcken zu Weichböden komfortabelster Art; von Anläufen auf Gras, Erde und Schlacke zum Kunststoffgeläuf. 4. Man weiß heute viel mehr über Training als in den 50er/60er Jahren. Und man hat auch den Umfang gesteigert. Stabhochspringer und Stabhochspringerinnen trainieren täglich, sind Berufssportler, nicht unvermögend.	**Materialbedarf:** A3-Plakat (vgl. Material „Plakat_Sandhügel“). Bild 176: In den 60er Jahren als Übergangszeit sprang man noch mit Metall-, aber auch schon mit Glasfiberstäben „Sky pole“. Stabhochsprungmatten aber gab es nur in den großen Stadien. Heute muss ein Springer nicht mehr an die Landung denken.

Stundenabschnitte und Unterrichtsinhalte	Organisatorische Hinweise

Option für Interessierte: Wie ist ein Stabhochsprungstab aufgebaut?

Sicher taucht die Frage nach den Stäben auf. Hier kann man die interessante Antwort einfach kurz vortragen oder sie teilweise entwickeln.

Der Stab
Stäbe aus glasfaserverstärktem Kunststoff sind unterschiedlich dick gewickelt und hohl. Sie lassen sich über 130 Grad biegen und schnellen nach der Biegung immer wieder in die Gerade zurück. Diese Katapultkraft (und die bei der Latte oben wieder volle Länge des gestreckten Stabes) macht sich der Springer zunutze.
Der Stab ist aber keine Wunderwaffe. Was er leistet, das hängt davon ab, wie stark er gespannt wurde und wie groß sein Widerstand dabei war. Je schneller ich mit Stab anlaufen kann und je höher ich springen will, umso härter und länger muss der Stab sein. Die potentielle Spannungsenergie hängt von der kinetischen Anlaufenergie ab. Auch das Körpergewicht (die Masse) und das technische Vermögen eines sauberen Einstichs beim Eindringen in den Stab spielen eine Rolle.

Wer aufgrund seiner Schnelligkeit und Technik einen harten Stab springt, der einen Mann katapultieren könnte, der schwerer ist als man selber, der ist ganz vorne mit dabei!

Materialbedarf: Keiner.

Bild 177:
Technisches Vermögen, Körpergewicht, Griffhöhe und Schnelligkeit sind mit der Stabhärte und Stablänge in Einklang zu bringen

Tendenz zu …

… weicherem / dünnerem Stab	… härterem / dickerem Stab
• geringere Anlaufgeschwindigkeit • geringeres Körpergewicht • geringere Griffhöhe • Einstich/Eindringen = Technisches Vermögen nicht so gut	• hohe Anlaufgeschwindigkeit • höheres Körpergewicht • größere Griffhöhe • Einstich/Eindringen = Technisches Vermögen sehr gut

Abb. 50: Kriterien der Stabauswahl

Schluss (Wettbewerbsform)

Abschlusswettbewerb Sprünge mit dem starren Stab

Ziel ist eine größere Höhe als im Hochsprung zu erzielen.

Hinweis: Hinweis auf ein Video bei YouTube: *„Warum bricht ein Stab beim Stabhochsprung nicht?“*, „Wissen macht Ah!“ – Das Erste – WDR.

Materialbedarf: Zwei bis vier Stabhochsprungstäbe.

4 Doppelstunde 8: Theorie und Praxis des Dreisprungs – „Drei Sprünge mit zwei Beinen“

Einführung

„Mehrfachsprünge und speziell die verschiedenen Formen des Dreisprungs sind reizvolle koordinative und die Leistungsfähigkeit fordernde Bewegungsaufgaben, die auch den Schulsport bereichern und für Abwechslung sorgen können“.[18] In diesem Sinne stellt der Dreisprung im Sportunterricht der Schule eine gewisse Herausforderung dar. Da er nur selten behandelt wird, andererseits aber vor allem bei Jungen das Bedürfnis nach intensiven Leistungsvergleichen bedienen kann, begegnen die Schüler der neuen Disziplin bei entsprechender Aufbereitung in der Regel auch in der Mittel- und Oberstufe mit großem Interesse und überdurchschnittlicher Motivation. Diese Chancen gilt es für einen attraktiven und abwechslungsreichen Sportunterricht zu nutzen, wie es schon bei der Mittelstufenstunde in diesem Band ausgeführt wurde.

Auch unter pädagogischen Gesichtspunkten eignet sich der Dreisprung gut für die Schule. Im Vergleich zu anderen Disziplinen bzw. Sportarten ist er zwar etwas schwieriger zu erlernen, bietet aber für eine Theorie-Praxis-Verknüpfung in der Oberstufe besondere Lerngelegenheiten.

Entscheidet man sich als Lehrer für das Dreispringen, so sollte diese Disziplin möglichst nicht nur einmalig behandelt, sondern kontinuierlich über alle Stufen hinweg entwickelt werden.

Bei der Einführung der Mehrfachsprünge steht in der Unterstufe (vgl. **Doppelstunde Leichtathletik** Band 1) die Rhythmusschulung im

[18] Haberkorn und Plaß (1992, S.57).

Vordergrund. Sprungserien mit und ohne Orientierungshilfen (z. B. Reifenbahnen oder Hütchen) bilden dort den Schwerpunkt der Ausbildung. Außerdem wird die „Schokoladenseite", d. h. das Bein, mit dem besser mehrfach gesprungen werden kann, bestimmt. Gegen Ende der Doppelstunde schnuppern die Schüler dann auch schon einmal in den „richtigen" Dreisprungrhythmus hinein. Allgemein formuliert können die Schüler nach dieser ersten Ausbildungsstufe Rhythmenwechsel beim Springen kognitiv bewältigen und umsetzen. Der in der Doppelstunde Leichtathletik verwendete Lehrweg wird in Abbildung 51 schematisch dargestellt.

In der Mittelstufe sind verschiedene Arten von Wechselsprüngen und der gängige Dreisprungrhythmus aus verkürztem Anlauf die zentralen Inhalte. Danach soll auch aus einem vollständigen Anlauf heraus auf Weite gesprungen werden. Parallel dazu wird den Schülern das theoretische Basiswissen zu den drei Teilsprüngen „Hop", „Step" und „Jump" und zur möglichst verlustfreien Erhaltung der Horizontalgeschwindigkeit nahegebracht.

In der vorliegenden Oberstufenstunde zur Theorie- und Praxis des Dreisprungs soll es nun um die Frage gehen, welcher individuelle Dreisprungrhythmus für Schüler zur größten Sprungweite führt.

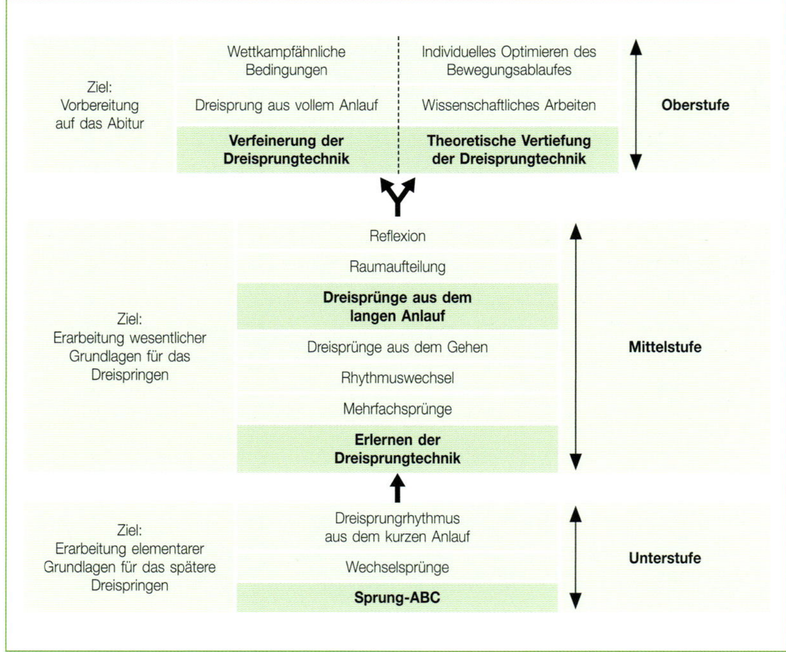

Abb. 51: Lehrweg zum Dreisprung in der Doppelstunde Leichtathletik

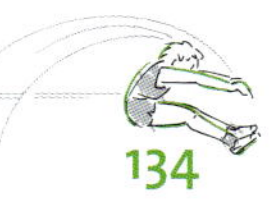

Vorrangig geht es dabei nicht nur um den Dreisprung, sondern um einen experimentell-naturwissenschaftlichen Zugang zum Thema „Sprungweite optimieren“.

Fachwissenschaftlicher Hintergrund

In der sportgeschichtlichen Entwicklung des Dreisprungs gibt es mehrere Wurzeln, die ursprünglich noch von unterschiedlichen Rhythmen ausgegangen sind. Historisch betrachtet finden sich bereits in der Antike erste Hinweise auf Mehrfachsprünge im damaligen Wettkampfprogramm der Olympioniken. Zu dieser Zeit wurden allerdings die drei bis fünf Sprünge noch als „Hop“ auf dem gleichen Bein (li-li-li oder re-re-re) absolviert. Diese Sprungfolge wurde Ende des 19. Jahrhunderts im „irischen Dreisprung“ wieder aufgegriffen.[19] Im deutschsprachigen Raum führten die Turner den „deutschen Dreisprung“ mit einem Beinwechsel „Step“ nach jedem Schrittsprung (li-re-li oder re-li-re) ein.[20] In den USA wurde gegen Ende des 19. Jahrhunderts der Dreisprung in der heute noch gültigen Form, anfangs auch als „amerikanischer Dreisprung“ bezeichnet,[21] mit (li-li-re bzw. re-re-li) entwickelt. Der Internationale Leichtathletikverband erhob diese Sprungabfolge im Jahre 1896 zur Norm, die bis heute Bestand hat.

Bei der Benennung der drei Teilsprünge hat sich in Anlehnung an den Bewegungsablauf die englischsprachige Bezeichnung durchgesetzt. Man spricht beim ersten Sprung vom „Hop“, beim zweiten Sprung vom „Step“ und beim dritten Sprung vom „Jump“.

Ausgehend von den historischen Wurzeln liegt die Idee, systematische Sprungvergleiche zwischen verschiedenen Sprungabfolgen (z. B. re-li-re oder li-li-re) mit dem Ziel durchzuführen, die individuell bestmöglichste Sprungabfolge herauszufinden, auf der Hand.[22] Diese Idee wird in der vorliegenden Doppelstunde nun ausgeführt.

---

[19] Vgl. Ahles (1910, S. 595).

[20] Vgl. Gasch (1928, S. 308).

[21] Vgl. Gasch (1928, S. 309).

[22] Beispielsweise findet sich im Stoffplan des Instituts für Sportwissenschaft der Universität Tübingen für das Schwerpunktfach Leichtathletik aus dem WS 86/87 (Frey, 1986) ein entsprechender Hinweis. Peter Neumann hat in Heft 1/2006 der Zeitschrift Sportpädagogik die Problemstellung „Wie springe ich beim Dreisprung am weitesten?“ mit didaktischem Hintergrund und der unterrichtlichen Umsetzung für die Sekundarstufe II aufbereitet. Die vorliegende Doppelstunde „Theorie und Praxis des Dreisprungs“ greift die dort veröffentlichte Ideenskizze an einigen Stellen auf.

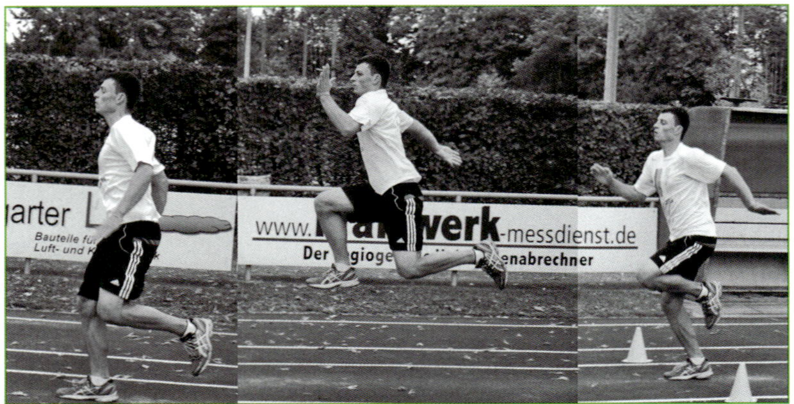

Bild 178: Jump

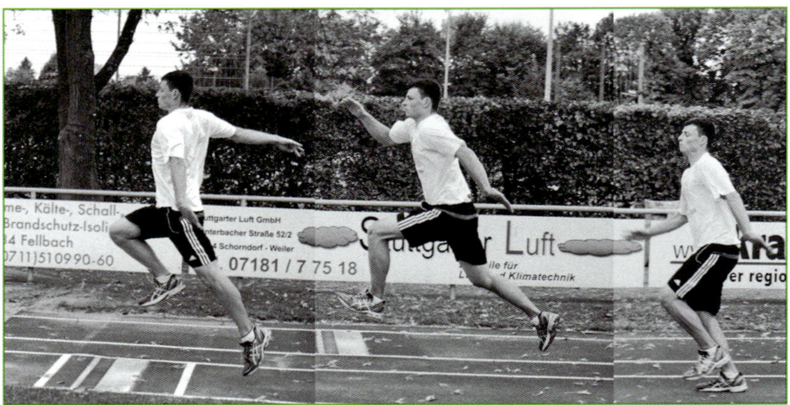

Bild 179: Step

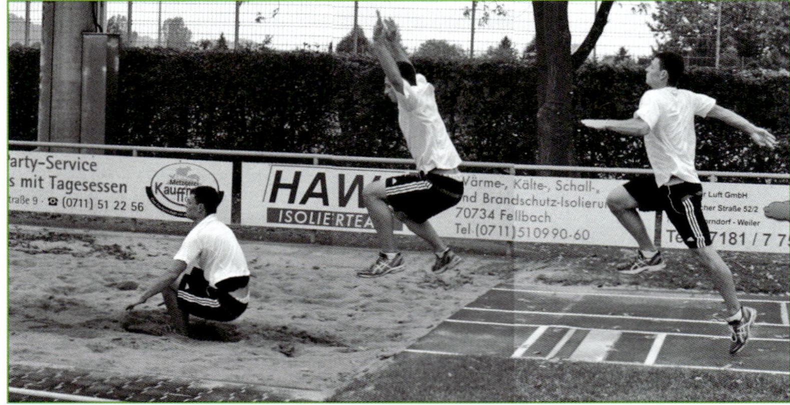

Bild 180: Hop

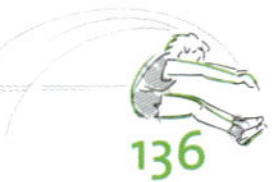

Kompetenzen

Motorisch: Die Schüler können mit einer altersgemäßen Technik drei Sprünge hintereinander im Dreisprungrhythmus ausführen.

Kognitiv: Die Schüler kennen wesentliche Merkmale der Dreisprungtechnik.
Die Schüler kennen eine Methode, die Effizienz einer gewählten Dreisprungtechnik zu überprüfen.
Die Schüler können mehrere Dreisprungtechniken systematisch-experimentell vergleichen und die Ergebnisse bewerten.

Sozial-kommunikativ: Die Schüler können sich in Kleingruppen organisieren und gemeinsam eine Aufgabe bearbeiten.

Didaktisch-methodische Anmerkungen

Möchte man als Lehrer im Sinne eines wissenschaftspropädeutischen Zugangs zum Untersuchungsgegenstand „Dreispringen" möglichst viele Lerngelegenheiten nutzen, so ist nach NEUMANN (2006, S. 49) ein offener Zugang notwendig, der die gewünschte integrative Theorie-Praxis-Verknüpfung mit einem methodischen Schwerpunkt gewährleistet und die Kompetenz des „Problemlösens und Wertens" auf Seiten der Schüler besonders berücksichtigt. Ein solch „offenes Vorgehen" eignet sich unseres Erachtens aber eher für ein auf mehrere Stunden angelegtes Unterrichtsvorhaben, da es sicherlich mehr Zeit erfordert, als unter den durchschnittlichen Rahmenbedingungen einer schulischen Doppelstunde zur Verfügung steht.

Deshalb haben wir uns im Rahmen der **Doppelstunde Leichtathletik** ganz bewusst dazu entschlossen, den „Gang der Untersuchung" durch zwei Lernimpulse etwas zu steuern, um innerhalb einer

li-li-li	re-re-re
li-li-re	re-re-li
li-re-re	re-li-li
li-re-li	re-li-re

Abb. 52: Theoretisch mögliche Sprungfolgen

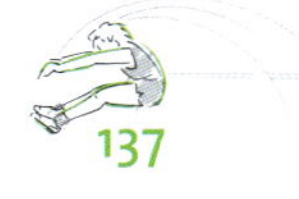

90-minütigen Einheit ein einigermaßen vernünftiges Ergebnis zu erzielen: Das gleich zu Beginn der Stunde als erster Impuls eingesetzte Arbeitsblatt „Mögliche Sprungkombinationen" steckt den maximalen Rahmen des Experimentes ab. Den Schülern wird bei der Besprechung des Ergebnisses schnell klar werden, dass ein systematisches „Durchprobieren" aller acht denkbaren Sprungfolgen (vgl. Abb. 52) sehr aufwändig sein würde.

Einige kämen sicherlich an die Grenzen ihrer individuellen Belastbarkeit. Dies hätte auf alle Fälle Auswirkungen auf die Aussagekraft der Ergebnisse. Notfalls muss der Lehrer durch geeignete Fragestellungen den Fokus auf diese Problematik lenken.

Deshalb macht es Sinn, gemeinsam mit der Klasse über eine „Verkürzung" des Untersuchungsplanes nachzudenken. Mit der als zweitem Impuls relativ offen gestellten Frage *„Welche Sprungfolge können wir denn am ehesten weglassen?"* werden die Schüler darauf kommen, dass die meisten ein „starkes" Bein bzw. eine „Schokoladenseite" und ein „schwächeres" Bein haben, wobei das schwächere Bein sinnvollerweise nicht mehrfach zum Einsatz kommen sollte. Mit dieser Erkenntnis lässt sich die Anzahl der zu untersuchenden Sprungfolgen von acht auf vier reduzieren. Kommen die Schüler dagegen (zuerst) auf die Idee, dass ein Bein bei drei Sprüngen hintereinander stark ermüdet und wollen die beiden Sprungabfolgen re-re-re bzw. li-li-li ausschließen, so reduziert sich die Anzahl der Sprungfolgen auf sechs. Die Kombination beider Überlegungen führt schließlich zu nur noch drei Sprungabfolgen.

Hier empfiehlt sich auf Seiten des Lehrers eine gewisse Offenheit, d. h. die einzelnen Gruppen sollten „ihre" Untersuchung durchführen dürfen – mit sechs, vier oder nur drei Sprungvarianten.

Die Stunde beginnt mit einer kurzen Information über das Vorhaben in der heutigen Stunde. *„Wir wollen experimentell untersuchen, mit welcher Schrittfolge man im Dreisprung am weitesten springen kann"*. Zur Einstimmung auf das Thema bearbeiten die Schüler eine kleine Knobelaufgabe: Es sollen alle denkbaren Sprungkombinationen, die sich theoretisch bei drei Sprüngen ergeben können, auf einem Arbeitsblatt zusammengestellt werden. Anschließend bespricht der Lehrer das Ergebnis und problematisiert den Aspekt der Ermüdung, für den Fall, dass alle acht denkbaren Kombinationen im Experiment überprüft würden.

Die Gruppen erhalten nun die Aufgabe, einen Untersuchungsplan zu entwickeln, mit dem die eingangs gestellte Frage überprüft wer-

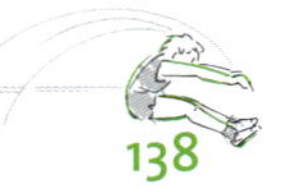

den kann. Dieser Plan soll vor der Durchführung nochmals mit dem Lehrer durchgesprochen werden. Der Lehrer prüft zusammen mit der Gruppe die Praktikabilität des Vorhabens und gibt gegebenenfalls noch zusätzliche Anregungen. Danach läuft sich die Gruppe solange warm (Zeitpuffer), bis alle Gruppen für ein gemeinsames Dehnprogramm bereit sind. Dieses mündet in ein Sprung-ABC zur speziellen Erwärmung und zur Einstimmung auf die koordinativen Anforderungen der verschiedenen Sprungfolgen im weiteren Verlauf der Stunde.

Im Anschluss führen alle Gruppen eigenständig ihre Untersuchung durch. Nach Abschluss der experimentellen Phase werden die Ergebnisse gruppenintern ausgewertet und zur Präsentation vorbereitet. Diese erfolgt gruppenweise nacheinander im Klassenrahmen. Der Lehrer fasst die Ergebnisse parallel auf einem Plakat inhaltlich zusammen.

Falls noch Zeit bleibt, kann zum Abschluss der Stunde ein Mannschaftsspringen durchgeführt werden, bei dem die Gruppen einen Teil der getesteten Sprungabfolgen nochmals springen müssen. Ziel ist es, mit vier unterschiedlichen Sprungfolgen die größtmögliche Gruppenweite zu erzielen. Das Abschlussspiel hat neben der motorischen auch eine bedeutsame taktisch-kognitive Komponente. Die Mannschaften müssen, basierend auf ihren Untersuchungsergebnissen aus dem Hauptteil der Stunde, sich vor Wettbewerbsbeginn auf die optimale Mannschaftseinteilung verständigen.

Hinweise zur Vorbereitung

Um mit mehreren Kleingruppen die systematische Untersuchung verschiedener Sprungfolgen parallel durchführen zu können, werden für diese Doppelstunde mehrere Anlaufbahnen mit Sprunggrube benötigt. Auf vielen Schulsportanlagen gibt es mehrere parallel verlaufende Anlaufbahnen (vgl. Abb. 53). In einigen Stadien (vgl. Abb. 54) kann man von zwei Seiten auf zwei Bahnen in die mittig liegende Sprunggrube springen. Zur Not kann man die Schüler auch von der Rasenseite aus anlaufen (vgl. Abb. 55) und in die Sandgrube springen lassen.

Die systematische Untersuchung im Hauptteil der Stunde benötigt darüber hinaus einen Versuchsplan und ein Datenerhebungsblatt (vgl. Material „AB_Versuchsplan“ bzw. „Daten erheben“). Diese beiden Blätter sollten bereits am Vortag ausgedruckt werden.

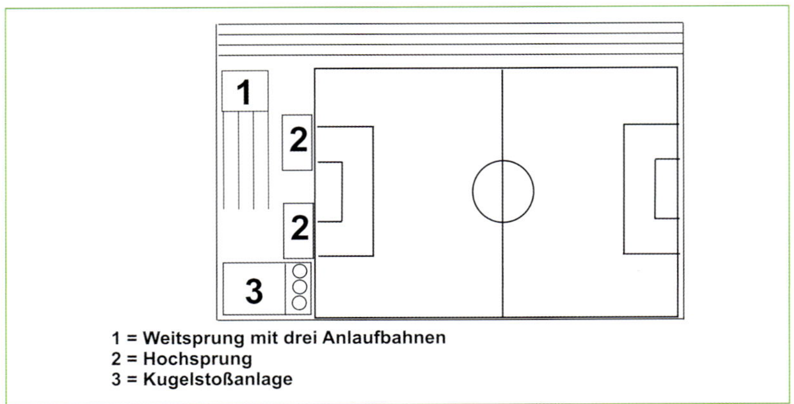

Abb. 53: Schulsportanlage

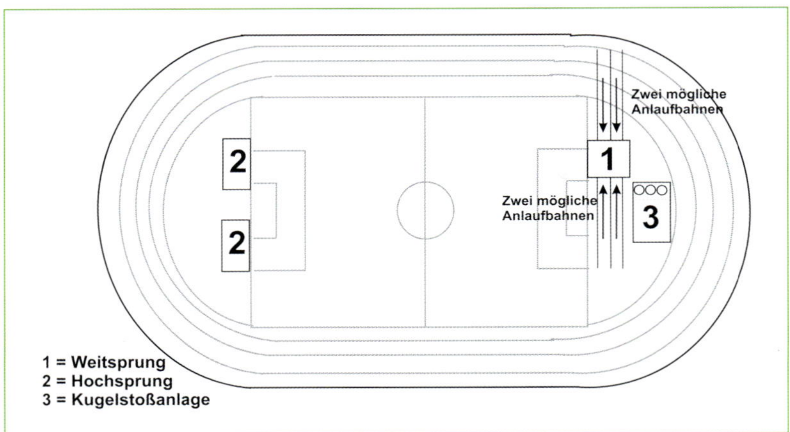

Abb. 54: Situation im Stadion

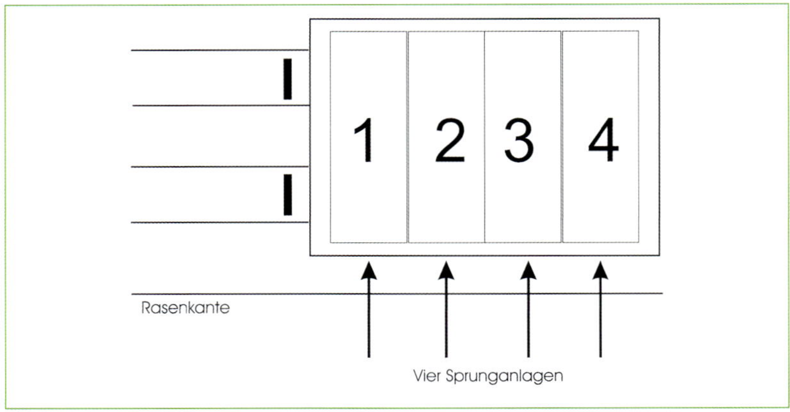

Abb. 55: Anlauf vom Rasen

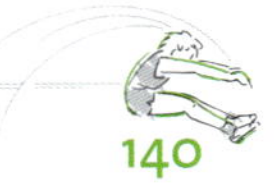

Doppelstunde 8: *Theorie und Praxis des Dreisprungs – „Drei Sprünge mit zwei Beinen“*

Stundenabschnitte und Unterrichtsinhalte	Organisatorische Hinweise

Einleitender Stundenteil (Aufwärmen)

Einstimmung auf das Thema der Stunde

„Mit welcher Schrittfolge springe ich beim Dreisprung am weitesten?“

Der Lehrer informiert die Klasse über das Thema und das Vorhaben in der heutigen Stunde, experimentell herauszubekommen, mit welcher Sprungfolge jeder individuell am weitesten dreispringen kann. Anschließend wird die Klasse in mehrere Gruppen á fünf bis sieben Schüler aufgeteilt.* Jede Gruppe erhält ein Arbeitsblatt und einen Stift. Aufgabe ist es, alle theoretisch möglichen Sprungkombinationen aus drei Sprüngen zu bilden.

Hinweis: Nach kurzer Bearbeitungszeit sammelt sich die Klasse vor dem Lösungsplakat und bespricht gemeinsam die Lösung.

* Die maximale Anzahl der Gruppen wird durch die Anzahl der zur Verfügung stehenden Anlagen limitiert. Zu berücksichtigen ist außerdem, dass die Gruppengröße nicht über sieben Schüler hinausgehen sollte. Notfalls muss von der Rasenseite quer in die Weitsprunggrube gesprungen werden. Hier können bis zu vier parallele Anlagen aufgebaut werden.

Arbeitsblatt Sprungkombinationen

Beim Dreispringen müssen insgesamt drei Sprünge hintereinander ausgeführt werden. Jedem Springer stehen dazu beide Beine (linkes Bein = li / rechtes Bein = re) zur Verfügung, die bis zu dreimal hintereinander oder im Wechsel eingesetzt werden können.

Beispiel: Dreimal mit dem rechten Bein springen ergibt re-re-re

Aufgabe: Schreibt in der Gruppe alle denkbaren Kombinationen auf!

Nr	Kombination	Nr	Kombination

Abb. 56: Arbeitsblatt „Sprungkombinationen“

Materialbedarf: Pro Gruppe ein Arbeitsblatt (vgl. Material „AB_ Sprungkombinationen“) und einen Stift. Ein Plakat mit der Musterlösung des Arbeitsblattes (vgl. Material „Lösung_Arbeitsblatt“).

li-li-li	re-re-re
li-li-re	re-re-li
li-re-re	re-li-li
li-re-li	re-li-re

Abb. 57: Musterlösung

Problemgespräch

„Welche Sprungfolge können wir denn am ehesten weglassen?“

Der Lehrer bespricht mit der Klasse die Problematik der im Laufe jeder Versuchsreihe zwangsläufig einsetzenden „Ermüdung“ und stellt darauf aufbauend die Frage: *„Welche Sprungfolge können wir denn am ehesten weglassen“*?

Im Unterrichtsgespräch wird in der Regel entweder der Vorschlag gemacht werden, *„nicht dreimal mit dem gleichen Bein zu springen“*, oder die Thematik *„stärkeres“* und *„schwächeres“* Bein genannt werden. Daraus lassen sich die Streichvarianten ableiten, die der Lehrer im Laufe der Diskussion dann auch mit einem Stift auf dem Plakat durchstreicht. Es dürften im Endeffekt sechs, vier oder drei Varianten stehen bleiben.

Materialbedarf: Pro Gruppe ein Arbeitsblatt (vgl. Material „AB_Sprungkombinationen) und einen Stift. Das Plakat mit der Musterlösung des Arbeitsblattes (s. o.) und einen Plakatstift.

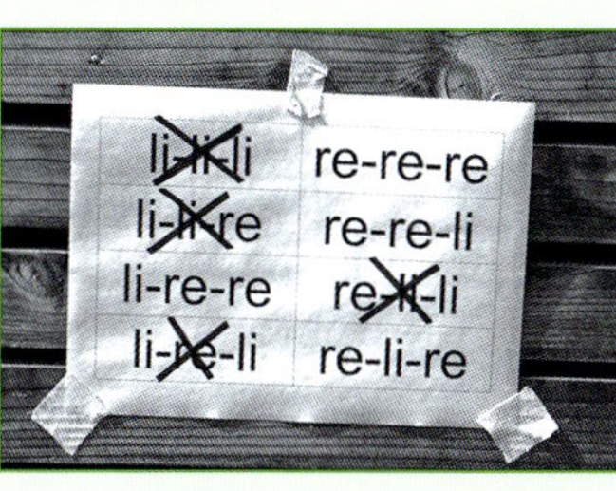

Bild 181: Bearbeitete Musterlösung

Stundenabschnitte und Unterrichtsinhalte	Organisatorische Hinweise

Aufgabe ist es nun, innerhalb der Gruppe ein Untersuchungsdesign für die Fragestellung „*Mit welcher Sprungfolge springe ich am weitesten?*“ zu entwickeln, und dieses dem Lehrer vorzustellen. Zeithorizont: ca. 10 min.

Hinweis: Der Lehrer prüft das Untersuchungsdesign anhand der Musterlösung (vgl. Material „Ablaufplan einer empirischen Untersuchung“) und gibt gegebenenfalls der Gruppe weitere Impulse. Wird das Design vom Lehrer für gut befunden, so darf die Gruppe mit der Untersuchung beginnen.

Hinweis: Bei experimentell wenig erfahrenen Gruppen kann auf das Arbeitsblatt „Versuchsplan“ zurückgegriffen werden. In diesem sind die zu treffenden Entscheidungen bereits in Frageform aufgelistet (vgl. Material „AB_Versuchsplan“).

WIE machen wir's ?

- Welche Sprungfolgen werden untersucht ?
- Aufbau der Sprunganlage ?
- Maximale Länge des Anlaufs ?
- Anzahl der Vorversuche ?
- Anzahl der gemessenen Versuche ?
- Zählt der Durchschnitt oder der bessere/beste Versuch ?
- In welcher Sprungreihenfolge wird gesprungen ?

Möglicher Aufbau :

Maximale Anlauflänge

Absprungmarkierung

Weitsprunggrube

Abb. 58: Arbeitsblatt „Versuchsplan“

Gruppenarbeitsphase „Entwickeln eines Untersuchungsdesigns“

Die eingeteilten Gruppen erarbeiten nun ihren individuellen Versuchsplan. Im Anschluss legen sie diesen dem Lehrer zur Überprüfung vor.

Allgemeines Aufwärmen „Einlaufen im Gruppenrahmen“

Erweist sich der Plan als tragfähig, weist der Lehrer die Schüler an, sich solange langsam in der Gruppe warmzulaufen, bis alle Gruppen mit der Vorstellung ihres Planes beim Lehrer fertig sind. Danach erfolgt ein gemeinsames Dehnen.

Allgemeines Aufwärmen „Dehnen“

Die Klasse absolviert zusammen mit dem Lehrer ein kurz gehaltenes Dehnprogramm für die Beinmuskulatur. Ergänzend zur Erklärung und Demonstration der Dehnübung bekommen die Schüler eine altersgemäße Information über den gedehnten Muskel/die gedehnte Muskelgruppe und dessen/deren Funktion beim Springen.

- Übung (1) → Im Langsitz mit beiden Händen Richtung Fußspitzen ziehen.
- Übung (2) → In Seitlage einen Fuß am Knöchel fassen und Richtung Gesäß ziehen.

Materialbedarf: Keiner.

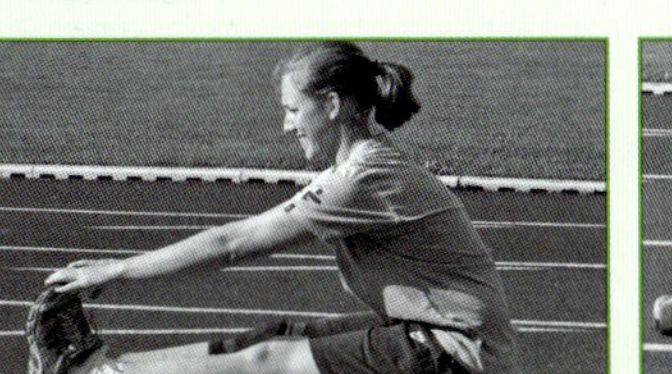

Bild 182: Übung (1) OS-Rückseite

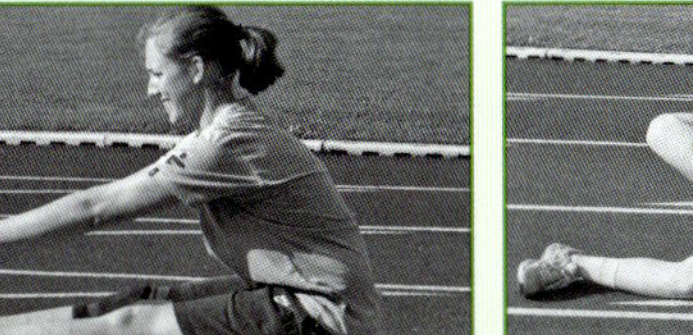

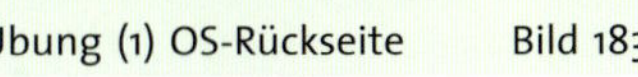

Bild 183: Übung (2) OS-Vorderseite

- Übung (3) → Im Langsitz ein Bein im 90°-Winkel aufstellen und mit dem Arm nach hinten drücken.
- Übung (4) → In weiter Ausfallschrittstellung das hintere Knie aufsetzen und die Hüfte nach vorne schieben.
- Übung (5) → In Schrittstellung die hintere Ferse Richtung Boden drücken.
- Übung (6) → In Schrittstellung leicht nach unten absitzen.

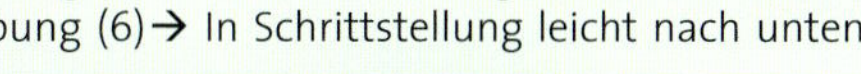

Hinweis: Pro Übung 20 sec Haltedauer → danach lockern.

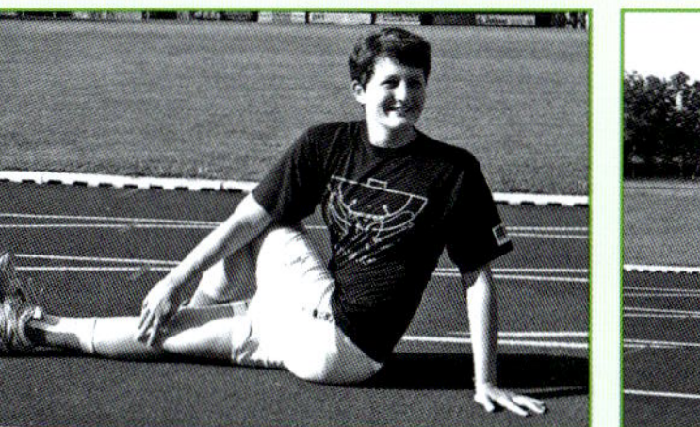

Bild 184: Übung (3) Gesäß

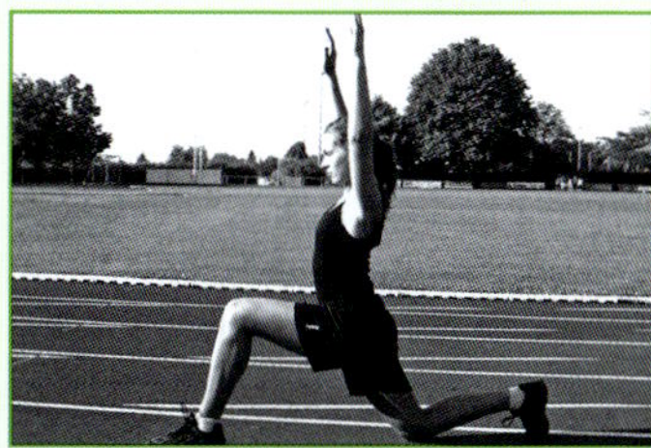

Bild 185: Übung (4) Hüftbeuger

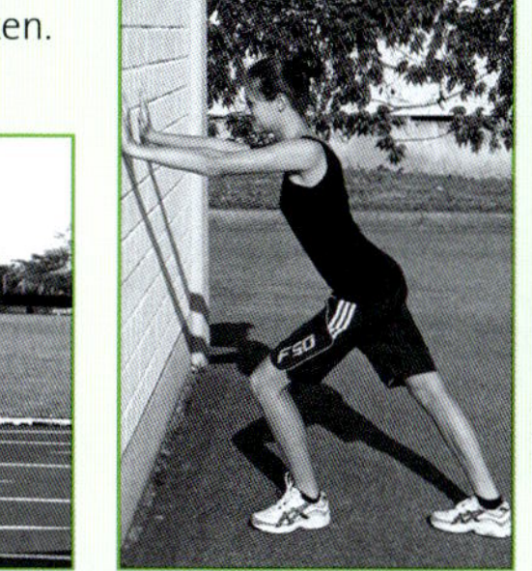

Bild 186: Übung (5) Obere Wade

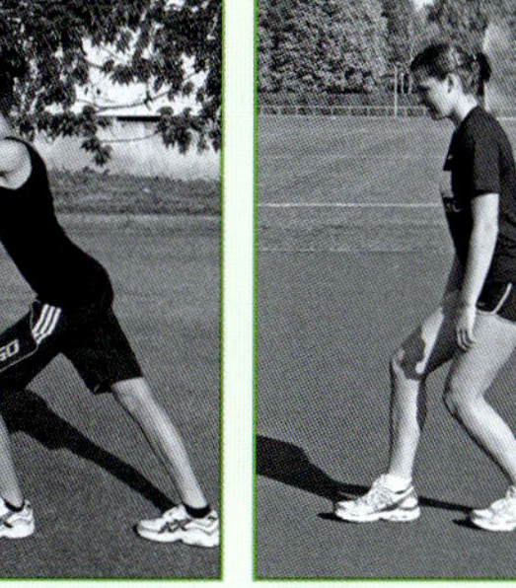

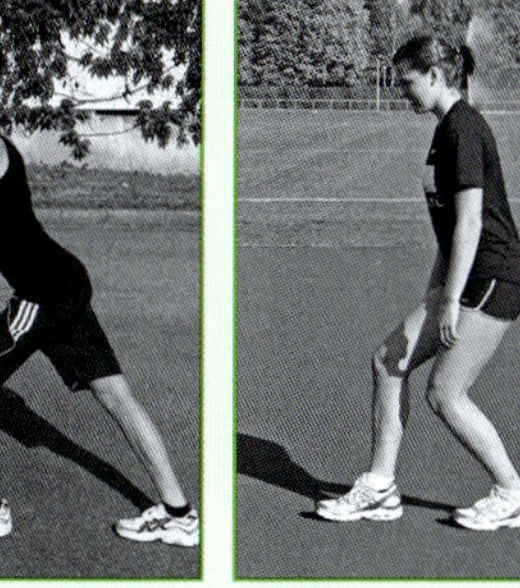

Bild 187: Übung (6) Untere Wade

Spezielles Aufwärmen „Sprung-ABC“

Die Schüler sammeln sich auf der Tartanbahn und sollen verschiedene Aufgaben aus dem Sprung-ABC erfüllen. Dazu stehen sie in der Ausgangsstellung zu dritt oder viert auf einer Linie nebeneinander und starten jeweils auf ein Kommando der Lehrkraft bis zu einer ca. 10–15 m entfernten Zielmarkierung. Je nach Leistungsfähigkeit der Gruppe sollten vier bis fünf Aufgaben mit je zwei bis drei Wiederholungen durchgeführt werden.

Materialbedarf: Keiner.

23

Aufgabensammlung:
- Einbeinsprünge rechts (re – re - ...)
- Einbeinsprünge links (li – li - ...)
- Einbeinsprünge mit betontem „Heben“ eines Knies auf jeden zweiten Sprung
- Laufsprünge (re – li – re - ...)
- Einbeinsprünge mit Rhythmuswechsel (re – li – li – re – li – li – re - ...)
- Einbeinsprünge mit Rhythmuswechsel (re – re – li – li – re ...)
- Einbeinsprünge mit Rhythmuswechsel (re – li – li – re – re – re – li - ...)
- Ausfallsprünge von rechts auf links quer über eine Bahnbreite in leichter Vorwärtsbewegung
- Einbeinsprünge rückwärts
- etc.

Stundenabschnitte und Unterrichtsinhalte	Organisatorische Hinweise

Hauptteil (Durchführung und Auswertung der Untersuchung „Mit welcher Schrittfolge springe ich am weitesten?)

Durchführung der Untersuchung

Die Gruppen beginnen nun selbstständig mit der Durchführung der Untersuchung. Der Lehrer greift nur bei Bedarf unterstützend ein.

Materialbedarf: Pro Gruppe ein Maßband, ein Markierhütchen und ein Rechen.

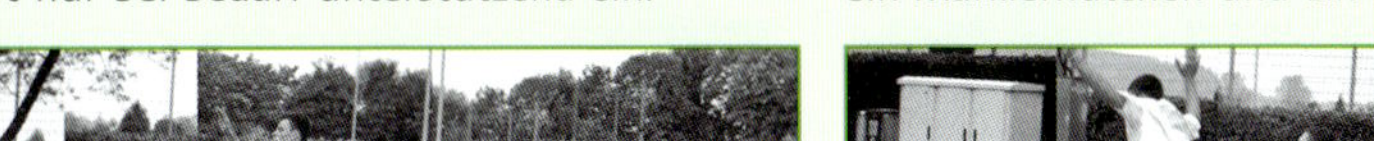

Bild 188: Dreisprung mit Sprungfolge re-li-re

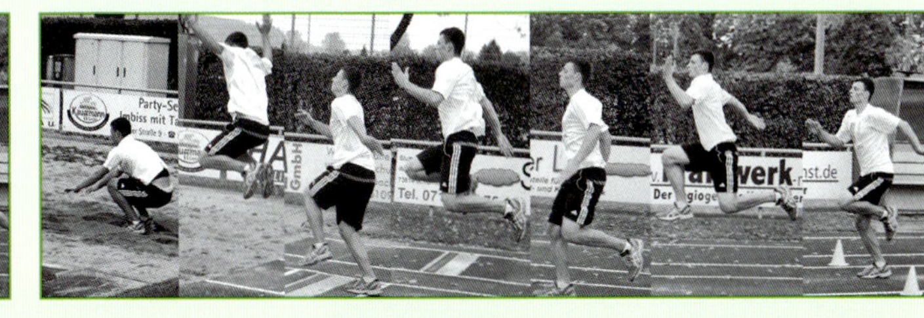

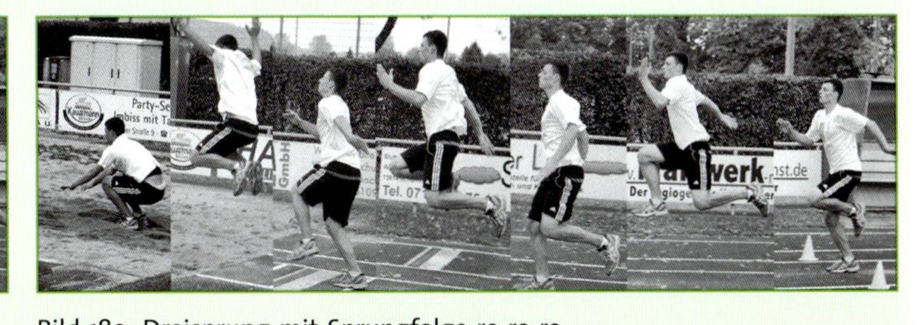

Bild 189: Dreisprung mit Sprungfolge re-re-re

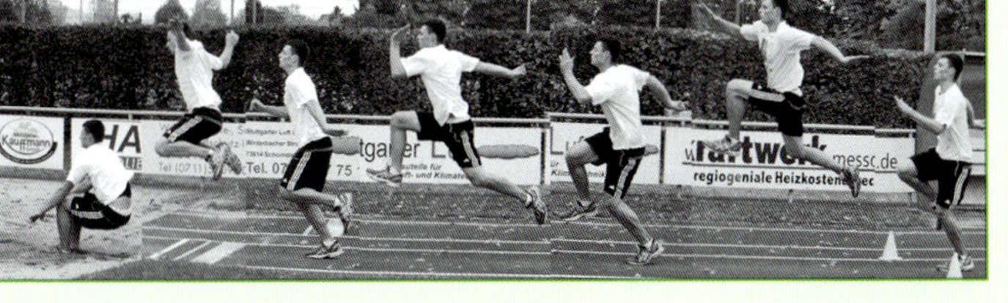

Bild 190: Dreisprung mit Sprungfolge li-li-re

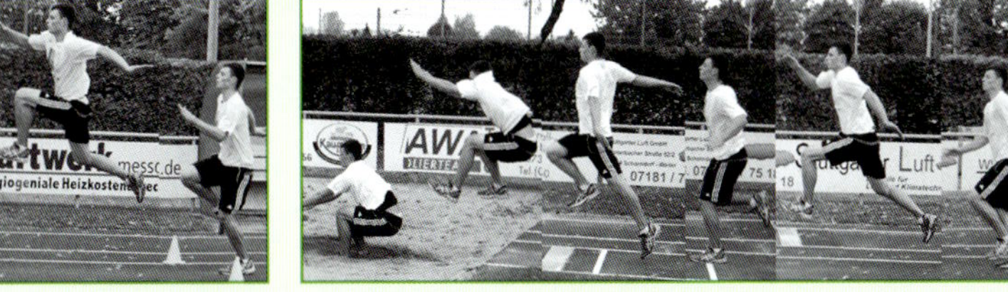

Bild 191: Dreisprung mit Sprungfolge re-re-li

Auswertung der Untersuchung

Im Anschluß werten die Gruppen ihre Ergebnisse aus und bereiten die Präsentation für das Plenum vor.

Mögliche Präsentationspunkte:

- Vorüberlegungen (z. B. Welche Sprungabfolgen wurden untersucht?)
- Rahmenbedingungen der Untersuchung (z. B. maximale Länge des Anlaufs? Anzahl der Vorversuche? Anzahl der gemessenen Versuche? etc.)
- Ergebnisse (z. B. individuell verschiedene Optimallösungen)

Materialbedarf: Keiner.

Schluss (Präsentation der Ergebnisse)

Präsentation der Gruppenergebnisse

Abschließend sammelt sich die Klasse vor dem (noch) leeren Plakat.
Alle Gruppen präsentieren kurz ihre Ergebnisse im Plenum.
Der Lehrer fasst die (in der Regel unterschiedlichen) Gruppenergebnisse als Synthese stichwortartig auf dem Plakat zusammen.

Materialbedarf: Leeres Plakat und Plakatstift.

Hinweis: Falls die Zeit für das abschließende Mannschaftsspringen nicht mehr reichen sollte, muss die Präsentation jeweils um eine kurze Praxisdemonstration erweitert werden.

Optionale Möglichkeit: Mannschaftsspringen

Die eingeteilten Gruppen absolvieren zum Abschluss noch ein Mannschaftsspringen. Jedes Gruppenmitglied darf einmal mit beliebiger Abfolge dreispringen. Pro Mannschaft kommt jeweils ein Ergebnis pro Kategorie in die Wertung. Die vier gewerteten Kategorien sind:

(1) re-re-re oder li-li-li
(2) re-re-li
(3) li-li-re
(4) re-li-re oder li-re-li

Die Mannschaften bekommen zwei Minuten Zeit, um die optimale Verteilung der Sprungabfolge auf die einzelnen Gruppenmitglieder zu ermitteln.
Anschließend erfolgt der Wettbewerb. Gewonnen hat diejenige Mannschaft, die in der Summe die größte Sprungweite erzielt.

Materialbedarf: Maßband, Protokollblatt und Stift.

Protokollblatt Mannschaftsspringen

Mannschaft 1			Mannschaft 2			Mannschaft 3		
Name	Abfolge	Leistung	Name	Abfolge	Leistung	Name	Abfolge	Leistung
Max	li-li-li	8,72m						
Oskar	re-li-re	9,35m						
Michael	li-li-re	10,02m						
Robin	li-re-li	10,03m						
Pascal	li-li-re	8,96m						
Franz	re-re-li	7,92m						

Beste Leistung		Beste Leistung		Beste Leistung	
re-re-re li-li-li	8,72m	re-re-re li-li-li		re-re-re li-li-li	
re-re-li	7,92m	re-re-li		re-re-li	
li-li-re	10,02m	li-li-re		li-li-re	
re-li-re li-re-li	10,03m	re-li-re li-re-li		re-li-re li-re-li	
Summe	36,69m	Summe		Summe	
Platz	1	Platz		Platz	

Abb. 59: Protokollblatt Mannschaftsspringen

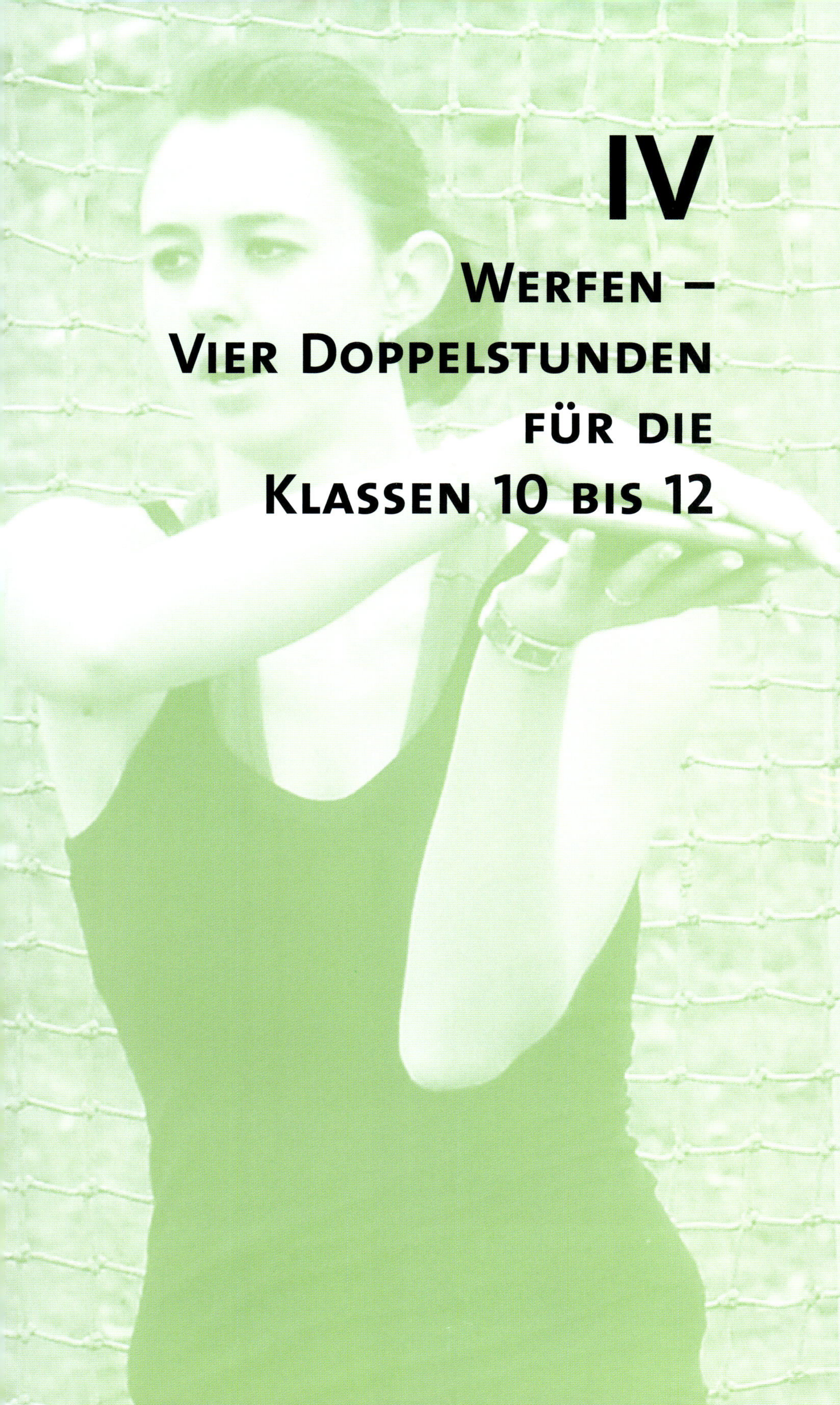

IV

Werfen – Vier Doppelstunden für die Klassen 10 bis 12

1 Doppelstunde 9: Theorie und Praxis des Wurfkrafttrainings – „Fit mit dem Medizinball“

Einführung

„Das gibt ja nur vier Punkte!“, diese frustrierende Erfahrung dürfte schon so mancher Schüler im Laufe seiner Schullaufbahn gemacht haben, wenn er ohne entsprechende Vorbereitung einfach einmal probiert hat, die Kugel, den Speer oder den Diskus „auf Weite“ zu stoßen bzw. zu werfen.

Dass durch ein konsequentes und sinnvolles Vorbereitungstraining die konditionellen Voraussetzungen soweit verbessert werden können, dass die in der Notentabelle geforderten Leistungen den Schülern nicht mehr „ganz utopisch“ vorkommen, dazu soll die vorliegende Doppelstunde beitragen.

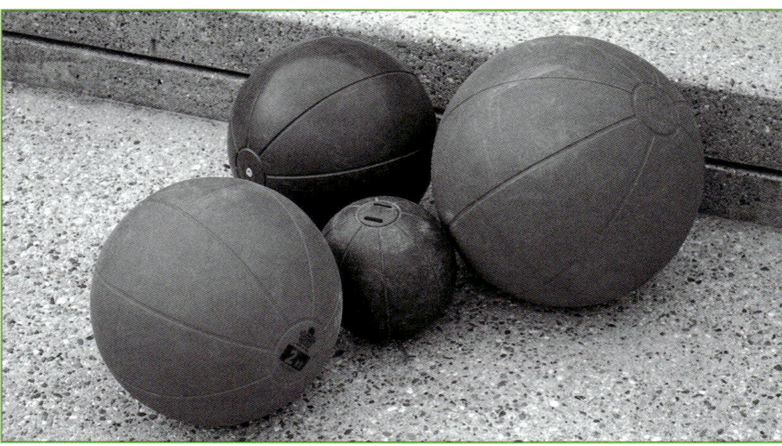

Bild 192: Unterschiedliche Bälle für das Wurfkrafttraining

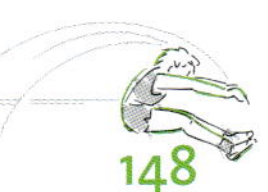

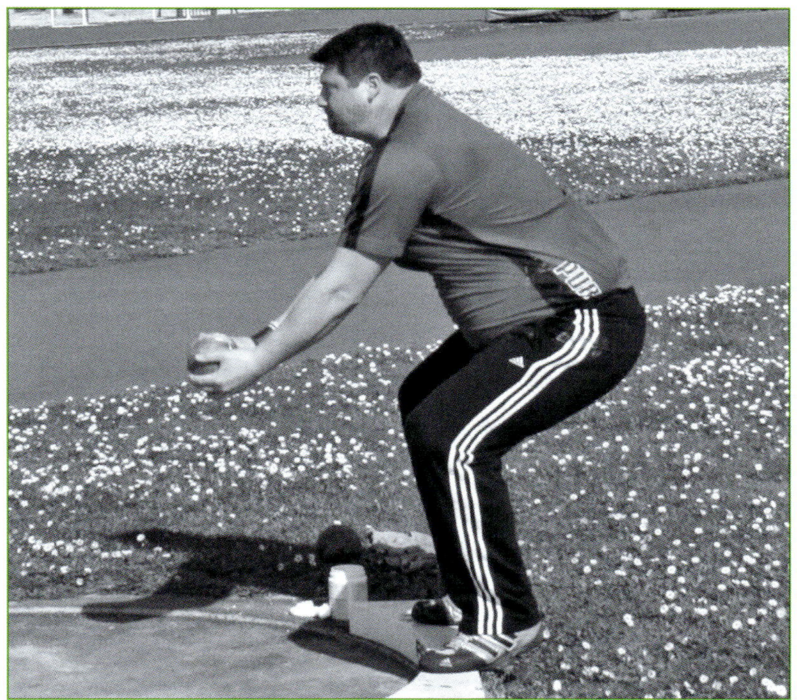

Bild 193: Könner beim Wurfkrafttraining

Für diese Vorbereitung hat man bei entsprechender Schwerpunktsetzung in der Schule nur etwa vier Wochen Zeit. Das mag auf den ersten Blick zwar wenig erscheinen, aber bei konsequenter Anwendung der Wurfkraftschulung über mehrere Stunden lassen sich beeindruckende Steigerungen erzielen. Die Schüler verbessern neben der intendierten Schulung der Wurfkraft quasi nebenbei durch das Stoßen/Werfen mit dem Medizinball auch ihre Technik. In der Stunde geht es zunächst um eine knappe theoretische Einordnung des Wurfkrafttrainings, bei der die Schüler die beiden möglichen Einsatzmöglichkeiten kennen lernen. Danach geht es in die Praxis: Im Zentrum der Doppelstunde stehen verschiedene Übungen des allgemeinen Wurfkrafttrainings.

Am Ende der Doppelstunde sollten die Schüler in der Lage sein, sich selbstständig mittels zusätzlicher Trainingsmaßnahmen auf die Notenabnahme in einer Wurfdisziplin der Leichtathletik vorzubereiten – sei es z. B. für die in absehbarer Zeit anstehende Notenabnahme in der Leichtathletik oder aber auch auf das möglicherweise noch weiter entfernt liegende Ziel der fachpraktischen Abiturprüfung.

Kompetenzen

Motorisch: Die Schüler können verschiedene Wurfkraftübungen mit dem Medizinball ausführen und in einer Trainingssituation anwenden.

Kognitiv: Die Schüler wissen, unter welchen beiden Trainingszielen ein Wurfkrafttraining durchgeführt wird und kennen grob das zugehörige Belastungsgefüge der Trainingsmethode. Sie können eine Wurfkraftübung verbal beschreiben und unter funktionalen Gesichtspunkten analysieren.

Sozial-kommunikativ: Die Schüler können sich in der Gruppe selbstständig organisieren und eine gestufte Aufgabenstellung bearbeiten.

Theoretischer Hintergrund

Ein Wurfkrafttraining mit dem Medizinball wird in der Trainingspraxis vor allem unter zwei Gesichtspunkten eingesetzt: „Der Medizinball dient der allgemeinen Kräftigung, bei Trainierten eher der speziellen Schnellkraftschulung" (Frey & Hildenbrandt, 2002, S. 93).

Unter dem Gesichtspunkt der *allgemeinen Kräftigung* findet primär ein Training der Kraftausdauer statt. Dieses kann sowohl *allgemein* als auch *disziplinspezifisch* erfolgen, wobei insbesondere beim Wurfkrafttraining die Grenzen fließend sind. Dabei werden die ausgewählten Muskelgruppen je nach Leistungsfähigkeit mit zunehmenden Wiederholungszahlen und relativ kurzen Erholungspausen trainiert. Werden möglichst viele Muskelgruppen einbezogen, so spricht man von *allgemeinem Kraftausdauertraining;* werden dagegen vor allem die für eine bestimmte Disziplin wichtigen Muskeln angesprochen, so spricht man von *disziplinspezifischem Kraftausdauertraining.*

Wird das Wurfkrafttraining unter dem Gesichtspunkt der speziellen Schnellkraftschulung durchgeführt, so muss es als *disziplinspezifisches Schnellkrafttraining* klassifiziert werden. Ein solches greift die Bewegungsformen der Wettkampfdisziplin unter erleichterten Bedingungen auf und zielt damit vor allem auf die Verbesserung der Kontraktionsgeschwindigkeit und der intermuskulären Koordination. Physikalisch betrachtet ist die maximal mögliche Kontraktionsgeschwindigkeit bei feststehender Maximalkraft von der Last des zu bewegenden Wurfobjektes abhängig. Dabei gilt: Je geringer

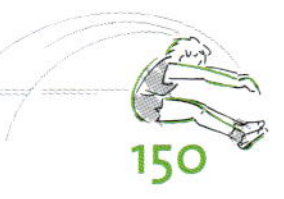

die Masse des zu beschleunigenden Wurfgerätes, desto größer ist die erzielbare Abwurfgeschwindigkeit. Auf diesem Zusammenhang basiert ein Training mit geringeren Widerständen:[23] Die Muskulatur wird quasi in die Lage versetzt, unter höheren (als später notwendigen) Geschwindigkeiten zu arbeiten. Dabei verbessert sich zwangsläufig, bei entsprechender Serien- bzw. Wiederholungszahl, auch das (schnelle) Zusammenspiel der beteiligten Muskeln, die intermuskuläre Koordination.

Für beide Einsatzbereiche des Wurfkrafttrainings ist in Tabelle 2 in vereinfachter Form das jeweilige Belastungsgefüge angegeben.

Tab. 2: Belastungsgefüge beim Wurfkrafttraining

Allgemeine Kräftigung		Disziplinspezifisches Schnellkrafttraining	
Intensität	mittel	Intensität	submaximal
Wiederholungen	(8–) 12	Wiederholungen	8 (–12)
Serien	2	Serien	4
Pausen	1 min	Pausen	3 min
Ausführung	normal	Ausführung	explosiv

Didaktisch-methodische Anmerkungen

Die Stunde beginnt mit dem – je nach gewählter Streckenlänge mehr oder weniger – laufintensiven Spiel „Puzzle-Lauf" zur allgemeinen Erwärmung. Im Rahmen des Laufes sammeln die Schüler einzelne (Puzzle-)Teile vier verschiedener Theorieblätter (vgl. Material „Allgemeine Kräftigung", „Disziplinspezifisches Schnellkrafttraining", „Belastungsgefüge_allgemeine_Kräftigung" bzw. „Belastungsgefüge_disziplinspezifisches_Schnellkrafttraining") zur Wurfkraftschulung, die sie anschließend in der Gruppe zusammensetzen und sich inhaltlich erarbeiten sollen. Bei der Gruppenaufteilung sollten mindestens vier Gruppen gebildet werden, da für die Plenumsphase idealerweise alle vier Theorieblätter benötigt werden. Die Theorieblätter befassen sich mit den Themen „Sinn und Zweck" des allgemeinen bzw. disziplinspezifischen Wurfkrafttrainings sowie mit dem jeweiligen „Belastungsgefüge".

[23] In der stark verkürzten Darstellung ist der enge Zusammenhang großer Abwurfgeschwindigkeiten mit der Maximalkraft in diesem Zusammenhang bewusst weggelassen worden, um Sinn und Zweck des disziplinspezifischen Wurfkrafttrainings besser verdeutlichen zu können.

In der anschließenden Plenumsphase werden diese vier Teilaspekte des Wurfkrafttrainings durch die Schüler zusammengeführt und diskutiert. Dabei präsentiert jede Teilgruppe ihren erarbeiteten Sachverhalt vor dem entsprechenden Plakat an der Theoriewand.

Ergänzend lässt der Lehrer gegebenenfalls zusätzliche Informationen mit einfließen.

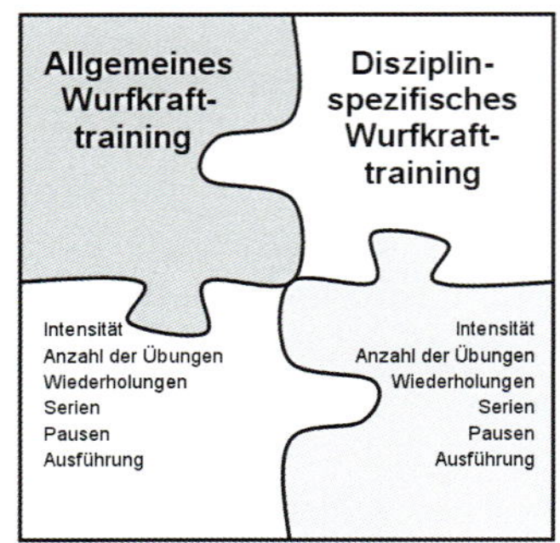

Abb. 60: Vier Teilaspekte des Wurfkrafttrainings

Zusammenfassend leitet der Lehrer dann auf den Praxisteil der Stunde über. Hier beziehen wir uns ausschließlich auf das allgemeine Wurfkrafttraining. Die Schüler sollen ein solches am eigenen Körper erfahren. Wir empfehlen, dieses lehrerzentriert nach dem Prinzip „Vormachen – Nachmachen“ durchzuführen, da bei unsachgemäßer Ausführung der Wurfkraftübungen sonst möglicherweise individuelle Ausführungen geübt werden, die später nicht leistungsförderlich für die betreffende Wurfdisziplin sind.

Es schließt sich ein optionaler Teil zur vertieften Reflexion der durchgeführten Trainingsübungen an, der je nach Intention und/ oder Zeit durchgeführt bzw. weggelassen werden kann. Mit Hilfe einer Bildkarte sollen die Schüler eine ausgewählte Trainingsübung zunächst verbal beschreiben und sich dann überlegen, warum die Übung im Hinblick auf die Zieldisziplin leistungsförderlich sein könnte, bzw. welche Muskelgruppe(n) dabei trainiert werden.

Zum Abschluss der Stunde werden zwei Wettbewerbsformen durchgeführt (Medizinballstaffel und Brennball). Sie greifen das Geübte teilweise nochmals auf. Bei der Medizinballstaffel wird die Klasse in mehrere Mannschaften aufgeteilt, die minimal fünf Schüler umfassen sollten. Lässt sich die Klasse nicht durch fünf teilen – werden überzählige Schüler möglichst gleichmäßig auf alle Gruppen verteilt. Innerhalb der Mannschaften wird die Stoßreihenfolge (1 → 2 → 3 → ...) für jeden Schüler über eine Nummer zugewiesen. Im Rahmen der Medizinballstaffel gilt es nun, einmal über den Platz und wieder zurück zu stoßen. Gewonnen hat die Mannschaft mit den wenigsten Stößen.

Beim zweiten Spiel Brennball geht es darum, den Medizinball möglichst taktisch geschickt ins Spielfeld zu werfen, so dass ihn die Feldmannschaft nur über mehrere Stationen zurück zum Brennmal

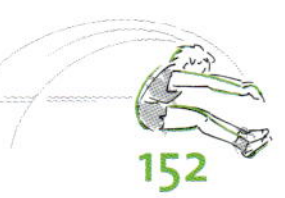

befördern kann. Hierbei wird das taktische Spektrum durch große Wurfweiten deutlich erweitert, weshalb der Lehrer auf ein angemessenes Ballgewicht achten sollte.

Hinweise zur Vorbereitung

Für diese Doppelstunde werden sowohl im praktischen (Medizinbälle, Markierhütchen, Theoriepuzzle) als auch im theoretischen Teil (Plakate, Arbeitsblätter, Stifte) Materialien benötigt. Dabei sollten die Puzzles (vgl. Material „Puzzle"), die Arbeitsblätter (vgl. Material „AB_Bewegungsbeschreibung") und die vier Plakate (vgl. Material „Plakat") bereits am Vortag ausgedruckt werden.

Für die Ergebnissicherung sollte eine für die gesamte Gruppe gut einsehbare Fläche mit räumlicher Nähe zur Laufbahn zur Verfügung stehen. Optimal wäre es, wenn dort vier Plakate nebeneinander aufgehängt werden könnten. Als Stellwand könnte man z. B. die überdachten Ersatzbänke der Fußballmannschaften oder die Außenwand eines Geräteschuppens nutzen. Hat man keine solchen „natürlichen" Stellwände zur Verfügung, so kann man sich auch mit drei Hürden behelfen.

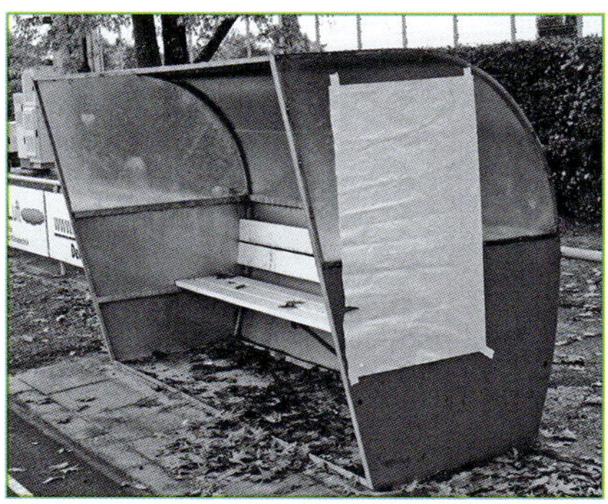

Bild 194: Fußball-Ersatzbank als Stellwand

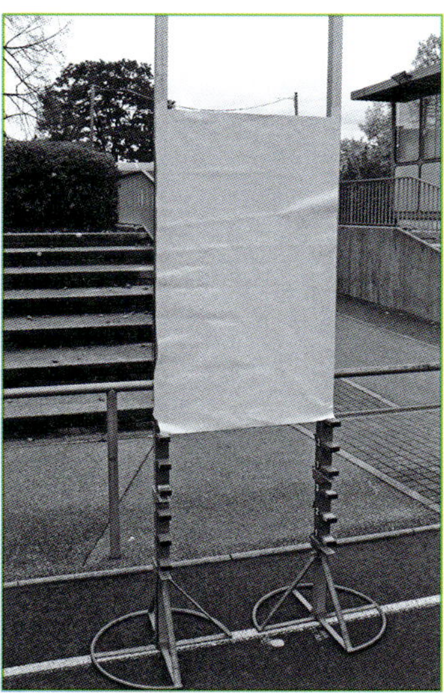

Bild 195: Plakatwand aus Hochsprungständern

Doppelstunde 9: *Theorie und Praxis des Wurfkrafttrainings*

Stundenabschnitte und Unterrichtsinhalte	Organisatorische Hinweise

Einleitender Stundenteil (Aufwärmen)

***Allgemeines Aufwärmen* „Puzzle-Lauf“**

Die Klasse wird in mindestens vier Teilgruppen unterteilt, die sich jeweils hinter einer Startmarkierung (Hütchen) auf der Laufbahn am Rande des Rasenfeldes aufstellen.
Aufgabe der Gruppe ist es nun, möglichst schnell alle Puzzleteile einzusammeln und hinter der Startmarkierung zusammenzusetzen.
Dazu laufen auf ein Signal hin jeweils zwei Schüler eine Runde um das markierte Feld und nehmen kurz vor Schluss ein Puzzleteil auf, bringen dieses zur Startmarkierung und schlagen die nächsten beiden Schüler ab.

Hinweis: Durch die Länge der Laufstrecke lässt sich die gewünschte Laufgeschwindigkeit steuern (Längere Strecke = geringe Laufgeschwindigkeit).

Hinweis: Zur Vorbereitung markiert der Lehrer mit den Hütchen ein ca. 40 m x 60 m großes Rechteck (vgl. Abb. 61) auf dem Rasen und legt die Puzzleteile für jede Gruppe nach ca. ¾ der Laufstrecke auf dem Rasen aus.

Abb. 61: Grundaufstellung Puzzle-Lauf

Materialbedarf: Vier Gymnastikreifen, vier Markierhütchen und vier Theorieblätter (vgl. Material „Puzzle“) als Puzzle.

Bild 196: Schüler beim Puzzle-Lauf

Gruppenphase *„Erarbeiten des Theorieblattes“*

Alle Gruppen erhalten die Aufgabe, sich die Informationen auf dem zusammengepuzzelten Theorieblatt so zu erarbeiten, dass sie die Inhalte anschließend der gesamten Klasse präsentieren können. Zeithorizont etwa fünf Minuten.

Hinweis: Zur Vorbereitung der nachfolgenden Plenumsphase befestigt der Lehrer die Plakate mit den Informationen an der Theoriewand.

Belastungsgefüge Allgemeines Wurfkrafttraining

Intensität: mittel

Anzahl Wiederholungen: 8-12

Serien: 2

Pausen: 1 min

Ausführung: normal

Abb. 62: Theorieblatt „Belastungsgefüge Allgemeines Wurfkrafttraining“

Materialbedarf: Keiner.

Stundenabschnitte und Unterrichtsinhalte	Organisatorische Hinweise

Plenumsphase *„Sinn und Zweck des Wurfkrafttrainings“*

Die Klasse sammelt sich an der Theoriewand. Nacheinander präsentieren alle vier Gruppen ihre Informationen unter Zuhilfenahme des jeweiligen Plakates der gesamten Klasse.

Reihenfolge: Allgemeines Wurfkrafttraining
Belastungsgefüge beim allgemeinen Wurfkrafttraining
Spezielles Wurfkrafttraining
Belastungsgefüge beim speziellen Wurfkrafttraining

Hinweis: Die Plakate lassen sich so anbringen (oberen Rand festkleben – unteren Rand anfangs nach oben klappen und dort befestigen), dass sie sukzessive aufgeklappt werden können.

Abschließend erläutert der Lehrer nochmals die Funktion des allgemeinen Wurfkrafttrainings für die in ca. 2–3 Wochen geplante Wurfeinheit und den Plan, bis dorthin das Wurfkrafttraining in jeder Sportstunde zu wiederholen.

Materialbedarf: Theoriewand mit vier vorbereiteten Plakaten.

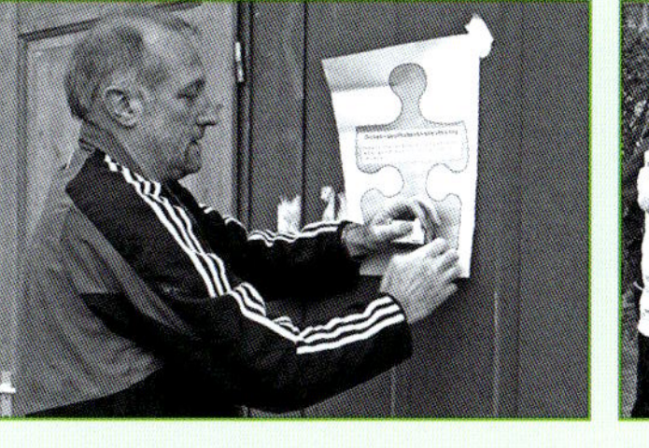

Bild 197: Lehrer beim Vorbereiten der Theoriewand

Bild 198: Schülerin beim Präsentieren

Hinweis: Der anschließende Praxisteil greift nunmehr exemplarisch das für die Schule ausschließlich sinnvolle allgemeine Wurfkrafttraining auf.

***Praxis* „Allgemeines Wurfkrafttraining“**

Die Schüler gehen paarweise mit möglichst ähnlichen Kraftvoraussetzungen zusammen, nehmen sich einen (vom Gewicht her) geeigneten Medizinball und stellen sich mit Blickrichtung zueinander mit ca. 10 m Abstand an einer vorgegebenen Linie gegenüber auf. Dabei soll zusätzlich auf einen ausreichenden Seitabstand zu den benachbarten Paaren geachtet werden.

Hinweis zum Belastungsumfang: 10 WH – 1 min Pause.

Materialbedarf: Medizinbälle in halber Klassenstärke.

Hinweis: Für eine sinnvolle Differenzierung können durchaus unterschiedlich schwere Medizinbälle verwendet werden. Für die Oberstufe empfiehlt sich die Verwendung von 2-kg-, 3-kg- und 4-kg-Bällen.

Hinweis: Im Sinne einer gelungenen Theorie-Praxis-Verknüpfung kann der Lehrer die zuvor theoretisch erarbeiteten Punkte an geeigneter Stelle nochmals aufgreifen. *„Warum machen wir 10 WH? Warum „nur“ 1 min Pause?“*

Stundenabschnitte und Unterrichtsinhalte	Organisatorische Hinweise

Übung 1 „Schocken vorwärts“

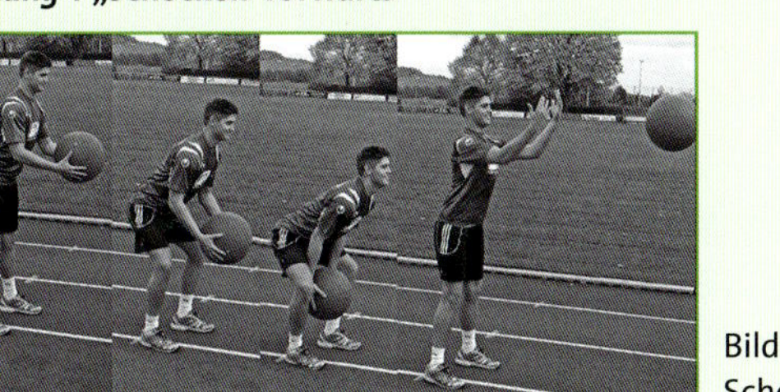

Bild 199: Schocken vorwärts

25

Materialbedarf: Medizinbälle in halber Klassenstärke.

Beschreibung: In der Ausgangsstellung steht der Schüler mit beiden Füßen parallel in Wurfrichtung und hält den Medizinball beidhändig in Vorhalte. Aus dieser Position geht er kurz in die Hocke und steht unmittelbar wieder auf. In der Aufwärtsbewegung wird der Ball etwa im 45°-Winkel nach vorne oben abgeworfen.

Hinweis: Die Ausholbewegung sollte möglichst „flüssig“ in die eigentliche Wurfbewegung überführt werden. Dabei ist auf einen aktiven Beineinsatz und gestreckte Ellbogengelenke zu achten.

Übung 2 „Schocken rückwärts“

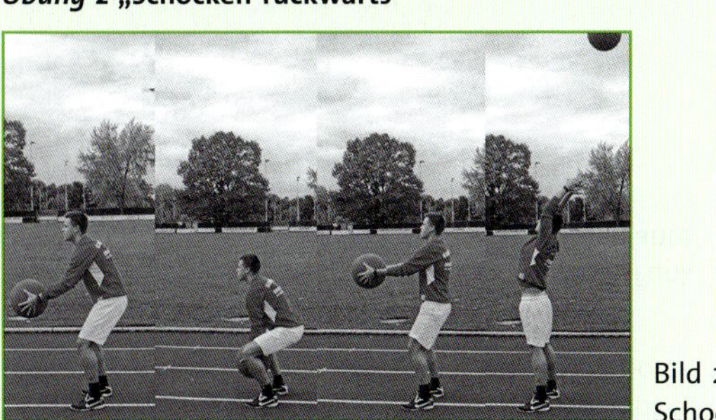

Bild 200: Schocken rückwärts

26

Materialbedarf: Medizinbälle in halber Klassenstärke.

Beschreibung: In der Ausgangsstellung steht der Schüler mit dem Rücken zur Wurfrichtung mit beiden Füßen parallel und hält den Medizinball beidhändig in Vorhalte. Aus dieser Position geht er kurz in die Hocke und steht unmittelbar wieder auf. Am Ende der Aufwärtsbewegung wird der Ball etwa im 135°-Winkel über den Kopf nach hinten oben abgeworfen.

Hinweis: Die Ausholbewegung sollte möglichst „flüssig“ in die eigentliche Wurfbewegung überführt werden. Dabei ist auf einen aktiven Beineinsatz und gestreckte Ellbogengelenke zu achten.

Übung 3 „Schocken seitwärts“

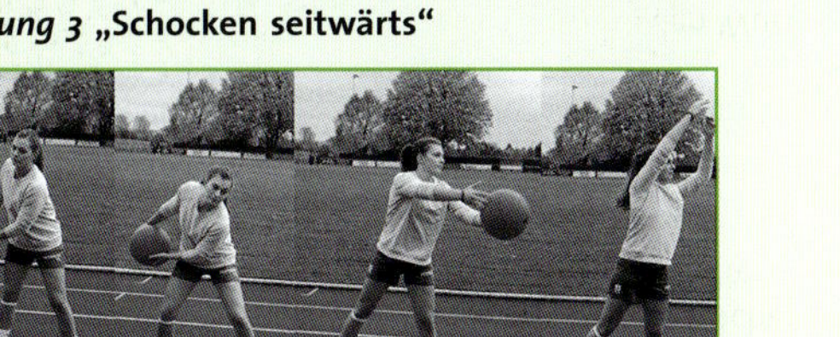

Bild 201: Schocken seitwärts

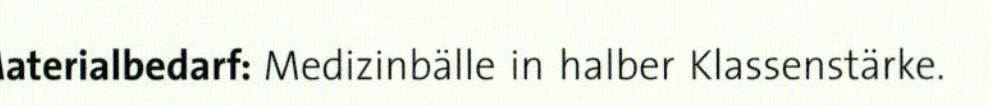

27

Materialbedarf: Medizinbälle in halber Klassenstärke.

Beschreibung: In der Ausgangsstellung steht der Schüler 90° nach hinten verdreht zur Wurfrichtung mit beiden Füßen parallel und hält den Medizinball beidhändig in Vorhalte. Aus dieser Position macht er mit dem Ball eine Ausholbewegung nach hinten und dreht dann mit der Hüfte wieder leicht in Wurfrichtung nach vorne. In der Vorwärtsbewegung wird der Ball nach vorne oben abgeworfen.

Hinweis: Beine und Hüfte sollen bei dieser Übung zum Abwurf hin aktiv mit nach vorne gedreht werden.

***Übung 4* „Druckpass in Schrittstellung“**

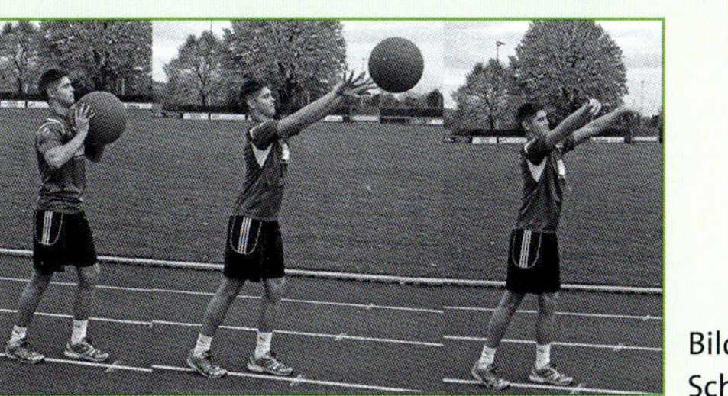

Bild 202: Druckpass in Schrittstellung

Materialbedarf: Medizinbälle in halber Klassenstärke.

Beschreibung: In der Ausgangsstellung steht der Schüler in leichter Schrittstellung in Stoßrichtung. Er hält den Medizinball beidhändig mit nach innen gedrehten Handflächen vor der Brust. Aus dieser Position holt er durch eine Verlagerung des Körpergewichtes auf das hintere Bein leicht aus und stößt dann den Medizinball beidhändig kräftig nach vorne oben weg. Dabei werden die Handgelenke nach außen geklappt.

Hinweis: Die Bewegung ist – bis auf den Krafteinsatz – mit der Bewegung beim Basketball-Druckpass identisch.

28

***Übung 5* „Stoßen rechts bzw. links“**

Bild 203: Stoßen rechts

Materialbedarf: Medizinbälle in halber Klassenstärke.

Beschreibung: In der Ausgangsstellung steht der Schüler in leichter Schrittstellung in Stoßrichtung. Er hält den Medizinball vor der Brust, wobei die Stoßhand zur Körpermitte hin eingedreht ist und die andere Hand den Ball von der Seite stützt. Aus dieser Position holt er durch eine Verlagerung des Körpergewichtes auf das hintere Bein leicht aus und stößt dann den Medizinball mit der Stoßhand kräftig nach vorne oben weg. Dabei „zeigt“ die freie Hand die Stoßrichtung an und das Handgelenk der Stoßhand wird nach außen geklappt.

Differenzierung: Fortgeschrittene Schüler dürfen auch aus drei Angehschritten stoßen.

29

***Übung 6* „Überkopfwurf aus der Schrittstellung“**

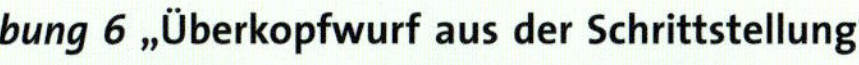

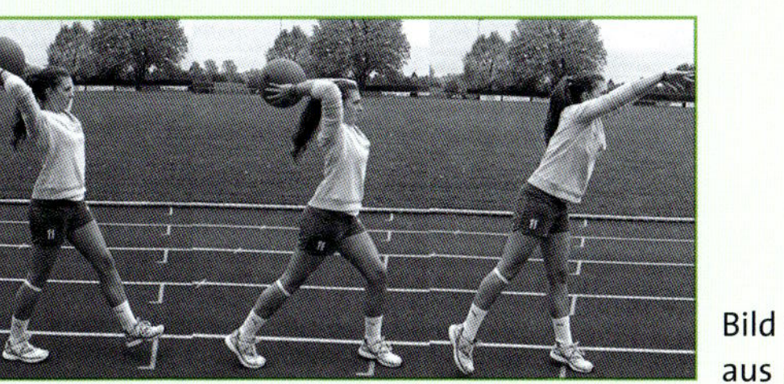

Bild 204: Überkopfwurf aus der Schrittstellung

Materialbedarf: Medizinbälle in halber Klassenstärke.

Beschreibung: In der Ausgangsstellung steht der Schüler in leichter Schrittstellung in Wurfrichtung. Er hält den Medizinball beidhändig über den Kopf. Aus dieser Position holt er durch eine Verlagerung des Körpergewichtes auf das hintere Bein und gleichzeitigem Beugen der Arme leicht nach hinten aus und wirft dann den Medizinball beidhändig kräftig nach vorne weg.

Hinweis: Die Ausholbewegung sollte möglichst „flüssig“ in die eigentliche Wurfbewegung überführt werden. Dabei ist auf ein gestrecktes Stemmbein zu achten.

30

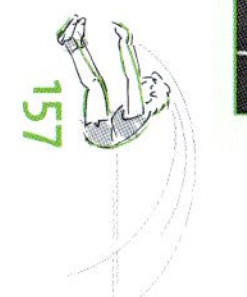

Stundenabschnitte und Unterrichtsinhalte	Organisatorische Hinweise

***Übung 7* „Überkopfwurf aus dem 3er-Angehen“**

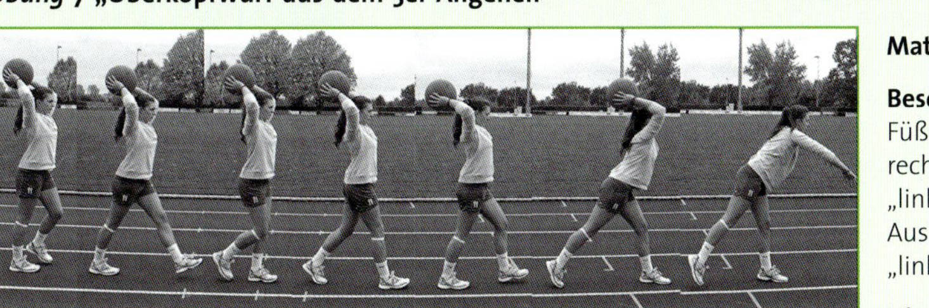

Serienbild 205: Überkopfwurf aus dem 3er-Angehen

Materialbedarf: Medizinbälle in halber Klassenstärke.

Beschreibung: In der Ausgangsstellung steht der Schüler mit beiden Füßen parallel und hält den Medizinball mit gestreckten Armen senkrecht über den Kopf. Aus dieser Position heraus macht er drei Gehschritte „links – rechts – links“ und bewegt dabei beide Arme im Sinne einer Ausholbewegung leicht nach hinten. Mit dem Setzen auf dem zweiten „links“ wird der Ball kräftig nach vorne geworfen.

Hinweis: Schwächeren Schülern kann zusätzlich die verbale Hilfe „links – rechts – links“ gegeben werden.

***Übung 8* „In den Himmel“**

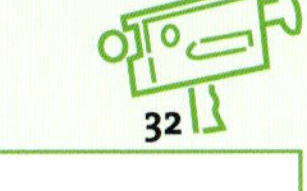

Materialbedarf: Medizinbälle in halber Klassenstärke.

Bild 206: „In den Himmel“ – Partner A wirft den Ball

Bild 207: „In den Himmel“ – Partner B fängt den Ball

Hinweis: Für diese Übung sollten die Schüler das Timing des Sprungverhaltens eines Balles verstanden haben.

Beschreibung: Partner A hat den Ball und führt einen Schockwurf vorwärts so aus, dass der Medizinball möglichst senkrecht in die Luft fliegt. Partner B wartet ein Aufspringen des Medizinballes ab, orientiert sich zum Ball und nimmt diesen in der Abwärtsbewegung auf. Unmittelbar mit der Abwärtsbewegung beginnt Partner B nun seinen Schockwurf vorwärts in die Luft. Das wechselseitige Schocken wird solange ausgeführt, bis beide Partner zehn Würfe absolviert haben.

***Übung 9* „Torwarttraining“**

Materialbedarf: Medizinbälle in halber Klassenstärke.

33

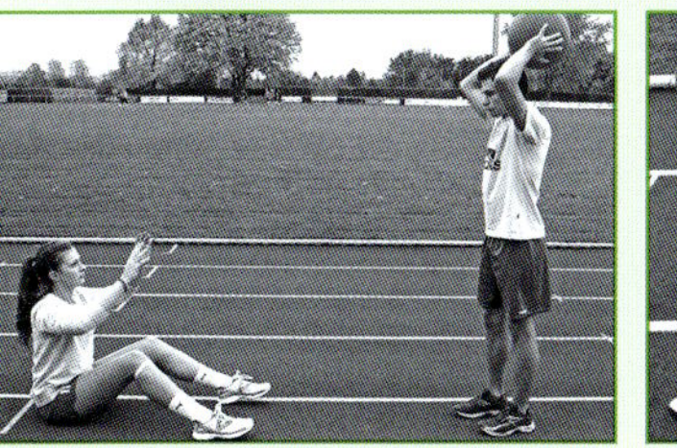

Bild 208: Partner beim Zuwerfen

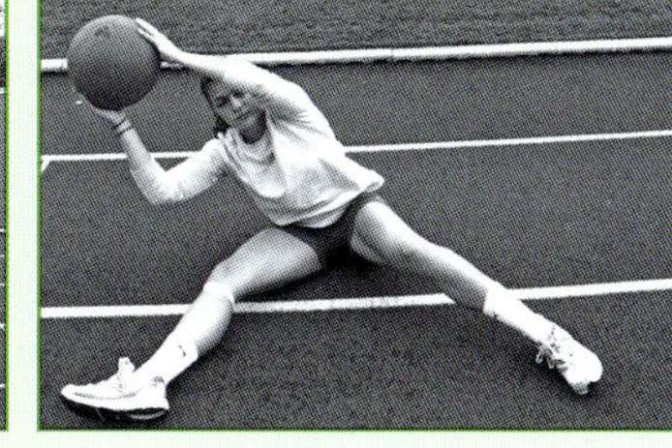

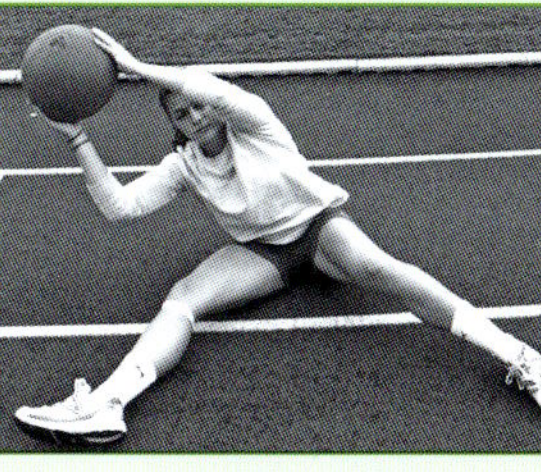

Bild 209: Rechts

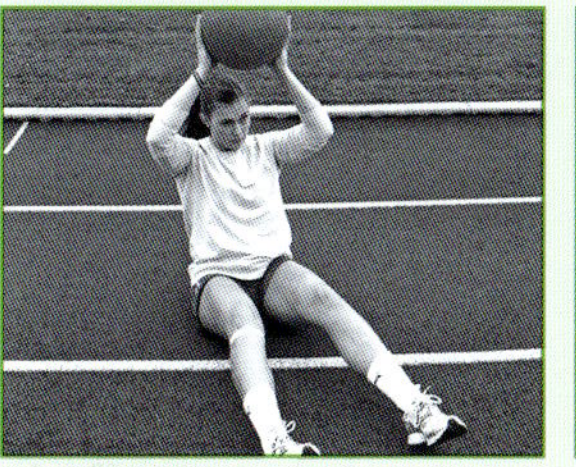

Bild 210: Mitte

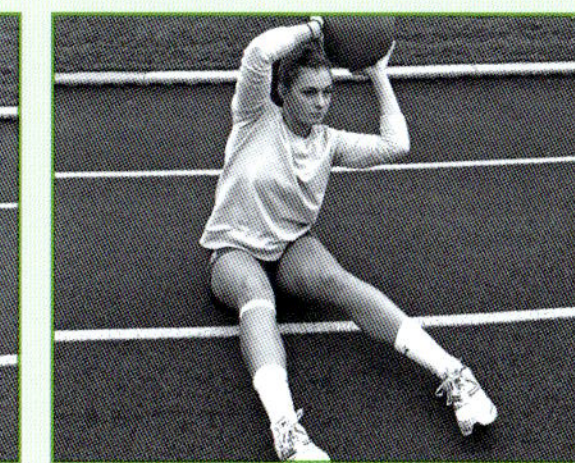

Bild 211: Links

Hinweis: Bei dieser Übung gibt es einen aktiven und einen passiven Partner. Der aktive Partner muss den vom passiven Partner zugeworfenen Ball sofort zurückwerfen. Dabei sollte möglichst so „flüssig“ zugeworfen werden, dass ein gewisser Rhythmus entsteht.

Beschreibung: In der Ausgangsstellung sitzt der aktive Partner etwa 1,50 m bis 2,00 m entfernt mit Blickrichtung zum passiven Partner auf dem Boden. Der passive Partner hat den Ball und wirft diesen im Wechsel mittig, rechts oder links dem aktiven Partner über Kopf zu. Dieser fängt den Ball, macht ggf. eine leichte Rückwärtsbewegung und wirft den Ball dann wieder zurück.

***Übung 10* „Schräge Bauchmuskulatur rechts bzw. links“**

Materialbedarf: Medizinbälle in halber Klassenstärke.

34

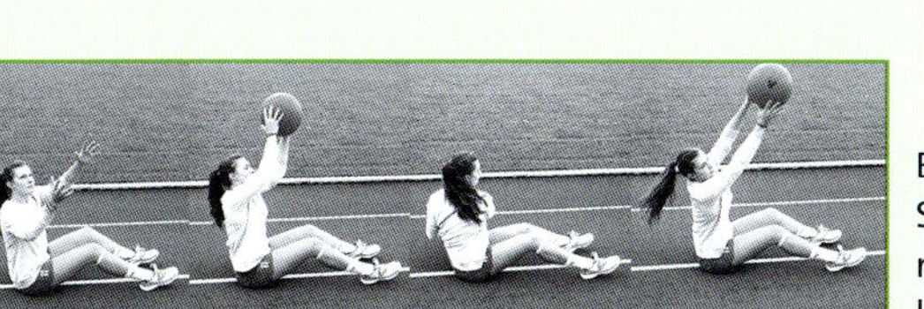

Bild 212: Schräge Bauchmuskulatur links

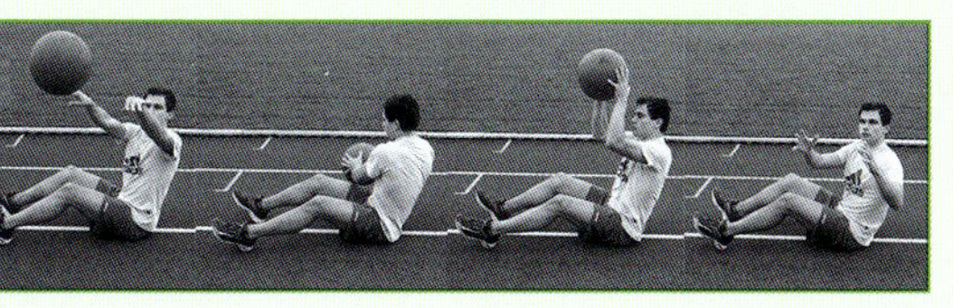

Bild 213: Schräge Bauchmuskulatur rechts

Hinweis: Bei dieser Übung gibt es einen aktiven und einen passiven Partner. Der aktive Partner muss den vom passiven Partner zugeworfenen Ball sofort zurückwerfen. Dabei sollte möglichst so „flüssig“ zugeworfen werden, dass ein gewisser Rhythmus entsteht.

Hinweis: Die Abbremsbewegung sollte möglichst „flüssig“ in die eigentliche Wurfbewegung überführt werden. Dabei ist auf Spannung im Bauchmuskelbereich und möglichst gestreckte Ellbogengelenke zu achten.

Beschreibung: In der Ausgangsposition sitzt der aktive Partner im Langsitz am Boden. Etwa 1,50 m bis 2,00 m im rechten Winkel von ihm entfernt steht der passive Partner mit dem Medizinball. Dieser wirft den Medizinball nun so zu, dass er vom aktiven Partner in der Luft „vor dem Bauch“ gefangen werden kann. Der aktive Partner führt den Ball schräg nach hinten unten, touchiert mit dem Ball leicht den Boden und wirft ihn wieder zurück.

***Übung 11* „Oberer Rücken“**

Materialbedarf: Medizinbälle in halber Klassenstärke.

35

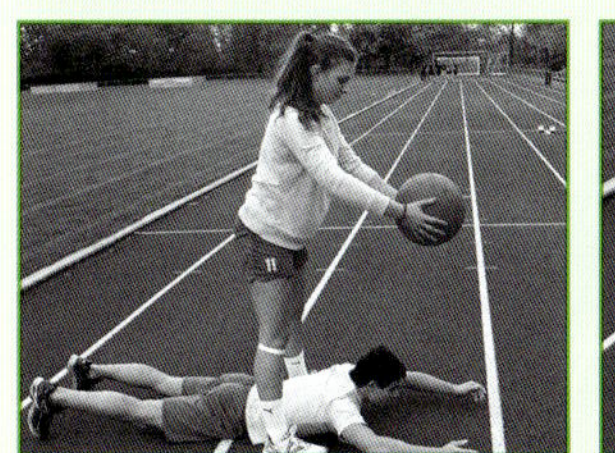
Bild 214: Ausgangsposition

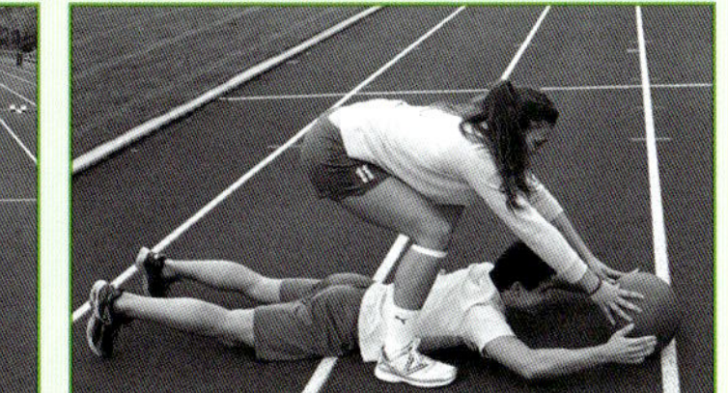
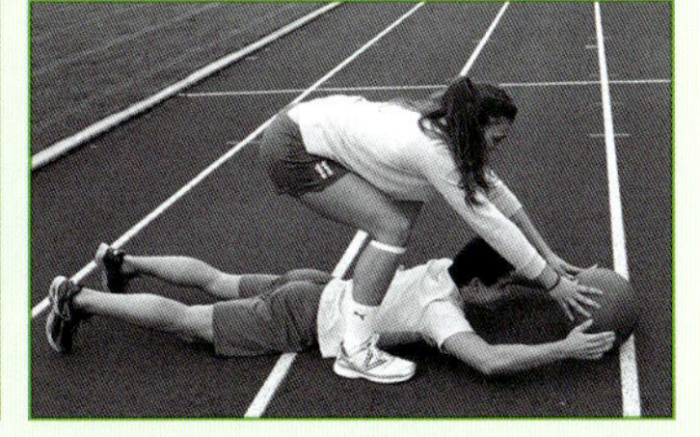
Bild 215: Ball einlegen

Bild 216: Hochwerfen

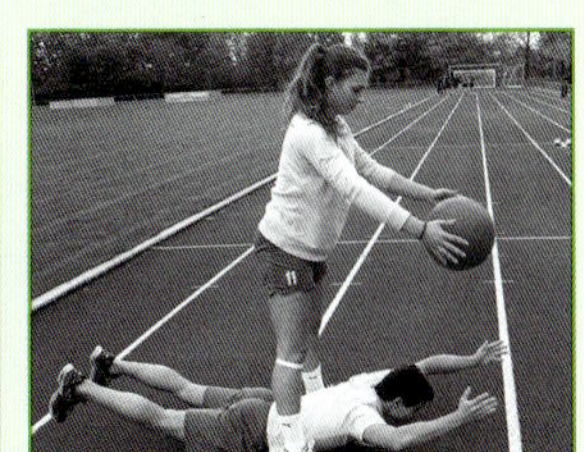
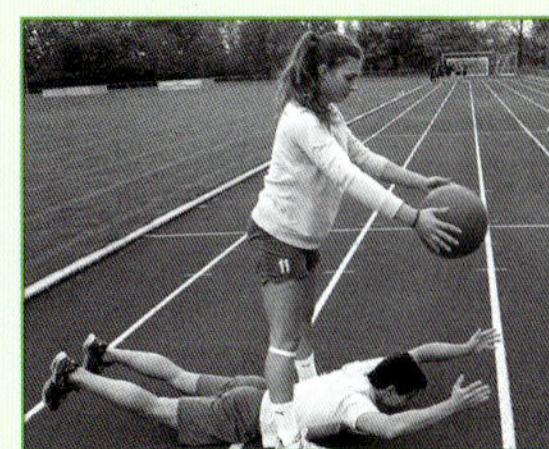
Bild 217: Fangen

Hinweis: Bei dieser Übung gibt es einen aktiven und einen passiven Partner. Der aktive Partner muss den vom passiven Partner von oben in die Hände gelegten Ball sofort zurückwerfen.

Beschreibung: In der Ausgangsstellung liegt der aktive Partner in Bauchlage mit nach vorne ausgestreckten Armen auf dem Boden. Der passive Partner steht etwa in Höhe der Lendenwirbelsäule breitbeinig „über“ dem liegenden Partner und hält den Medizinball in der Hand. Der passive Partner legt nun den Medizinball in die ausgestreckten Hände des aktiven Partners. Dieser nimmt den Ball auf und wirft ihn senkrecht nach oben (!) zurück. Der passive Partner fängt den Ball und beginnt von neuem.

***Übung 12* „Vorne – Hinten“**

Beschreibung: Es gibt wiederum einen aktiven und einen passiven Partner. In der Ausgangsstellung liegt der aktive Partner in Bauchlage mit den Händen in Vorhalte. Der passive Partner rollt ihm den Ball zu. Der aktive Partner nimmt den Ball auf und stößt ihn zum passiven zurück. Anschließend dreht er sich über den Hüftknochen so nach hinten, dass er in Rückenlage mit Blickrichtung passivem Partner zu liegen kommt.
Der passive Partner wirft ihm den Ball nun hoch zu; der aktive Partner fängt den Ball oben, liegt mit Ball nach hinten ab und wirft ihn hoch wieder zurück. Danach dreht er sich wieder über die Hüfte in Ausgangsposition.

Materialbedarf: Medizinbälle in halber Klassenstärke.

Hinweis: Diese Übung erfordert vom passiven Partner ein exaktes Timing!

36

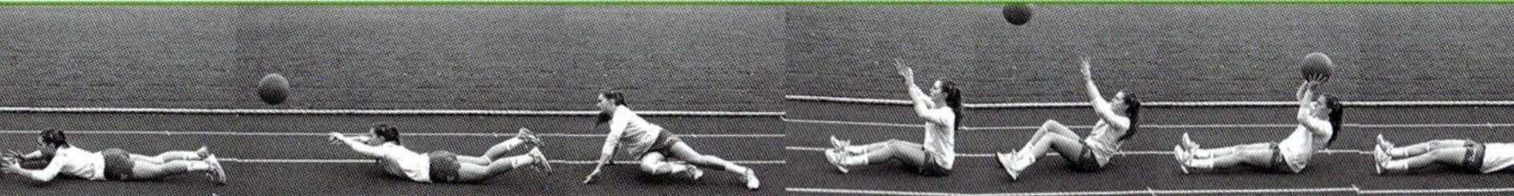
Bild 218: Vorne – Hinten

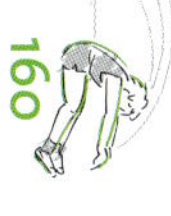

Stundenabschnitte und Unterrichtsinhalte	Organisatorische Hinweise

Bonus (für leistungsstarke Klassen): „Treibball“

Die Partner stellen sich wieder in Ausgangsposition mit ca. 10 m Abstand an einer zentralen Linie auf. Beide haben nun die Aufgabe, ihren Partner durch „weite Stöße“ an die gegenüberliegende Seite zu drängen. Dazu stoßen sie im Wechsel gegeneinander. Der jeweils nicht stoßende Partner darf den Ball an der Stelle zurückstoßen, an der er ihn nach dem ersten Aufspringen zu fangen bekommt.

Materialbedarf: Medizinbälle in halber Klassenstärke.

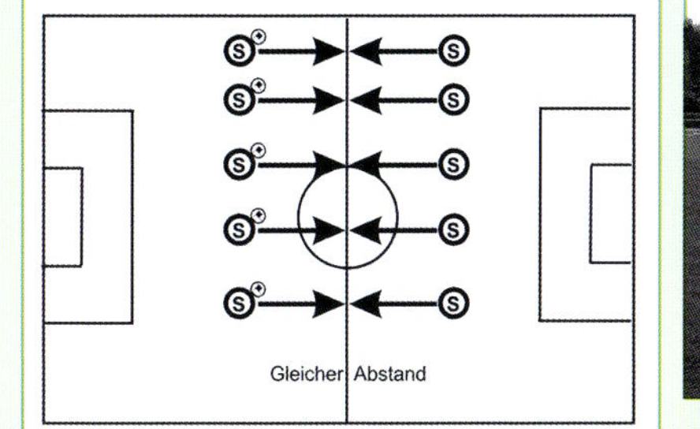

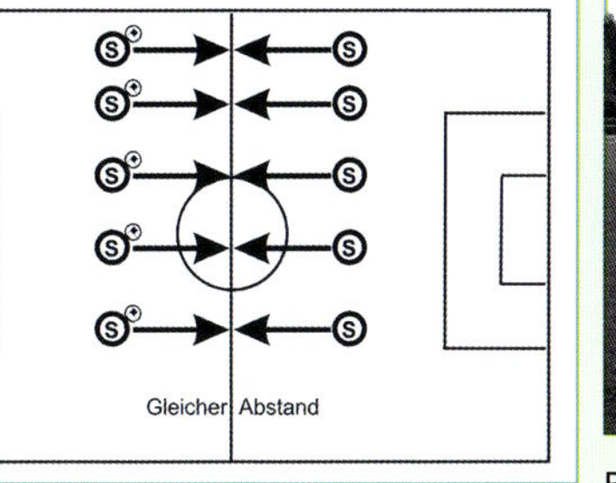

Abb. 63: Grundaufstellung Treibball

Bild 219: Fangen des Balles beim Treibball

Bonus (für leistungsstarke Klassen): „Bewegungsbeschreibung & -analyse“

Die Klasse wird in mehrere Gruppen von drei bis fünf Schülern eingeteilt. Jede Gruppe soll zunächst die auf der Arbeitskarte unvollständig abgebildete Wurfkraftübung (z. B. Schocken vorwärts) nochmals in der Praxis durchführen und sich auf eine „optimale“ Bewegungsausführung verständigen. Anschließend hat sie die Aufgabe, (a) die richtige Bewegungsausführung der Übung verbal zu beschreiben und (b) zu überlegen, warum man diese Übung in der Vorbereitung des Wurftrainings macht bzw. was mit ihr erreicht werden soll. Ihre Ergebnisse hält die Gruppe auf dem Arbeitsblatt schriftlich fest und bespricht sie abschließend mit dem Lehrer.

Hinweis: Wenn die Gruppe mit der Funktion der Übung Schwierigkeiten hat, kann zunächst hilfsweise überlegt werden, welche Muskelgruppe denn mit der Übung angesprochen wird.

Materialbedarf: Für jede Gruppe einen Medizinball und eine Arbeitskarte.

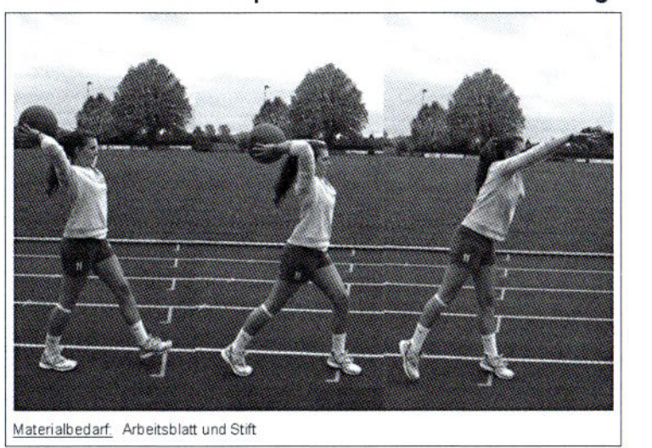
Arbeitskarte Überkopfwurf aus der Schrittstellung

Materialbedarf: Arbeitsblatt und Stift

Abb. 64: Arbeitskarte Bewegungsbeschreibung

Stundenabschnitte und Unterrichtsinhalte	Organisatorische Hinweise

Schluss (Wettbewerbsform)

Medizinball-Staffel

Die Klasse sammelt sich an einem kurzen Ende des Rasenplatzes und wird in mehrere gleich große Gruppen von drei bis fünf Schülern eingeteilt. Überzählige Schüler werden gleichmäßig auf die Gruppen verteilt. Die Gruppen legen intern eine Stoßreihenfolge fest (1 – 2 – 3 – 4 – 5) und sammeln sich hinter ihrem Starthütchen (vgl. Abb. 65).
Danach beginnt der Wettbewerb: Auf das Kommando des Lehrers stößt jeweils der nächste Schüler gemäß Startreihenfolge. Dort wo der Ball aufkommt, wird das Markierhütchen für den nachfolgenden Stoß gestellt. Die Staffel erstreckt sich einmal längs über den Rasenplatz, hin und wieder zurück. Gewonnen hat die Mannschaft mit den wenigsten Stößen.

Hinweis: Am Umkehrpunkt wird ebenfalls an der Stelle „umgedreht", wo der Ball hinter der Auslinie aufkommt.

Materialbedarf: Pro Mannschaft ein Markierhütchen und einen Medizinball.

Abb. 65: Grundaufstellung Medizinballstaffel

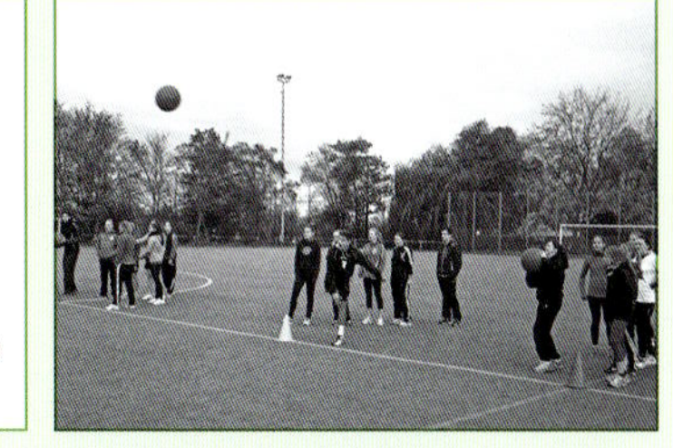

Bild 220: Schüler bei der Medizinballstaffel

Brennball

Spiel zwischen zwei Mannschaften, wobei eine Mannschaft die Funktion „Fänger" und die andere die Funktion „Werfer und Läufer" ausübt. Nach einer festgelegten Zeit wird gewechselt.
In der Ausgangsaufstellung (vgl. Abb 66) steht die Werfermannschaft komplett hinter ihrem Startmal, während die Fänger sich möglichst gleichmäßig über das Spielfeld verteilen. Einer der Fänger bekommt den Platz am „Brennmal" fest zugewiesen. Ziel der Werfermannschaft ist es, den Medizinball möglichst so ins Feld zu werfen, dass er nur mit Mühe zum Brennmal gepasst werden kann. Direkt nach dem Wurf versucht der Werfer, einmal um das Feld zu sprinten, um so für seine Mannschaft einen Punkt zu erzielen.
Gelingt es der Fängermannschaft, den Medizinball ins Brennmal zu passen, ehe der Werfer das Ziel erreicht hat, so ist dieser „verbrannt" und bekommt keinen Punkt.
Gewonnen hat die Mannschaft mit den meisten Punkten.

Materialbedarf: Ein Markierhütchen, ein Medizinball und sechs Gymnastikreifen.

Abb. 66: Grundaufstellung Brennball

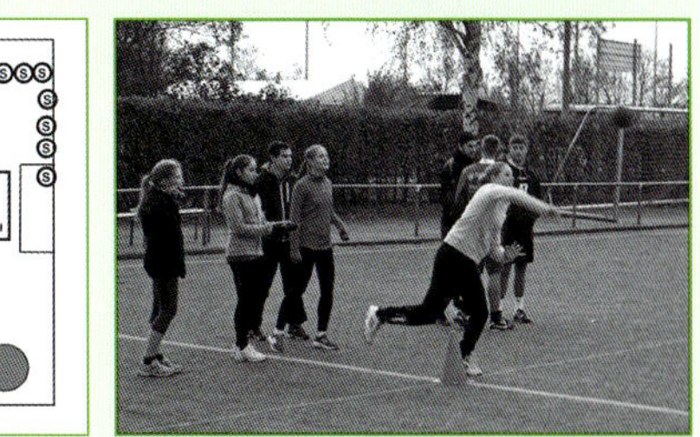

Bild 221: Schüler beim Brennball

Hinweis: Um das Spielfeld sind je nach Leistungsstärke der Schüler mehrere Inseln verteilt, auf denen der Werfer verharren darf.

2 Doppelstunde 10: Kugelstoßen in Theorie und Praxis – „Der Beschleunigungsweg“

Einführung

Wenn Schüler verstanden haben, was sie tun müssen, damit die Kugel weit fliegt, sind sie auch in der Lage, entsprechend ihrer persönlichen körperlichen Voraussetzungen eine individuell optimale Technik auszuwählen und weiter zu entwickeln. Dieses Ziel verfolgt die vorliegende Doppelstunde zur Theorie und Praxis des Kugelstoßens. Über ein Nachempfinden der technischen Entwicklung des Kugelstoßens sollen die Schüler im ersten Teil der Stunde erkennen, dass der Beschleunigungsweg, während dem die Kraft auf das Gerät einwirkt, der zentrale Faktor für eine große Stoßweite ist. Darüber hinaus lernen sie zwei wesentliche Möglichkeiten kennen, den Beschleunigungsweg im Rahmen der Regelvorgaben zu verlängern. Mit diesem Wissen kann jeder Schüler eine für ihn optimale Technik entwickeln. Die historischen Vorbilder bilden dabei mögliche Ausgangs- oder auch Zielpunkte.

Im zweiten Teil der Stunde wird den Schülern mit der auf den Amerikaner Parry O'Brien zurückgehende Rückenstoßtechnik eine aktuell in der Weltspitze verwendete Technik vorgestellt. Der methodische Lehrweg setzt dabei genau an der Stelle wieder ein, an der die empfohlene technische Entwicklung für die Mittelstufe ihren vorläufigen Abschluss gefunden hatte. Die Erarbeitung der Rückenstoßtechnik werden möglicherweise nicht mehr alle Schüler bis zum Schluss mitgehen können, weil ihnen ein Teil der koordinativen und/oder kraftbedingten Voraussetzungen fehlt. Hier benötigt der Lehrer ein Gespür dafür, ob der betreffende Schüler mit zusätzlicher Hilfestellung (z. B. Ansporn, Fehlerkorrektur, Tipps) den nächsten Lernschritt noch erreichen kann oder nicht mehr. Ist ein Schüler an seiner aktuellen Leistungsgrenze angelangt, so bekommt er für den weiteren Verlauf der Stunde die Aufgabe, eine für ihn optimale Technik zu suchen und weiter zu optimieren. Dieser Aspekt sollte bei der Durchführung der Doppelstunde immer mit berücksichtigt werden, obwohl er im tabellarischen Verlauf der Stunde nicht explizit aufgeführt wird.

Zusammenfassend muss nochmals darauf hingewiesen werden, dass der komplette Lehrweg für das Kugelstoßen im Rahmen der Schullaufbahn auf insgesamt drei Doppelstunden „verteilt“ wurde: Bereits in der Unterstufe wird die Hauptaktion des Kugelstoßens als „frontaler Stoß“ eingeführt. Davon ausgehend wird in der Mittelstufe versucht (vgl. Doppelstunde 11 im Band 2), mit relativ kleinen methodischen Schritten allmählich bis zur vorläufigen Zielform, dem Kugelstoßen aus einem 2er-Angehen, zu gelangen. Die prinzipielle Vorgehensweise sieht so aus, dass sukzessive vor eine bereits gekonnte Bewegung jeweils eine neue Teilaktion gesetzt wird, die in der Regel die energetischen Bedingungen der Stoßaktion weiter verbessert. Auf diesem Könnensstand baut die Doppelstunde „Kugelstoßen in Theorie und Praxis – „der Beschleunigungsweg““ im zweiten Teil auf[24] und führt den in der Doppelstunde 11 des Bandes 2 begonnene Weg konsequent weiter bis zur Rückenstoßtechnik.

Kompetenzen

Motorisch: Die Schüler können eine Kugel aus einem Rückwärts-Angleiten in die Weite stoßen.

Kognitiv: Die Schüler kennen die wesentlichen Merkmale der Rückenstoßtechnik.
Die Schüler kennen die Bedeutung des Beschleunigungsweges für die Stoßweite und wissen, mit welchen Aktionen dieser verlängert werden kann.

---

[24] Sollte die Sportgruppe bislang noch keine Erfahrungen mit dem Kugelstoßen gemacht haben, so empfehlen wir vor Durchführung der vorliegenden Doppelstunde *„Kugelstoßen in Theorie und Praxis“* zunächst die Erarbeitung des frontalen Stoßes aus der **Doppelstunde Leichtathletik** Band 1: *„Frontal Stoßen: Mit der „richtigen“ Technik zum Erfolg“* und darauf aufbauend die Doppelstunde 15 *„Vom frontalen Stoßen zur Kugelstoßtechnik“* aus Band 2 durchzuführen. Für die Schüler können so die notwendigen Grundlagen für die Umsetzung dieser für die Oberstufe konzipierten Doppelstunde gelegt werden.

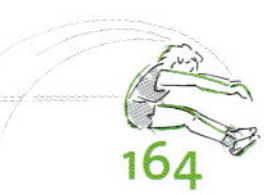

Didaktisch-methodische Anmerkungen

Die Stunde beginnt mit zwei kraftbetonten Spielformen zur allgemeinen Erwärmung: Beim etwas weniger intensiven „Alaska-Rugby" sollen durch ein relativ groß gewähltes Spielfeld vor allem längere Laufstrecken zustande kommen. Das nachfolgende Spiel „Touch-Rugby" dürfte durch häufige Abspiele und Sprintphasen zusätzlich einen Schnelligkeitsakzent setzen.

Der erste Hauptteil der Stunde beginnt mit einer Gruppenarbeitsphase zur historischen Entwicklung der Kugelstoßtechnik. In Kleingruppen erarbeitet sich jede Gruppe jeweils in Theorie und Praxis[25] eine von drei historischen Techniken, die für diese Doppelstunde nach ihrem berühmtesten Anwender benannt wird (Die Techniken sind im Online-Material im Bild dargestellt, s. S. 177). Die „Garrett-Technik" wurde von Robert Garrett, dem ersten Olympiasieger der Neuzeit, bei seinem Olympiasieg 1896 in Athen verwendet. Die „Gray-Technik" geht auf den Kanadier George Gray zurück, der mit dieser Technik im Jahre 1898 den Weltrekord auf 14,75 m verbesserte. Die „Fuchs-Technik" findet sich als solche auch noch in einigen älteren Leichtathletik-Lehrbüchern. Der Amerikaner James Fuchs verbesserte mit ihr im Jahre 1950 den Weltrekord auf beachtliche 17,95 m.

Diese drei Techniken wurden ganz bewusst ausgewählt, da man an ihnen eindrucksvoll zeigen kann, dass der Beschleunigungsweg der Kugel im Laufe der Zeit immer weiter zugenommen hat. Nahezu parallel mit der Zunahme des Beschleunigungsweges wurde auch der Weltrekord verbessert. Daraus lässt sich der Zusammenhang „Je länger der Beschleunigungsweg der Kugel, desto größer die Stoßweite" ableiten. Nach einer etwa 30-minütigen Gruppenarbeitsphase werden die Ergebnisse aus den Gruppen im Plenum zusammengeführt. Drei Gruppen präsentieren mit Hilfe eines Plakates und einer Technikdemonstration ihre historische Technik. Dabei werden die Präsentationen entsprechend ihrer zeitlichen Abfolge eingeteilt. Anschließend wird im fragend-entwickelnden Unterrichtsgespräch der Beschleunigungsweg als leistungsbestimmender

[25] Die praktische Erprobung der historischen Kugelstoßtechniken erfolgt im Rahmen der Gruppenarbeit nicht mit der Kugel sondern mit einem Medizinball. Dafür sprechen vor allem zwei Gründe: Erstens ist man beim Stoßen mit dem Medizinball nicht auf eine Kugelstoßanlage angewiesen, sodass die Schüler auf mehreren improvisierten Anlagen parallel in den Rasen stoßen können. Zweitens spricht das nicht zu unterschätzende Gefährdungspotential beim unbeaufsichtigten Stoßen im Rahmen der Gruppenarbeit für ein ungefährliches Stoßgerät.

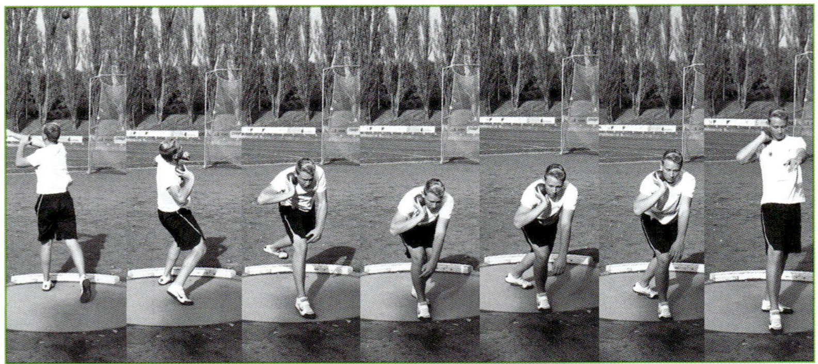

Bild 222: Rückenstoßtechnik (von rechts betrachten)

Faktor identifiziert. Durch einen Vergleich der drei Techniken sollen außerdem die für die Verlängerung maßgeblichen Teilaktionen (zusätzliche Angeh- bzw. Anhüpfschritte und/oder zusätzliche Rotationsanteile) herausgearbeitet werden. Den Abschluss der Theoriephase bildet ein Ausblick: „Durch welche zusätzlichen Aktionen lässt sich die Fuchs-Technik weiter verbessern?“. Mit Hilfe einer geschickten Gesprächsführung können die Schüler darauf kommen, dass durch das Vorschalten einer weiteren 90°-Rotation aus der Fuchs-Technik die Rückenstoßtechnik[26] entsteht. Diese wird abschließend mit Hilfe einer Bilderserie anhand markanter Positionen besprochen.

Im zweiten Hauptteil der Stunde werden die Schüler anhand einer methodischen Reihe ausgehend vom „2er-Angehen rückwärts“ über das „verkürzte Angleiten“ zur „Rückenstoßtechnik“ geführt. Der Lehrweg ist so konzipiert, dass die jeweils erreichte methodische Stufe durch Akzentsetzung (z. B. Springen statt Gehen) weiter ausgebaut wird. Dabei ist eine individuelle Differenzierung auf alle Fälle notwendig. Schwächere Schüler werden in der Regel auf der Stufe des „2er-Angehens rückwärts“ verbleiben und diese Technik individuell optimieren. Bewegungsbegabte Schüler sollten auch ohne leichtathletische Vorkenntnisse in der Lage sein, die Stufe des „verkürzten Angleitens“ zu erreichen, wobei die Stufe der „Rückenstoßtechnik“ erfahrungsgemäß nur von Schülern mit leichtathletischem Hintergrund oder besonders bewegungsbegabten Schülern bewältigt wird.

[26] Teilweise auch nach ihrem Erfinder Parry O'Brien (Weltrekordhalter 1953 mit 18,00 m) als „O'Brien-Technik“ bekannt.

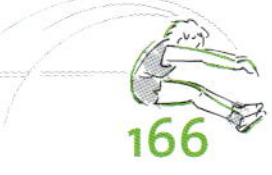

Den Abschluss der Stunde bildet ein Mannschaftswettbewerb, der die drei historischen Techniken aus der Gruppenarbeitsphase nochmals aufgreift.

Hinweise zur Vorbereitung

Die in der Gruppenarbeitsphase des Hauptteils verwendeten Arbeitskarten (vgl. z. B. Material „Arbeitskarte_Fuchs") müssen bereits im Vorfeld ausgedruckt werden.

Die ebenfalls benötigten A2-Plakate (zur Beschriftung durch die Schüler) müssen auch im Vorfeld bereitgestellt werden. Alle anderen benötigten Materialien (Kugeln und Medizinbälle) stehen normalerweise in ausreichender Anzahl vor Ort zur Verfügung und können vor Beginn der Stunde bereitgelegt werden.

Doppelstunde 10: *Kugelstoßen in Theorie und Praxis*

Stundenabschnitte und Unterrichtsinhalte	Organisatorische Hinweise

Einleitender Stundenteil (Aufwärmen)

***Allgemeines Aufwärmen* „Alaska-Rugby“**

Ballspiel zwischen zwei Mannschaften mit jeweils wechselnden Spielphasen: Zu Beginn des Spiels hat Mannschaft A den Ball und die Aufgabe, diesen ins Feld zu werfen. Mannschaft A stellt sich danach bis auf einen Mitspieler so eng wie möglich zusammen. Der letzte Mitspieler hat nun die Aufgabe, die übrigen Mannschaftsmitglieder so lange zu umrunden, bis die Spielphase von Mannschaft B durch „Stopp“ beendet wird. Der Lehrer zählt dabei die Anzahl der Umrundungen.

Mannschaft B muss nach dem Wegwerfen des Balles durch Mannschaft A so schnell wie möglich zum Ball laufen, sich in Reihe hintereinander postieren und den Ball von vorne nach hinten durch die Beine übergeben (vgl. Bild 224). Der letzte Spieler in der Reihe von Mannschaft B nimmt den Ball über Kopf hoch und schreit laut hörbar „Stopp“ (vgl. Bild 225). Direkt im Anschluss wechselt die Spielphase und Mannschaft B wirft nun den Ball von ihrer aktuellen Position ins Spielfeld.

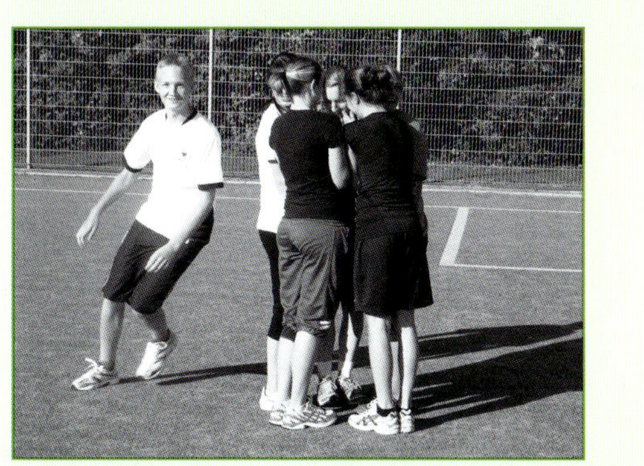

Bild 223: Spielphase „Runden zählen“

Materialbedarf: Markierhemdchen, ein Medizinball.

Es wird ein großes Feld (ca. 50 x 60 m) markiert. Die Klasse wird in zwei Gruppen unterteilt und mit Markierhemdchen entsprechend gekennzeichnet.

Bild 224: Spielphase „Ball durchgeben“

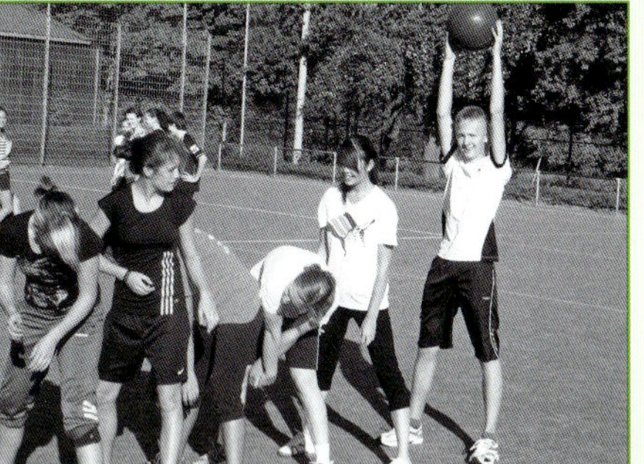

Bild 225: „Stopp“

Stundenabschnitte und Unterrichtsinhalte	Organisatorische Hinweise

Allgemeines Aufwärmen „Touch-Rugby“

Parteiballspiel zwischen zwei Mannschaften; Ziel ist es, den Ball hinter der gegnerischen Auslinie auf den Boden zu bringen (Touchdown), was jeweils einen Punkt für die angreifende Mannschaft ergibt. Gewonnen hat die Mannschaft mit den meisten Punkten.

Dabei gelten folgende Regeln:

- Bei Berührung (Touch) durch einen Gegenspieler wechselt der Ballbesitz. Der neu an den Ball kommende Spieler darf den ersten Pass unbehindert spielen.
- Der Ball darf nur nach hinten oder quer, nicht aber nach vorne gepasst werden.
- Mit dem Ball in der Hand darf so lange gelaufen werden (Run), bis eine Berührung durch einen gegnerischen Spieler erfolgt.

Materialbedarf: Markierhemdchen, ein Medizinball.

Es wird ein großes Feld (ca. 50 x 60 m) markiert. Die Klasse wird in zwei Gruppen unterteilt und mit Markierhemdchen entsprechend gekennzeichnet.

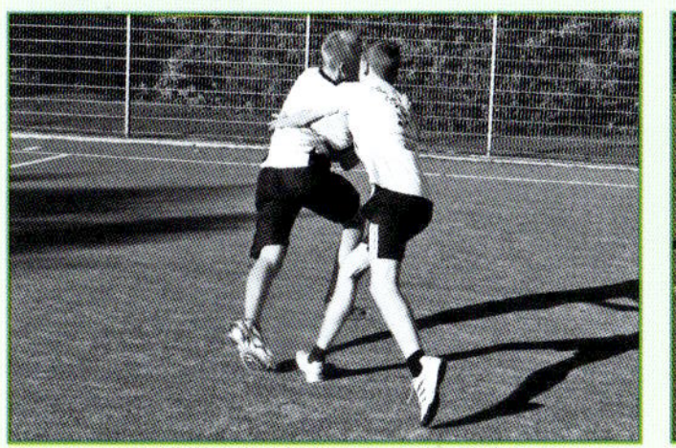

Bild 226: Touch

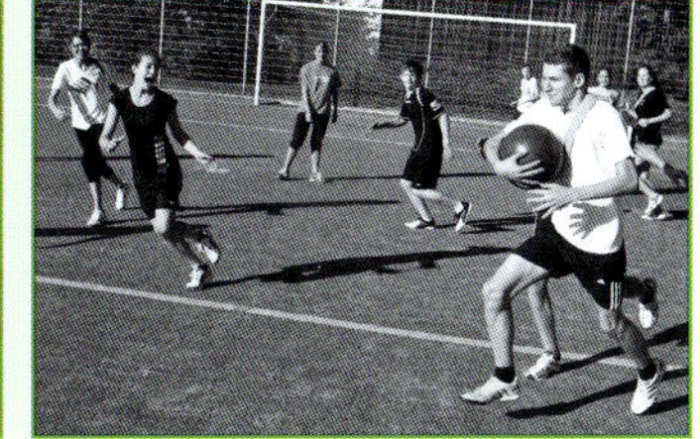

Bild 227: Spielphase „Run“

Hauptteil (Erarbeitung einer historischen Kugelstoßtechnik)

„Historische Kugelstoßtechniken I“ – Gruppenarbeitsphase

Die Klasse sammelt sich und wird in drei bis sechs Gruppen aufgeteilt. Der Lehrer erklärt den Arbeitsauftrag für die nachfolgende Gruppenaufgabe: Jede Gruppe soll sich die auf der jeweiligen Arbeitskarte befindliche historische Kugelstoßtechnik gemeinsam erarbeiten und anschließend in Form einer Kurzpräsentation mit Hilfe eines Plakates und einer Demonstration die Technik der Klasse vorstellen.
Abschließend erhalten alle Gruppen als Zeitlimit „dreißig Minuten“ genannt, ihre Arbeitsmaterialien ausgehändigt und einen Gruppenarbeitsplatz zugewiesen.

Hinweis: Alle drei Techniken benötigen lediglich einen Abstoßbalken und können daher mit einem Medizinball problemlos von der Laufbahn aus parallel durchgeführt werden.

Materialbedarf: Pro Gruppe eine Arbeitskarte (vgl. Material „Arbeitskarten“), ein Medizinball, ein Plakat und Plakatstifte.

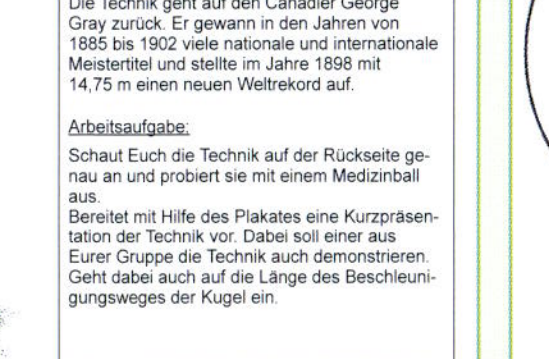

Die Gray-Technik

Historischer Hintergrund:

Die Technik geht auf den Canadier George Gray zurück. Er gewann in den Jahren von 1885 bis 1902 viele nationale und internationale Meistertitel und stellte im Jahre 1898 mit 14,75 m einen neuen Weltrekord auf.

Arbeitsaufgabe:

Schaut Euch die Technik auf der Rückseite genau an und probiert sie mit einem Medizinball aus.
Bereitet mit Hilfe des Plakates eine Kurzpräsentation der Technik vor. Dabei soll einer aus Eurer Gruppe die Technik auch demonstrieren. Geht dabei auch auf die Länge des Beschleunigungsweges der Kugel ein.

Abb. 67: Beispiel für eine Arbeitskarte

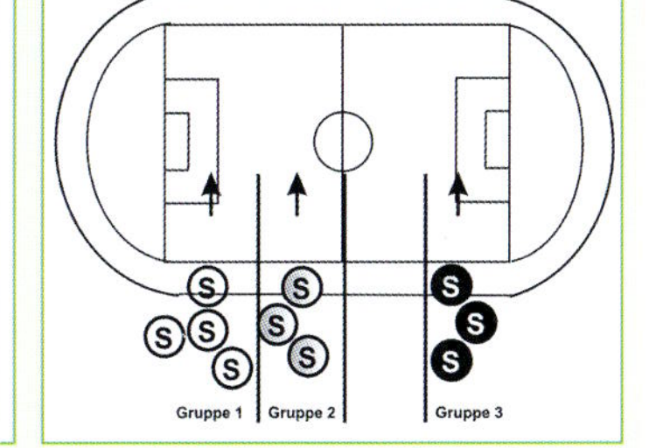

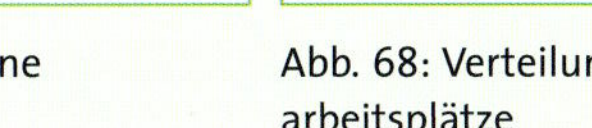

Abb. 68: Verteilung der Gruppenarbeitsplätze

Stundenabschnitte und Unterrichtsinhalte	Organisatorische Hinweise

„Historische Kugelstoßtechniken II" – Plenumsphase

Die Klasse sammelt sich vor der Wand mit den inzwischen bereits in der richtigen Reihenfolge aufgehängten Plakaten der Arbeitsgruppen. In der Reihenfolge „Garrett-Technik", „Gray-Technik" und „Fuchs-Technik" präsentieren die Arbeitsgruppen ihre Ergebnisse.

Anschließend bearbeitet der Lehrer mit der Klasse im fragend-entwickelnden Unterrichtsgespräch die Fragen: „Welches zentrale Technikmerkmal hat sich im historischen Rückblick vor allem verändert?" und „Durch welche Teilaktionen wurde der Beschleunigungsweg jeweils vergrößert?". Wesentliche Beiträge werden auf dem zusätzlichen Plakat (vgl. Abb. 69) als Ergebnis festgehalten.

Die Frage „Wie kann die Kugelstoßweite möglicherweise noch weiter gesteigert werden?", leitet den zweiten Hauptteil der Stunde ein. Bei geschickter Gesprächsführung wird die Klasse auf einen weiteren zusätzlichen Rotationsanteil bzw. ein Angleiten mit dem Rücken zur Stoßrichtung kommen. Daraus lassen sich abschließend die Merkmale der modernen Rückenstoßtechnik „Mehr Drehen und Tiefergehen" (vgl. Bild 229 bis 232) ableiten.

Materialbedarf: Fläche zum Aufhängen der Plakate, ein zusätzliches Plakat und Plakatstifte.

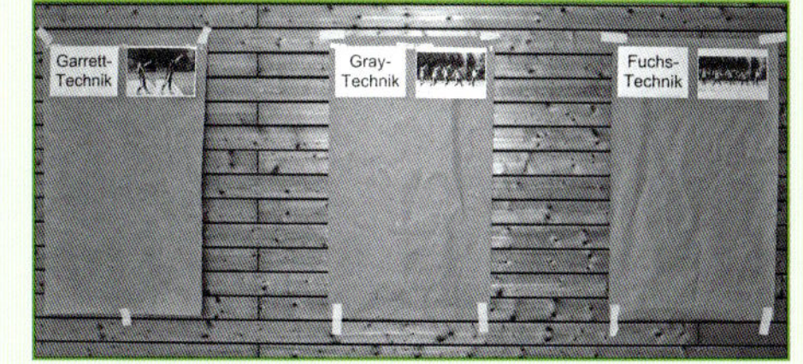

Bild 228: Wand mit Plakaten

Welches zentrale Technikmerkmal hat sich im historischen Rückblick vor allem verändert?

→ **der Beschleunigungsweg**

Durch welche Teilaktionen wurde der Beschleunigungsweg jeweils vergrößert?

Garrett → Gray:

→ **Vorschalten von zwei Angehschritten**

Gray → Fuchs:

→ **Zusätzliches Vorschalten einer Schulterrotation um 90°**

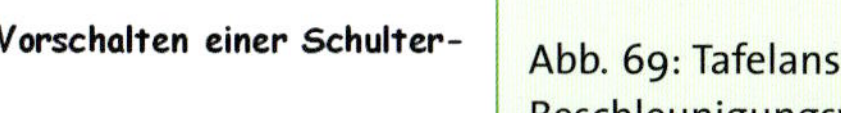

Abb. 69: Tafelanschrieb Beschleunigungsweg

Bild 229: Ausstoß

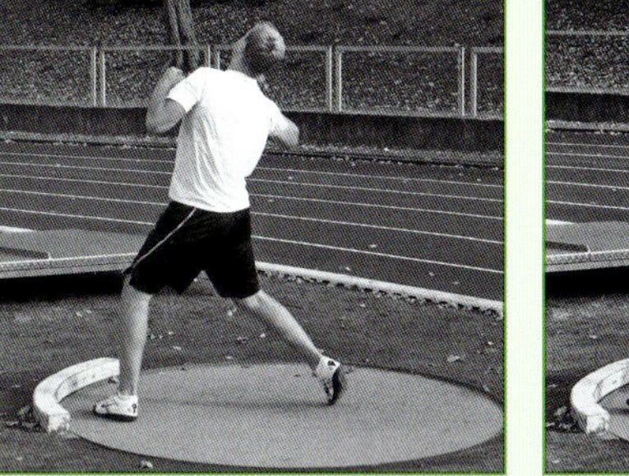

Bild 230: Vordrehen der Hüfte

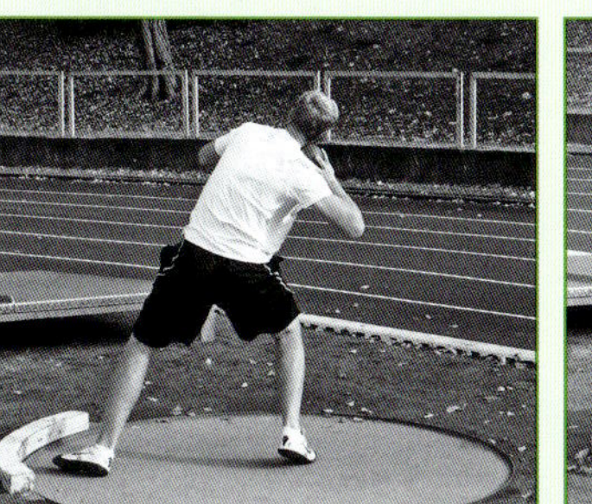

Bild 231: Stoßauslage

Bild 232: Angleiten

Hauptteil (Rückenstoßtechnik)

2er-Angehen rückwärts – methodischer Weg zur heutigen Rückenstoßtechnik

Ziel ist die Wiederholung der Angehbewegung im 2er-Rhythmus.
Die Klasse sammelt sich am Kugelstoßring. Der Lehrer erklärt und demonstriert das 2er-Angehen mit Kugel:
„Ausgangsposition einnehmen“ → die Schüler stellen sich aufrecht mit dem Rücken in Stoßrichtung an die hintere Begrenzung des Stoßkreises und nehmen die Stoßhand mit der Kugel an den Hals.
„Tiefgehen“ → die Schüler gehen in eine mittlere Hockstellung; beide Beine sind belastet.
„Rechtes Bein“ → das rechte Bein wird leicht nach innen eingedreht aktiv etwa 50 cm in Stoßrichtung gesetzt.
„Linkes Bein“ → das linke Bein wird ebenfalls aktiv ca. weitere 70 cm nach vorne abgesetzt. Mit diesem Schritt wird die Stoßauslage des Standstoßes erreicht.
„Ausstoß“ → die Kugel wird wie beim Standstoß ausgestoßen.
Anschließend verteilt sich die Klasse gleichmäßig auf die drei Anlagen an der Längsseite des Kugelstoßsektors (vgl. Grundaufstellung). Es wird auf Kommando gemeinsam gestoßen und es werden auf Ansage gemeinsam die Kugeln geholt.
Hinweis: Mit zunehmender Übungsdauer sollten die zwei Schritte (rechts → links) schneller und rhythmischer ausgeführt werden.
Hinweis: Das komplette 2er-Angehen kann den Schülern auch mit Hilfe einer Technikkarte (vgl. Material „2er-Angehen“) verdeutlicht werden.

Materialbedarf: Drei Kugelstoßanlagen und sechs Kugeln.

37

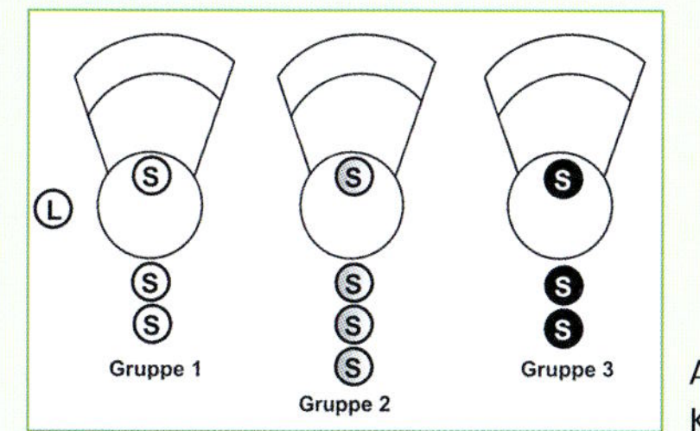

Abb. 70: Grundaufstellung Kugelstoßen mit drei Anlagen

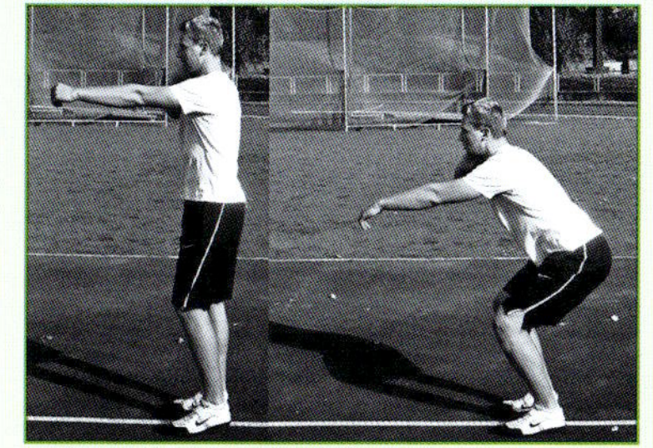

Bild 233: Ausgangsposition einnehmen

Bild 234: Tiefgehen

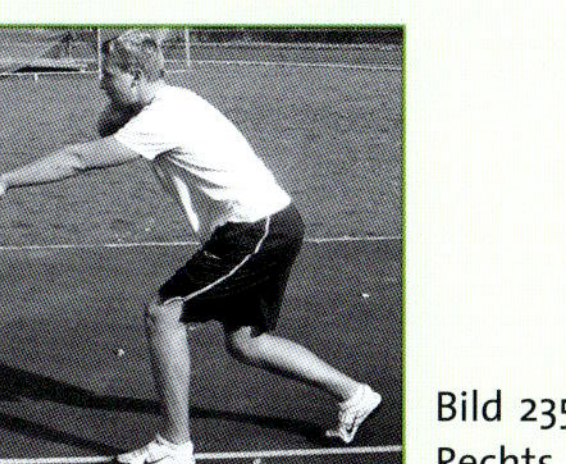

Bild 235: Rechts

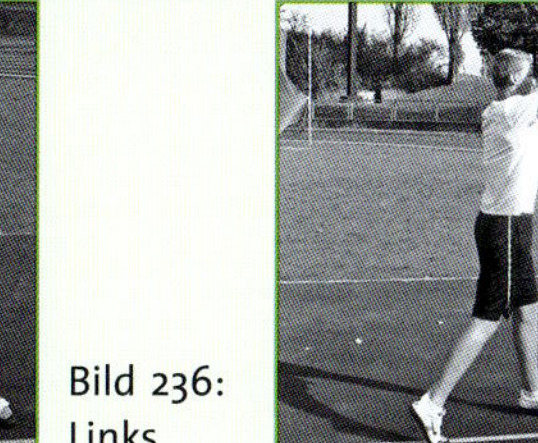

Bild 236: Links

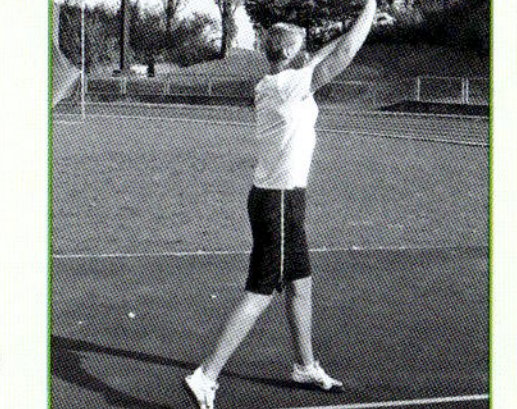

Bild 237: Ausstoß

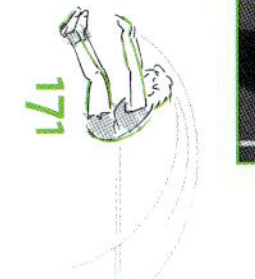

Stundenabschnitte und Unterrichtsinhalte	Organisatorische Hinweise

Vorbereitende Übungen zum Angleiten

Die Schüler gehen paarweise zusammen und absolvieren gemeinsam ein paar vorbereitende Sprungübungen. Der Lehrer erklärt und demonstriert jeweils die Übungen.

- Angleiten mit Partnerunterstützung; der Partner stabilisiert und begleitet die Bewegung. Wichtig ist das nahezu gleichzeitige Aufsetzen beider Füße.
- Angleiten gegen Partnerwiderstand; die Bewegung erfolgt nur mit dem Stoßbein.
- Angleiten gegen Partnerwiderstand; die Bewegung erfolgt nur mit dem Schwungbein.
- Angleiten gegen Partnerwiderstand; die Bewegung erfolgt aus Stoß- und Schwungbein.
- Angleitsprünge von Bahn zu Bahn.

Materialbedarf: Keiner.

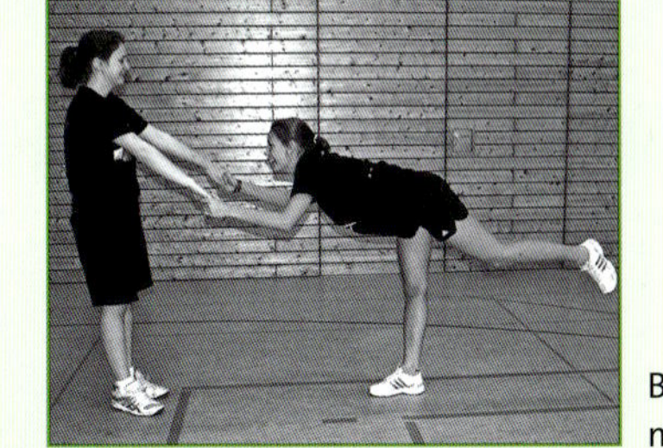

Bild 238: Angleiten mit Partner

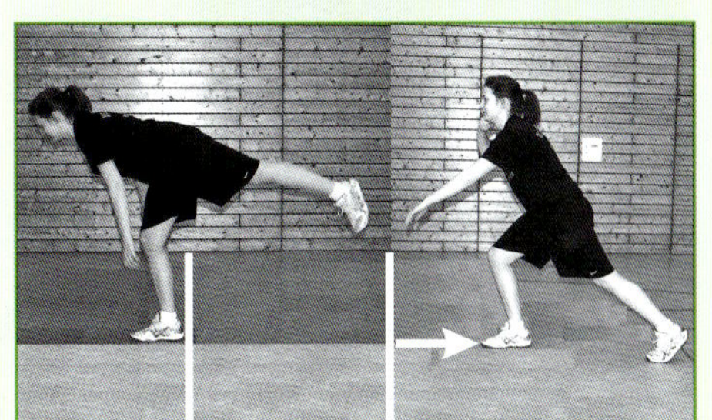

Bild 239: Angleiten von Bahn zu Bahn

Bewegungserklärung zum Angleiten

„Beim Angleiten steht man in der Ausgangsposition in einer gebeugten Stellung nur auf dem rechten Bein und hält das linke Knie parallel zum rechten. Aus dieser Position heraus versucht man so schnell wie möglich das rechte Bein (Standbein) nach hinten oben zu strecken. Parallel dazu wird das linke Bein (Schwungbein) ebenfalls nahezu aktiv nach hinten gestreckt. Nach einer kurzen Flugphase landet man in der Stoßauslage" (vgl. Material „Stoßauslage").

Stöße aus dem verkürzten Angleiten

Ziel ist es, die Stoßauslage der Standstoßposition mit einem kleinen Sprung zu erreichen und von dort aus weiter abzustoßen. Dazu erfolgt das Tiefgehen nicht mehr unter Belastung beider, sondern nur noch unter Belastung des rechten Beines. Die anschließende Schrittfolge „rechts – links" wird nun nicht mehr als Gehschritt sondern als kleiner flacher einbeiniger Sprung rückwärts ausgeführt. Der Absprung erfolgt dabei vom rechten auf das rechte Bein. Nach dem kleinen Sprung sollen beide Beine nahezu gleichzeitig wieder in der Stoßauslage des Standstoßes landen. (Prellkontakt – keine Pause!) Die restliche Bewegung entspricht der bereits bekannten Ausstoßbewegung.

Materialbedarf: Pro Schüler eine Kugel.

38

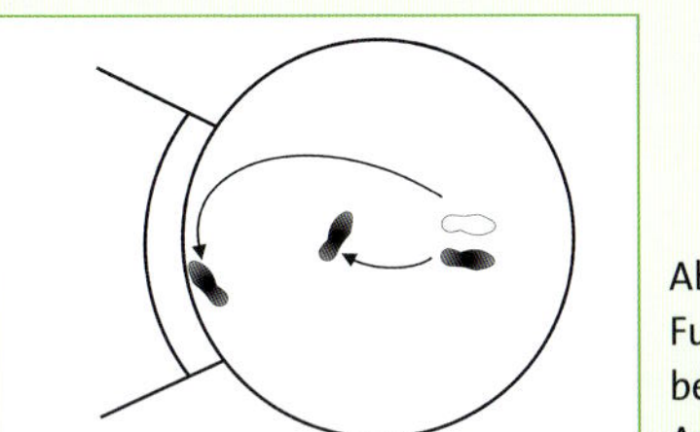

Abb. 71: Fußstellung beim verkürzten Angleiten

Hinweis: Der Sprung sollte beim verkürzten Angleiten etwa 50 cm bis 70 cm betragen.

Hinweis: Das verkürzte Angleiten kann den Schülern auch mit Hilfe einer Technikkarte (vgl. Material „Verkürztes Angleiten“) verdeutlicht werden.

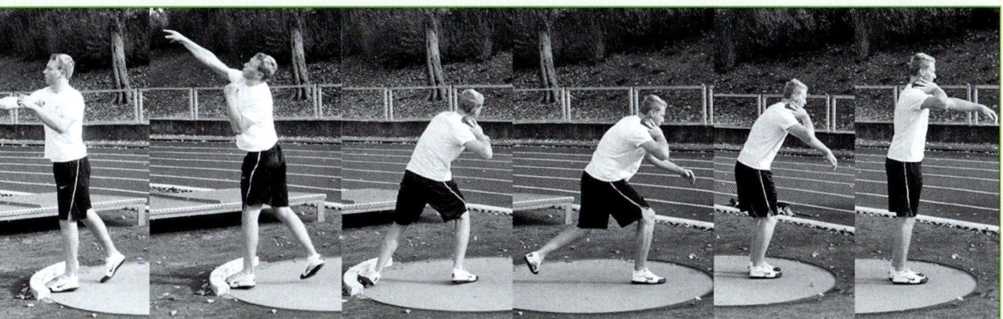

Bild 240: Stoß aus dem verkürzten Angleiten

Erweiterung zur Rückenstoßtechnik

Ziel ist eine weitere Erhöhung der Geschwindigkeit bis zum Abstoß durch das Angleiten. Dazu wird die bereits erlernte Angleitbewegung mit immer mehr Dynamik und Raumweg ausgeführt: Die Bewegung beginnt nun am hinteren Kreisrand mit dem Einnehmen einer aufrechten Ausgangsposition. In dieser wird das Gewicht auf das rechte Bein* verlagert. Anschließend wird das rechte Bein stark gebeugt und der Oberkörper wird nach vorne genommen. Parallel dazu wird das linke Knie zum rechten gezogen. Aus dieser Position heraus wird mit dem rechten Bein explosiv flach in die Stoßrichtung abgesprungen und das linke Bein in der Luft gestreckt. Nach einer kurzen Flugphase landet der Schüler mit beiden Beinen nahezu gleichzeitig in der bereits bekannten Stoßauslage (vgl. Bild 241). Von dort aus wird der Stoß wie gewohnt beendet.

Materialbedarf: Pro Schüler eine Kugel.

39

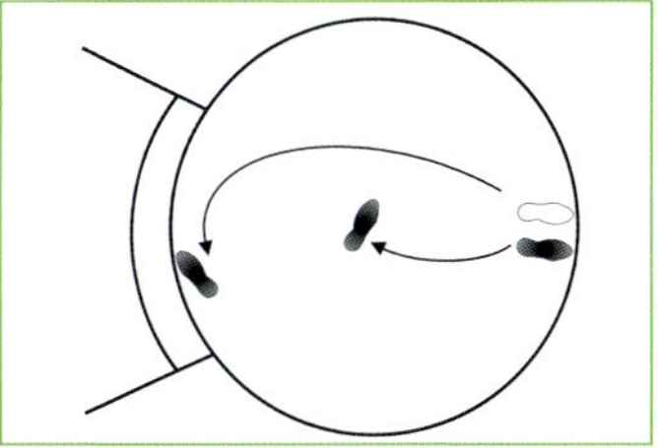
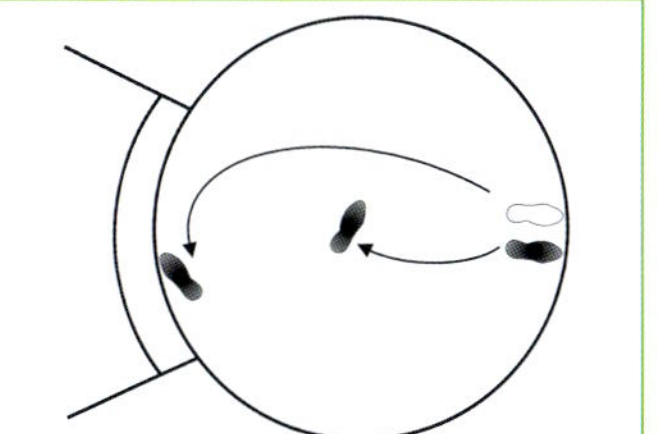

Abb. 72: Fußstellung bei der Rückenstoßtechnik

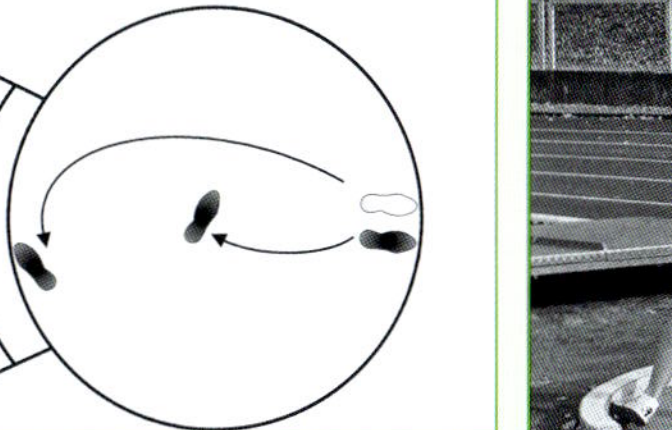

Bild 241: Stoßauslage

* Die Bewegungsbeschreibung erfolgt für einen Rechtshänder.

Stundenabschnitte und Unterrichtsinhalte	Organisatorische Hinweise
Die Klasse sammelt sich an der mittleren Anlage. Der Lehrer erklärt die im Vergleich zum verkürzten Angleiten notwendigen Veränderungen an der technischen Ausführung. Anschließend verteilt sich die Klasse wieder gleichmäßig auf die drei Anlagen und übt unter Einhaltung der bekannten Sicherheitsregeln.	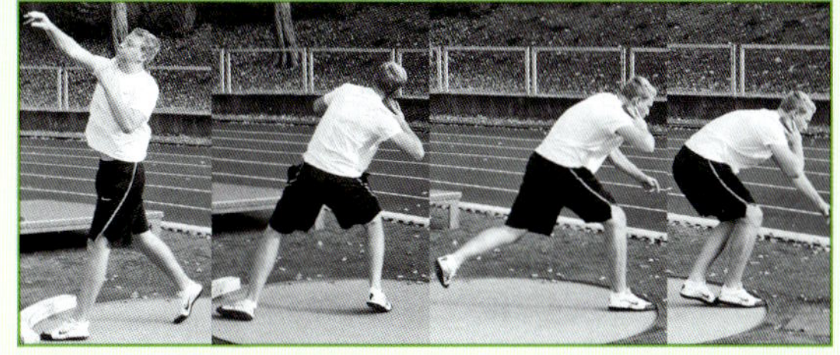 Bild 242: Rückenstoßtechnik mit vollständigem Angleiten vom Ringende

Schluss (Wettbewerbsform)

Vielseitigkeitswettbewerb „historische Techniken“

Die Gruppenaufteilung aus dem Hauptteil wird übernommen. Es bestehen also je nach Klassenstärke zwischen drei und sechs Gruppen.
Jede Gruppe legt eine interne Stoßreihenfolge fest und jeder Schüler hat in der festgelegten Reihenfolge zwei zu messende Stoßversuche, die beide in die Wertung eingehen. Innerhalb der Gruppe ist die Reihenfolge der anzuwendenden Technik vorgeschrieben: Der erste Schüler stößt mit der „Garrett-Technik“, der zweite mit der „Gray-Technik“ und der dritte mit der „Fuchs-Technik“, der vierte wieder mit der „Garrett-Technik“, usw. Der Lehrer überwacht die Korrektheit der Stoßtechniken und führt Buch über den aktuellen Zwischenstand.
Gewonnen hat die Mannschaft mit der größten gemeinsamen Stoßweite.

Hinweis: Wenn alle Kugeln abgestoßen sind, gibt der Lehrer das Zeichen zum Holen der Kugeln. Anschließend stoßen die jeweils nächsten drei Schüler. Der „schnelleren“ Mannschaft kann ein Zusatzpunkt gegeben werden.

Hinweis: Um den Wettbewerb zügiger durchführen zu können, kann statt des Messens auf markierte Punktezonen zurückgegriffen werden. Die jeweilige Gruppe erhält dann immer den erreichten Punktwert zum Gruppenergebnis hinzuaddiert.

Materialbedarf: Eine Kugelstoßanlage, ein Maßband und sechs gleich schwere Kugeln.

3 Pkt
2 Pkt
1 Pkt
L
Gruppe 1
Gruppe 2
Gruppe 3

Abb. 73: Kugelstoßanlage für den Vielseitigkeitswettbewerb mit Punktezonen

3 Doppelstunde 11: Diskuswerfen in Theorie und Praxis – „Fehlerbilder als Theorieanteil“

Einführung

„Wenn man diese Disziplin einmal beherrscht, dann macht es richtig Spaß, anzuschwingen, mit dem Körper dem Arm voraus steigernd anzudrehen, den Diskus körperbetont im richtigen Winkel abzuwerfen und ihm Rotation zu verleihen. Gekonntes Diskuswerfen ist ‚Ästhetik pur‘. Aber es ist koordinativ recht anspruchsvoll, deutlich schwieriger als das Werfen mit anderen Geräten, die zum Teil gleich richtig weit fliegen; denn zur Beinarbeit der Drehung aus dem Stand rückwärts zur Wurfrichtung und zum „Schleppen“ des Diskus‘ kommen die spezifischen Eigenheiten einer Scheibe hinzu. Ihr Flug kann eine Augenweide sein. Sie kann aber auch im Netz landen oder flattern und bei 15 Meter abstürzen“.

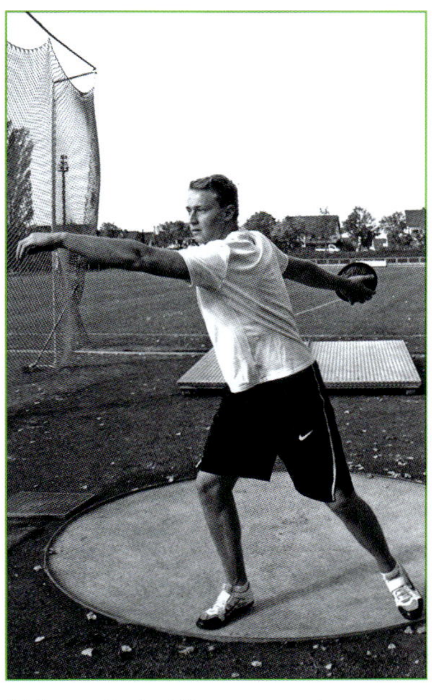

Bild 243: Aushohlbewegung eines jugendlichen Diskuswerfers

Hinweis

Da bei dieser Art Ringbuchbindung lediglich eine max. Anzahl von 176 Seiten möglich ist, wird aus Platzgründen die Doppelstunde 11 als PDF-Datei online zur Verfügung gestellt.

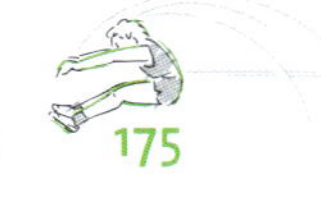

4 Doppelstunde 12: Werfen in Theorie und Praxis – „Die Verfeinerung der Speerwurftechnik“

Einführung

Speerwerfen in der Schule und insbesondere in der Oberstufe mit Schülern stark unterschiedlicher Leistungsvoraussetzungen ist anders als Speerwerfen in einer relativ homogenen Leistungsgruppe im Verein. Aus diesem Grunde kann es in der vorliegenden Stunde nicht darum gehen, ein für alle gültiges Technikleitbild vermitteln zu wollen. Vielmehr müssen im Sinne der Differenzierung mehrere mögliche Zieltechniken angeboten werden, aus denen der Schüler individuell eine für seine Leistungsvoraussetzungen umsetzbare Variante auswählen darf. Dies stellt den Lehrer bei der Vorbereitung zunächst einmal vor größere didaktische und methodische Probleme. Trotzdem lohnt es sich, das Thema Speerwerfen in der Oberstufe anzugehen.

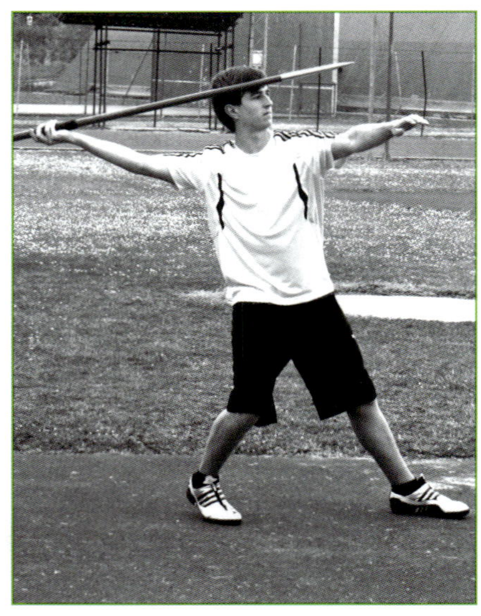

Bild 279: Vorbereitung der Stemmposition bei einem jugendlichen Speerwerfer

Hinweis

Da bei dieser Art Ringbuchbindung lediglich eine max. Anzahl von 176 Seiten möglich ist, wird aus Platzgründen die Doppelstunde 12 als PDF-Datei online zur Verfügung gestellt.

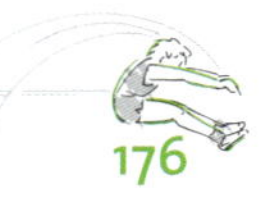